教育现代化背景下：体育教学理论与方法

王华倬　主编

北京体育大学出版社

策划编辑 李志诚
责任编辑 李志诚
责任校对 仝杨杨
版式设计 小 小

图书在版编目（CIP）数据

教育现代化背景下：体育教学理论与方法/王华倬主编．--北京：北京体育大学出版社，2017.8（2022.7 重印）
ISBN 978-7-5644-2725-2

Ⅰ．①教… Ⅱ．①王… Ⅲ．①体育课-教学法-中小学 Ⅳ．①G633．962

中国版本图书馆 CIP 数据核字（2017）第 211902 号

教育现代化背景下：体育教学理论与方法 **王华倬 主编**

出版发行：北京体育大学出版社
地　　址：北京市海淀区农大南路 1 号院 2 号楼 2 层办公 B-212
邮　　编：100084
网　　址：http：//cbs. bsu. edu. cn
发 行 部：010-62989320
邮 购 部：北京体育大学出版社读者服务部 010-62989432
印　　刷：北京建宏印刷有限公司
开　　本：710mm×1000mm　1/16
成品尺寸：170mm×240mm
印　　张：15.5
字　　数：275 千字
版　　次：2017 年 8 月第 1 版
印　　次：2022 年 7 月第 2 次印刷
定　　价：54.00 元

编写委员会

主　编： 王华倬

副主编： 武文强

编　委：（按姓氏笔画排序）

王　岩　王迪迪　刘新民

李俊峰　姚　蕾　郭海霞

常志利　舒宗礼

编写说明

教师是立教之本，强教之源。学校体育的兴衰成败与体育教师群体素质息息相关。卓越体育教师培养是关系到体育师资队伍建设的一项系统工程，也是教育部卓越教师培育计划的一部分。时代的发展和教育现代化进程的加快，对我国体育教师专业发展提出了新的要求，对培养一批师德高尚、专业基础扎实、教育教学能力和自我发展能力非常突出的高素质专业化体育教师提出新期待。追求卓越则必然成为体育教师成长的终极目标。然而，体育教师继续教育与培养作为卓越体育教师成长的关键一环，其体育教学理论与方法体系建设还相对不足。因此，在现代教育背景下，编写立足于学校体育的实践需求与教师成长路径，提高广大中小学体育教师教学理论素养的教材，既是卓越体育教师培养的需求，亦是现代体育教学理论与实践发展的需要。

《教育现代化背景下：体育教学理论与方法》是“教育现代化背景下我国卓越体育教师人才培养模式的理论与实践探索”（北京市教育改革项目）成果之一。本教材由北京体育大学王华倬教授任主编，参与教材编写者为教授、博士生导师、年轻博士或中青年专家学者。全书共16章，即第一章“绪论”（由北京体育大学王华倬教授、博士生导师撰写）；第二章“体育教学指导思想”（由河南大学李俊峰博士后撰写）；第三章“体育教学过程”；第四章“体育教学原则”和第十一章“体育教学评价”（由三峡大学王岩博士撰写）；第五章“体育教学目标”（由北京体育大学姚蕾教授、博士生导师撰写）；第六章“体育教学的主导与主体”和第十六章“体育教学研究”（由西安建筑科技大学郭海霞博士撰写）；第七章“体育课程与教材”和第十二章“体育教学环境”（由潍坊学院王迪迪博士撰写）；第八章“体育教学方法”和第九章“体育教学模式”（由郑州师范学院常志利博士撰写）；第十章“体育教学设计与计划”和第十四章“体育课堂教学管理”（由北京体育大学武文强副教授、硕士生导师撰写）；第十三章“体育说课”（由华中师范大学舒宗礼博士后撰写）；第十五章“体育教学艺术”（由西安体育学院刘新民教授、博士生导师撰写）。

每一章的写作体例基本为【内容提要】【面授内容】【自学内容】【本章总结】【思考题】【参考文献】。其中，【内容提要】旨在让学生对本章内容框架与体系有大概的了解，以及说明学生所要达到的基本目标，并与之前学过的内容衔接起来。【面授内容】为本章的核心部分，是学生要学习和掌握的主要内容。在具体的行文过程中，一方面注意内容的科学性与实用性，既考虑中小学体育课程改革的要求，又紧密结合中小学教学实践。另一方面注意经典案例的应用与国内外一些最新研究成果的吸收，以体现教材的应用性与时代性。另外，除了文字形式外，还引证一些相关的数据、图表等，以增加教材的直观性与可读性。【自学内容】为本章的扩展部分，旨在让学生在学习本章主要核心内容的基础上，自主学习与之相关的内容，以增强学生思维链接、独立思考、学习创新的能力。【本章总结】旨在对本章的精华进行概括和总结，强化学生对重难点内容的掌握。【思考题】旨在让学生对学过的内容进行回顾，加深对所学内容的理解，并学会学以致用。【参考文献】列出了有关章节相关的有影响的中外图书及文章，旨在满足学生拓宽学习视野、深入研究的需要。

本教材主要作为全国中小学体育教师继续教育的教学用书，也可以作为全国体育学校、高等师范院校体育院系学生的教材或学习参考用书。

本教材在编写过程中，涉及了教育科学、哲学方法论、管理科学、体育人文社会学、体育技术科学等多学科理论知识，也参考吸收了众多前人的研究成果与经验。无论是涉及或吸收借鉴，限于编写队伍的经验与水平，可能有用而不当或错误之处，还请同行、学生多加批评指正，并恳请所有使用该教材的师生提供宝贵意见，以期进一步提高教材质量。

2016 年 2 月 15 日

目　录

第一章 绪 论

【内容提要】

体育教学活动是一个不断完善发展的过程，体育教学理论是一个时探时新的主题，需要我们不断探讨，发现新问题，解决新矛盾。为此，本章围绕体育教学活动的基本构成要素力求构建出体育教学过程全景图，为后面章节的铺设奠定基础。

【面授内容】

一、教学的概念

对于我们来说，教学是一个人尽皆知但又是只可意会不可言说的词汇。随着科学技术的不断发展和教育教学观念的不断更新，对于“什么是教学”的认识也发生着变化，要给出一个让所有人都接受的教学概念并不是一件容易的事情。学界对教学的界定，真可谓仁者见仁，智者见智。主要有 3 种代表性观点：其一，教学是教师传授知识的教的活动；其二，教学是教师的教和学生的学的共同活动；其三，教学是教师设计教学促进学生学习知识或技能的活动。

1. 教学是教师和学生双向互动活动

“教学是教师和学生双向互动活动”的观点得到了很多人的认同，该观点是根据教学结构的“二因素说”提出来的，即教师和学生是教学最基本的两个因素，离开教师或离开学生都不能称之为教学，教学是教师的教和学生的学的共同活动。

《中国大百科全书·教育》中对教学的定义：“教学是教师的教与学生的学的共同活动。”《辞海·教育、心理学分册》（1985）对教学的定义是：“教学指教师教授和学生学习的共同活动。”李秉德教授（1991）认为：“教学就是指教的人指导学的人进行学习的活动。”进一步说，指的是教和学相结合和相统一的活动。朱敬先

(1978）认为：“教学乃施教者有效地影响学习者达成预期行为改变结果之历程，就学校教育而言，教学是师生之间交互影响、多向沟通、共同参与以及学生自动学习的活动。”张华（2000）认为，教学是教师与学生以课堂为主渠道的交往过程，是教师的教与学生的学的统一活动。通过这个交往过程和活动，学生掌握一定的知识、技能，形成一定的能力、态度，人格获得一定的发展。

综上所述，教学是教师主体与学生主体的相互对话与交流，脱离任何一方都不能构成教学，在师生、生生相互交流过程中，共同参与，彼此合作，相互提升，促进学生智能发展和人格培育的同时，也促进了教师的专业成长。实际上，教学不是教与学的简单加法运算，而是教和学的有机统一、融为一体的活动，是教师的主导作用与学生的主体作用有机融合。

2. 教学是促进学生有效掌握知识和技能的目的性活动

《现代汉语词典》（2005）把教学定义为：“教师把知识、技能传授给学生的过程。”布鲁纳（J. S. Bruner）则认为，教学是通过引导学习者对问题或知识体系循序渐进地学习来提高学习者正在学习中的理解、转换和迁移能力。凯斯（Case，1938）认为，教学就是帮助学生，促进其认知发展，使其获得信息加工的有效策略，提高其信息加工自动化的过程。杨鸿昌（1981）认为：“教学就是经验的传递。教学有广狭二义，广义的教学就是所说的经验或知识的传递，凡是把知识、技能传递给他人的活动都叫教学。狭义的教学是指学校中教师把知识、技能传授给学生的活动。”李宝强（1996）认为：“教学就是教师有目的的教授和指导学生学习科学文化知识与技能的教育活动。”而皮连生（2000）等认为，教学是通过信息传播促进学生达到预期的特定学习目标的活动，是为了使学生能尽快掌握知识和技能而对学习活动进行精心的设计与安排，提供有利的学习条件的有组织、有计划的教与学的活动。其目的在于使学生掌握原先不知道的知识，获得原先不具备的技能，形成原先所没有的态度，进而在原有基础上发展学生的智力。

由此可见，这类观点的提出俨然是根据教学的目标和任务要求，认为教学就是教师将知识、技能传授给学生，促进学生有效掌握知识和技能的目的性活动。

3. 教学是教师指导学生学习的活动

这个观点强调教师在教学中的指导、引导和诱导作用，强调教学设计的价值，把教学看作为教师设计的一种有目的性、计划性、系统性、程序性、可操作性的活动，以教师的导促进学生学的实践活动。

钟启泉（2001）认为："教学是指教师引起、维持或者促进学生学习的所有行为。它的逻辑必要条件主要有3个方面：一是引起学生学习的意向，即教师首先需要激发学生的学习动机，教学是在学生想学的心理基础上展开的；二是指明学生所要达到的目标和所要学的内容，即教师要让学生知道学到什么程度以及学什么；三是采用易于学生理解的方式，即教学语言有自己的独特性——让学生听清楚、听明白，需要借助一些技巧，如重复、深入浅出、抑扬顿挫等。"（钟启泉等，《为了中华民族的复兴，为了每位学生的发展》。）

综合上述3类观点，可以认为，教学就是教师有目的、有计划、有组织地引导学生积极主动地掌握知识、发展智能、形成品德、完善个性的交互活动。

二、体育教学活动的基本要素

根据教学的定义，体育教学就是体育教师有目的、有计划、有组织地引导学生积极主动地掌握体育与健康知识、技术技能、健身方法、增强体能、发展智能、形成品德、完善个性的交互活动。体育教学过程是由多要素共同参与完成的，归结起来有7个基本要素（图1－1）。这7个基本要素既相互独立，又相互联系、相互作用，每一个要素的改进都会促进体育教学质量的完善和提高，使得体育教学活动能够顺利进行。

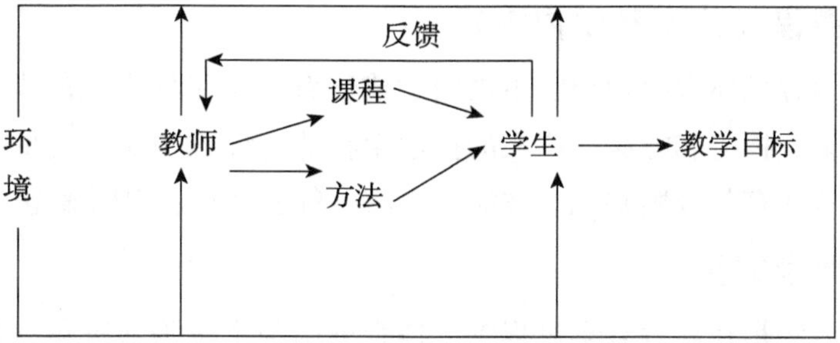

图1－1 体育教学过程构成要素

1. 体育教学目标

体育教学目标是体育教学活动的出发点和归宿。体育与健康课程标准提出了"目标统领内容"的设计思路，因此，体育与健康课程目标的定位是否准确就至关重要。一般来讲，体育教学目标的制定应该全面考虑学生身心发展特征、学科知识体系特征和社会需求特征，不仅要考虑儿童未来工作生活需要，更要考虑儿童当下的体育基础和经验。新课程体育教学目标确立了知识与技能、过程与方法、情感态度与价值观三位一体的课程教学目标，它与传统教学只关注知识的传授和技能的训练是截然不同的。体现在课堂教学目标上，就是注重追求知识与技能，过程与方法，情感、态度与价值观3个方面的有机整合，突出了过程与方法的地位。因此，在体育教学目标的描述中，要把知识技能、能力、情感态度等方面都考虑到。

2. 学　生

体育教学是体育教师和学生相互对话与交流的活动，学生是体育教学的主体，学生的兴趣爱好、情感、能力、基础和经验决定了体育教学能否顺利开展以及开展的好坏。体育教师在体育教学中发挥“导”的作用是以发挥学生主体作用为前提的，没有学生主体也就不存在“导”，体育教学也就不复存在。因此，体育教师要将学生作为体育教学设计的出发点和中心，全面了解和分析学生，面向全体学生，以促进学生的全面发展为目的来实施体育教学。

3. 体育教师

体育教师在体育教学过程中起主导作用。其任务是向学生传授体育与健康知识、技术、技能和方法，引导学生学习，帮助制定学习策略、学习目标、提供学习资源，在增强学生体质，掌握运动技能，学会终身体育锻炼方法，促进学生健全人格的形成起着关键作用。

4. 体育课程（体育教学内容）

体育教学内容是体育教师与学生之间达成体育教学目标之间的媒介，狭义的指体育与健康知识、技能和方法；广义的指学生在体育课堂中所接受的一切知识和经验的总和，涵盖体育与健康知识、技能、方法、价值判断、规则规范、教养财富等。

5. 体育教学方法

体育教学方法是在体育教学过程中，体育教师与学生为实现体育教学目标而采用的手段和方式的总和。体育教学是一项技巧性活动，是要讲究方法的，好的体育课是富有艺术性的，是有独到方法支撑的。体育教学方法有很多，比如：讲授法、练习法、比赛法、游戏法、保护与帮助法、完整法与分解法、预防和纠正动作错误法等。

6. 体育教学环境

体育教学环境是影响体育教师的教和学生的学的一切内外条件。体育教学环境有广义与狭义之分，广义体育教学环境与广义教学概念相对应，突破学校范畴，包括学校环境、社会环境、家庭环境等；狭义体育教学环境是指学校体育教学活动所需要的物质、制度与心理环境，如校园体育场地设施、体育规章制度、体育氛围等。一般来说，体育教学环境主要是指狭义的教学环境。

7. 体育教学评价

体育教学评价是对体育教学过程及其结果的一种评定。体育教学评价具有很强的导向性，对学生体育学习动机、兴趣以及终身体育意识的培养、形成都会产生重要的影响。因此体育教学评价不仅对教学产生积极的影响，而且对提高学生体育教学的自觉积极性也有很大的促进作用。

三、体育教学理论与方法的研究对象

以教育哲学的基本观点来分析，体育教学就是人们对客观存在的体育教学现象、特征和规律能动认识和思维的结果。从整体来讲，体育教学就是研究体育教学对象和解释体育教学规律的学问。从具体的体育教学过程的构成要素来判断，体育教学理论与方法的研究对象就主要包括 7 个方面：体育教学目标、体育教师、学生、体育教学内容、体育教学方法、体育教学评价、体育教学环境。

【自学内容】

体育与健康课程的基本理念解读

《义务教育体育与健康课程标准（2011 年版）》与《体育（与健康）课程标准（实验稿）》在课程的基本理念主旨上没有太大变化，主要有 2 处修改：一是第三条的后半句“帮助学生学会体育与健康学习”替代了“重视学生的主体地位”；二是第四条前半句增加了“关注地区差异”。

1. 坚持“健康第一”的指导思想，促进学生健康成长

在这一理念中，“健康第一”作为体育与健康课程指导思想的第一条，彰显了“健康第一”在整个课程改革中的分量，围绕“健康第一”的指导思想来构建整体性的课程目标和课程内容体系，以及选择有效的体育教学方法和手段，在强调体育学科特点的同时，融合与学生健康成长相关的知识与技能。

很长一段时间，“见物不见人”“只见树木不见森林”的生物体育观和技术主义价值观严重影响了体育课程改革的深度、广度和宽度，军国民体育、体能主导、技

能主导的体育教学指导思想与体育课程的育人目标背道而驰。确立“健康第一”的指导思想和关注学生健康成长的目标追求，强调了体育课程关注的是学生身体健康、心理健康、社会适应能力良好的全面发展，这是体育课程的出发点和落脚点。落实“健康第一”的指导思想，就是要从课程编制、课程设计、课程实施的时空范围内都要体现这一指导思想。为了更好地贯彻这一指导思想，体育与健康课程标准在目标体系构建方面采用了课程目标——水平目标——领域目标的层级结构，从运动参与、运动技能、身体健康、心理健康与社会适应 4 个方面规定了体育课程应该实现学生全面发展的目标任务；在内容安排方面，打破以往按照运动项目为主线的编排方式，采用以技能、认知、情感、行为等作为划分学习领域的主要依据，在突出以体育内容为主的同时，选取了与体育有密切关系的生理、心理、卫生保健、环境、社会、安全、营养等诸多学科领域的有关知识和技能；在实施层面，强调采用多元化、多样化、多路径的方法和手段，关照每一个学生的健康成长，力求把“健康第一”的要求落到实处。

2. 激发学生的运动兴趣，培养学生体育锻炼的意识和习惯

在这一理念中，强调了学生运动兴趣的激发和保持在体育学习中的地位和价值，没有运动兴趣，体育课程目标难以达成，学生体育锻炼意识和习惯难以养成，终身体育只能是一句空话。为了更好地激发和保持学生运动兴趣，我们要在教学内容、教学方法的选择与运用方面进行改革，多考虑学生的多样化需求，加强与学生身心特征、与学生学习生活的联系，合理引导学生体验运动的乐趣，基本形成体育锻炼习惯等。

兴趣是最好的老师。体育锻炼习惯的形成是以一定的体育兴趣为基础的，青少年对体育缺乏兴趣是导致他们离开学校走向社会后远离体育参与的一个重要原因。因此，新世纪体育课程标准始终秉持这一基本理念。体育与健康课程落实这一理念要求，在课程目标方面，把激发、引导和保持学生运动兴趣作为实现其他目标的基础和前提，在学生抱有强烈的运动欲望时，学生的运动参与频率自然提高了，学生体质自然增强了，学生的健康意识、终身体育习惯自然养成了；在课程内容方面，改变传统体育教学内容的“繁、难、旧、低水平重复”的现象，毕竟学生不是运动员，不具有运动员天生的运动天赋和强烈的运动成才愿望，直接将竞技运动的内容、训练原则和方法、评价方法移植到面向广大普通学生的体育教学中来，是一个低级错误。因此，要重视对竞技运动项目的教材化改造、对部分民族传统体育项目的现代性改造、对部分时尚休闲体育项目的引进，不断丰富体育教学内容，使其尽量适

合当代学生的身心发展特征和兴趣所需，以及成为有效达成体育课程目标的载体；在教学方式方面，体育教师首先要转变观念，改变全盘灌输式的教学方法，放弃“怒吼式”咆哮、“一刀切”式评价，从激发学生运动兴趣着手，营造民主、平等、和谐、融洽的课堂教学氛围，采用多样化的教学方法组合，创设有利于学生自主学习、合作学习、探究学习的教学环境和条件。同时，需要特别指出的是，激发学生运动兴趣并不意味着学生喜欢什么，教师就教什么，一味满足学生胃口，“高级放羊式”教学就是部分老师对课程标准这一理念理解不准确导致的。修订后的课程标准为避免出现这一后果就特别提出：运动兴趣要与培养学生刻苦锻炼的精神、学习运动技术和技能有机结合，体验到结果的成功与快乐。由此可见，运动兴趣往往是与学习结果的成果和自豪相伴的，但获得成果的过程可能是曲折的、艰辛的，甚至是失败的，唯有经历这样的过程才能使学生荡气回肠、意犹未尽、终生难忘，这跟成功体育思想基本一致。

3. 以学生发展为中心，帮助学生学会体育与健康学习

在这一理念中，强调了以学生发展为中心，帮助学生掌握体育学习的方法。以学生发展为中心与以学生为中心是完全不同的内涵。以学生发展为中心，强调体育课程是以促进学生全面发展为目的的，在发展的过程可能充满着艰辛曲折，有一定强制性和约束；而以学生为中心，往往意味着迁就学生需求，“学生自由主义”，放任不管的“放羊式”体育教学就是在这一背景下产生的。

“学会学习”是学习型社会对每个人的要求，“未来的文盲，不再是不识字的人，而是没有学会怎样学习的人”。“帮助学生学会体育与健康学习”的理念要求广大体育教师转变教学观念，从教师主宰向教师主导转变，从学生自由向学生主体转变，使学生在教师的指导、引导、诱导下积极主动地学习体育与健康知识、技能和方法；从教法为主向教法与学法并重转变，加强对学生学法的指导，以往我们在这方面的“欠账”太多。注重对学生学习方法的指导，其学法指导就是帮助学生学会体育与健康课程的学习；培养学生善于自主学习、合作学习、探究学习的习惯和能力，把被动学习过程变成积极主动构建体育与健康新知识、技能与方法的过程，内化为个人健康行为和养成健康生活方式，不断提高学生发现、分析、解决体育实际问题的能力。

4. 关注地区差异和个体差异，保证每一位学生受益

在这一理念中，为了保证每一位学生都能实现全面发展，都能达成体育与健康

课程基本目标，必须充分考虑学生差异、城乡差异、地区差异、校际差异、家庭差异，充分关照学生的个体差异，因地制宜、因校制宜、因材施教，合理选择和设计体育教学内容，有效运用教学方法和评价手段。

体育课程是一种以身体练习为主要手段，以运动技术学习为主要内容的课程，运动技能的形成是以体能为基础的，体能与技能融为一体，是一元的，没有一定体能基础要想掌握运动技能是困难的。而体能的增强又不是一蹴而就的，体能既受先天遗传因素的影响，又跟后天练习有关，就造成了学生体能差异的普遍存在，因此在体育教学过程中就要充分考虑学生体能技能差异，因材施教。另外，我国城乡差异、地区差异、校际差异悬殊，在体育物质资源严重短缺的中西部农村学校就不可能开展与经济发达城市重点学校相同的教学内容，不能达成相同的教学目标、采用相同的教学方法。实际上，即使是一个省，地区差异也很大，这就需要高度关注地区差异的问题。如近期大力推广的校园足球项目，就应该针对不同地区差异、学校差异有选择地布局试点学校，对阳光体育运动、“一校一品”等项目工程开展也是如此，对于不同资源禀赋的学校，采取不同的体育特色项目，实施不同的考评方式。

【本章总结】

体育教学就是体育教师有目的、有计划、有组织地引导学生积极主动地掌握体育与健康知识、技术技能、健身方法、增强体能、发展智能、形成品德、完善个性的交互活动。体育教学过程是由多要素共同参与完成的，归结起来有7个基本要素：教学目标、教师、学生、教学环境、教学内容、教学方法和教学评价。这7个基本要素既相互独立，又相互联系、相互作用，每一个要素的改进都会促进体育教学质量的完善和提高，使得体育教学活动能够顺利进行。

【思考题】

1. 论述体育教学过程的要素及其相互关系。
2. 简述体育教学理论与方法的研究对象。

【参考文献】

[1] 中华人民共和国教育部制定．义务教育体育与健康课程标准（修订版）[M]．北京：北京师范大学出版社，2012.

[2] 季浏．体育（与健康）课程标准解读[M]．武汉：湖北教育出版社，2002.

[3] 胡凌燕．“义务教育阶段2011年版课程标准解读”新思考讲义．

[4] 肖川．《义务教育体育与健康课程标准（2011年版）》解读[M]．武汉：湖北教育出版社，2012.

第二章　体育教学指导思想

【内容提要】

本章主要介绍了我国体育教学指导思想和国外体育教学指导思想。在面授内容中，主要介绍了中华人民共和国成立以来各个时期涌现出的体育教学指导思想，包括以掌握“三基”为主要目标的体育教学指导思想、以增强体质为主要目标的体育教学指导思想、以“生物体育观”为基础的军事体育教学指导思想等等。在自学内容中，简要介绍了美国、德国和日本的体育教学指导思想。

【面授内容】

体育教学指导思想是对体育教学活动起方向性指导作用的，以教学目标与任务为核心的基本观点与认识。它直接影响着学校体育教学的效果和发展的方向，从体育教学角度反映了一定时期和社会对学校体育、体育教学培养人才的要求，在根本上和社会的政治经济发展水平、学校教育和体育的发展水平相适应，并受教育方针的指导与教学理论的影响。教学指导思想反映了教学活动的根本方向和目标问题。中华人民共和国成立以来，我国出现了多种体育教学思想，这些思想在同一时期并不都是唯一的，而是同时存在其他思想。以下按照时间顺序，对各时期出现的体育教学指导思想进行梳理，目的是便于呈现这些思想的历史发展脉络。

一、以掌握“三基”为主要目标的体育教学指导思想

中华人民共和国成立初期，我国政治、经济、文化、教育等全面效仿苏联。体育作为教育的重要组成部分，在当时的社会大背景下顺其自然地选择了“苏联模式”。在学校体育领域中，摒弃了盛行于我国 20 世纪二三十年代的实用主义教育思想，确立了以掌握“体育基本知识、基本技术和基本技能”为主要目标的体育教学

指导思想，强调体育教育的阶级性、工具性和统一性；重视传授知识、技能、技巧；重视共产主义思想品德教育；主张教学手段多样化，面向全体学生；强调教学过程中的组织性和纪律性。

在中华人民共和国成立之初百废待兴的社会条件下，效仿苏联学校体育模式，大大缩短了我国学校体育的探索过程，使我国学校体育工作有据可依，促进了我国学校体育的快速发展。虽然“三基”体育教学指导思想也存在着一些为人诟病的问题，如忽视体育教学对学生个性的培养等，但就当时我国学校体育的现状来讲，这种教学思想是符合当时我国国情的，是一种进步，为之后我国学校体育的发展奠定了基础。

二、以“增强体质”为主要目标的体育教学指导思想

1958 年 5 月，中共八大二次会议，正式通过了“鼓足干劲、力争上游、多快好省地建设社会主义”的总路线，这就开始了“大跃进”运动。我国教育同样受到了“左”的思想的影响，在学校体育中出现了盲目追求指标、只注重形式等一些违背学校体育规律的现象。20 世纪 60 年代初，我国与苏联的关系日益恶化，“苏联模式”如何进行本土化改造以及如何进行社会主义建设是我国面临的主要问题。在这种历史背景下，我国学校体育与社会建设其他方面一道，进入了自我探索的独立发展阶段。但在“左”的思想影响下，社会很难形成宽松的学术氛围，对“苏联模式”的本土化改造，存在一些“简单化”和“公式化”的现象。

增强体质是体育最基本的功能，也是受到广泛认可的体育功能之一。以“增强体质”为主要目标的体育教学指导思想虽然在当时有一定的积极意义和现实意义，但把体育教学视为单纯的“增强体质”的过程，忽视体育教学的其他功能，这显然也是不科学的。

三、以“生物体育观”为基础的军事体育教学指导思想

1966—1976 年，我国学校体育工作基本停滞，中华人民共和国成立后学校体育工作所取得的成绩基本付之东流。此时期，“学校体育”工作仍然在开展，但却以各种非学校体育的形态出现。例如，以体力劳动代替体育教学，以投弹、刺杀技术等军事训练内容代替体育教学等。之所以出现此种情况，与当时的社会背景是分不开的。当时受“知识无用论”和“知识越多越反动”等谬论的影响，人们不可能也不敢接受国外先进的教育思想和教学理论。因此选择了生物体育观这个较为保守稳

妥的体育教学思想，使学校体育教学产生了偏差。

四、全面教育指导思想

全面教育思想的来源可以追溯至马克思和恩格斯的全面发展学说，中华人民共和国成立后，逐渐成为我国的一种教育思想。毛泽东同志曾在 1957 年对全面教育的思想提出了德、智、体的要求，后经研究与发展，逐步把全面教育思想概括为德、智、体、美、劳全面发展。而体育教学的全面教育思想，则是在国内外学校体育改革的思潮中产生并发展起来的，它将体质教育与技能教育相结合，并在此基础上提出全面发展的指导思想，主张体育教学应以发展学生身体为核心，以“三基”为手段，以思想教育为先导，以社会教育为辅助，全面完成体育教学的目标，以促进学生德、智、体全面发展。

全面教育指导思想提出已久，但在中华人民共和国成立后的不同历史阶段，总是偏重全面教育的某一个方面，致使其他方面得不到发展或者很少发展。“文化大革命”结束后，人们的思想进一步得到解放，学术研究空前活跃，对体育的讨论也不再像以前一样谨小慎微，而是大胆地提出了自己的观点和思想。在此背景下，全面教育的思想在 1977 年之后得到了人们的认识，也相应地提出了体育教学应承担起全面教育的任务。作为一种思想，它的影响是深远的。当今，全面教育的思想仍然影响着整个教育界，当然包括学校体育教育在内。

五、技能教育指导思想

技能教育思想注重运动技术动作的掌握与运用，主要目的是提高运动技能。针对技能教育思想，争论的主要问题是：增强体质需不需要传授运动技术？需要传授什么样的运动技术？上述把增强体质与掌握运动技术人为地对立起来，实质上两者并不存在对立的关系。可以肯定地说，体育活动只能建立在一定的知识、技术、技能的基础之上，一定的知识、技术、技能不一定能有效地增强体质；但没有一定的知识、技术、技能是一定无法有效地参与体育活动的，因而也就无法增进健康，靠其他方法获得健康或增强体质则另当别论。

自中华人民共和国成立以来，技能教育思想在我国一直占据了重要的地位。虽然在体育教学研究中，也遭受到了一些质疑，但由于我国长期受此思想的影响，可谓根深蒂固，在经历过“文革”学校体育工作出现的种种偏差后，此种思想又重新回到了人们的视野。

六、体质教育指导思想

1979 年 5 月 4—22 日，教育部、国家体委、卫生部、共青团中央在扬州召开了“全国学校体育卫生工作经验交流会”。本次会议是我国学校体育的重要里程碑，为之后学校体育工作的开展铺平了道路，也为 20 世纪 80 年代的学校体育教学大讨论作了思想铺垫。1983 年在西安召开的全国学校体育卫生工作会议又进一步明确指出：学校体育应以增强体质为主，以普及为主，以经常锻炼为主。这一时期，我国教育界、体育界有识之士从提高民族体质的高度，大声疾呼关心学生的体质。至 20 世纪 80 年代中期，体质教育指导思想基本形成相应的理论体系并主导着当时学校体育的发展。

体质教育指导思想是指以发展学生身体、增强学生体质为主导的一种体育教学思想，强调促进学生身体形态、机能素质和基本活动能力的全面发展。体质教育指导思想以“体育的真意在于增强人的体质，完善人的身体”为前提，在批判“我国学校长期以来以增强体质之名去搞运动铸型教育之实，用竞技体育代替体育，把身体发展当作副产品”的基础上，提出“体育的科学化必须从以运动技术教学为中心转移到增强体质为中心上来”。

在当时体育课和课外体育活动得不到保证、青少年体质下降的情况下，适时提出体质教育指导思想，具有一定的现实意义和积极意义。在以往的体育实践中，这一思想虽然有其存在的合理性，但单纯的生物目的观，把体育引向纯生物改造过程，其自身无法克服的局限性也暴露无遗。

七、快乐体育思想

快乐体育思想来源于日本，在日本实施生涯体育（即终身体育）的背景下产生。正式出现快乐体育这一名词是在 1979 年第 24 届日本学校体育研究协会东京会议上。1985 年我国学者包昌明在总结重庆体育教改的基础上也曾提出了快乐体育的主张，只是当时的影响范围较小，没有引起足够的关注。1990 年在天津、1992 年在上海、1994 年在日本，先后举行了 3 次中日学校体育学术交流活动之后，快乐体育才引起我国学校体育界的重视。

快乐体育思想引入我国体育教学以来，虽然遭受了众多的质疑和批评，但在注重人本主义教育、尊重学生主体地位、发挥学生的主观能动性和培养终身体育意识等方面具有积极的作用。从现有的文献来看，快乐体育未曾在我国国家层面进行提倡，大都是体育工作者根据个人对快乐体育的理解，对体育教学进行各种尝试与实践。因此可以认为，快乐体育在我国的实施是一种民间的自发行为。另外，我国的教育制度、政治体制、体育物质基础等方面与日本存在较大的差异，产生于日本的快乐体育在日本就饱受争议，移植到中国引发各种质疑也在所难免。如何正确看待日本的快乐体育，关系到亿万青少年的体质健康。因此，务必要全面了解、结合实际、择善而行。

八、成功体育思想

成功教育以激励全体师生追求并获得成功为价值为定向，以培养师生成功心理为突破口，以开发师生主体潜能为着力点，变外压式、训诫式班级管理为主体参与式班级管理，变传统经验型教师管理为科学型教师管理，变以教师为中心、只强调应试知识传授和应试技能传承的应试教学模式为强调因材施教和主体参与、注重开发学生潜能的成功教学模式，借以激励和引导师生把追求成功的过程与道德养成、知识内化、潜能开发的过程结合起来，通过不断获得成功体验而形成源源不绝的内动力，从而使他们各自都在原有基础上获得多方面的成功，并培养起有利于终生发展的自我增值能力。

成功体育指导思想脱胎于成功教育。它是指在体育教学中，合理运用一个与教学内容配套的适应学生身心特点的教学方法体系，从而使学生在体育活动中获得成功的体验。成功体育教学指导思想，主要强调学生学会学习，不只是被动地接受知识，而且是主动地获取知识。它打破了以技术教育为中心的体育教学体系，将运动技能和心理感受有机结合起来，同时又弥补了“快乐体育”的一些不足，“成功”的体验，不仅仅是“快乐”。在追求“成功”的道路上，既充满着友谊和欢乐，更充满着艰辛和苦涩，乃至挫折与失败。只有不畏艰难险阻，登上“成功”的顶峰，才能真正领略和体验体育的乐趣。

九、终身体育思想

早在20世纪60年代，终身教育由法国成人教育专家朗格朗首次提出。终身体育是20世纪90年代以来在体育教学的改革和发展中提出的一个新概念。终身体育，是指一个人终身进行身体锻炼和接受体育教育。终身体育的含义包括2个方面的内容：一是指人从生命开始至生命结束这一过程中，学习与参加身体锻炼，并将体育作为一生中不可缺少的重要内容；二是在终身体育思想的指导下，以体育的体系化、整体化为目标，为人在不同时期、不同生活领域中提供参加体育活动机会的实践过程。终身体育作为一种完整的现代体育思想，其理论依据有：(1) 人体自身发展需要终身体育；(2) 社会发展需要终身体育。

终身体育作为体育教学的指导思想，其核心是使学生掌握体育运动与卫生保健的基础知识、技术、技能；培养学生终身从事体育锻炼的意识、兴趣、习惯和能力；培养学生从事身体娱乐与体育欣赏的能力。终身体育自提出至今，仍然深刻地影响着我国学校体育的发展，并得到了学者和社会的认可。但终身体育不只是学校体育的工作，而且是整个国家、社会面临的重大问题。它关乎每个人的健康，关乎良好生活方式的形成。

十、以“健康第一”为主导的体育教学指导思想

2001 年 6 月，教育部颁发了体育与健康课程标准，沿用了近半个世纪的体育教学大纲悄然退出历史舞台。本次课程改革提出以“健康第一”作为学校体育的指导思想。因此，体育教学应从增进学生身体健康、提高心理健康水平、增进社会适应能力、教授体育与健康的知识和技能为出发点和落脚点，并以学生发展为中心，促进学生健康成长，激发学生运动兴趣，培养学生终身体育意识，关注个体差异与需求，确保每一个学生受益。

1999 年《中共中央国务院关于深化教育改革全面推进素质教育的决定》提出：“健康体魄是青少年为祖国和人民服务的基本前提，是中华民族旺盛生命力的体现。学校教育要树立健康第一的指导思想，切实加强体育工作，使学生掌握基本的运动技能，养成坚持锻炼身体的良好习惯。确保学生体育课程和课外体育活动时间，不准挤占体育活动时间和场所。举办多种多样的群体性体育活动，培养学生的竞争意识、合作精神和坚强毅力。地方各级人民政府要统筹规划，为学校开展体育活动提供必要条件。培养学生的良好卫生习惯，了解科学营养知识。根据农村的实际条件和需要，有针对性地加强农村学校的体育和卫生。”

由上可知，1999 年的文件中是“学校教育”要树立“健康第一”的指导思想，而不是“学校体育”要树立“健康第一”的指导思想。2001 年颁布的体育课程标准将“健康第一”的思想引入学校体育，立即引起了学者的广泛讨论。有学者认为这种直接引入的方式有失妥当，并指出“增进健康”不是学校体育能够独立承担起的责任。但细究起来不难发现，《中共中央国务院关于深化教育改革全面推进素质教育的决定》关于“健康第一”的论述基本上是针对学校体育提出的（见上段），

这也是之所以把“健康第一”作为学校体育指导思想的原因。健康包括身体健康、心理健康、社会适应等方面，虽然体育对整体健康都有促进作用，但其功能毕竟有限。而影响健康的因素又有很多，世界卫生组织提出的健康四大基石：合理膳食、适量运动、戒烟限酒和心理平衡，体育只是其中之一。从这个角度来看，学校体育似乎有大包大揽之嫌。如今，“健康第一”已提出了十几年，在对其的研究和评论中，有褒奖也有批评。总体来说，在青少年体质健康状况堪忧的今天，“健康第一”的提出无疑具有重大的现实意义。

以上是中华人民共和国成立以来各个时期出现的主要体育教学指导思想，每种思想的提出都与当时的社会环境紧密相连，与我国的教育发展休戚相关，与我国的社会主义建设亦步亦趋，反映了不同时期对体育教学的不同需求，描绘了我国体育教学发展的历史画卷，积累了弥足珍贵的经验与教训。时至今日，一些有价值的体育教学指导思想依然闪烁着昔日的光彩。

【自学内容】

一、美国体育教学指导思想

美国是分权制国家，全国没有统一的教学大纲，几乎整个教育都由各州自己管理。20 世纪 60 年代以来，美国体育课程形成了 2 种发展趋势：第一种以竞技体育为主设置体育课程，第二种以健身和运动参与为目标设置体育课程。以竞技体育为主的课程，其体育教学主要传授运动项目的技术，经过一个时期的体育教学后，学生可以根据前期的学习情况来选择某一项自己喜欢的体育项目进行专门性学习，并长期参与到这种运动中，以此提高运动技能。目前，这种课程设置相对较少。以健身和运动参与为目标的体育课程是当今美国的主流，这与美国政府重视国民体育息息相关。

美国的这种课程设置反映在学校体育教学中，则主要表现为尊重学生的个性，重视个别差异，主张以学生为中心；重视发挥体育的整体功能；培养学生对体育的稳定兴趣，自愿且有能力从事体育锻炼；加强体育教育与社会生活、职业的联系，为学生终身体育服务，并使学生从中受益。其基本的教学思想可以概括为：健全的身体是进行高质量生活和服务于社会的基础，并使学生成为完整的人。其教学目标大致归纳为：通过体育促进学生在身体、认识、社会和情感 4 个方面的发展，培养学生对体育的兴趣，使学生树立终身体育的思想。

二、德国体育教学指导思想

德国虽然没有全国统一的体育教学大纲，但各州按照自己的需要和学生的实际，制定州的体育教学大纲和实施大纲的教法指导书。州辖市、县和区的学校按照这一大纲的要求，制订本校的教学计划。因而各州的体育课程各有特点，教师执行课程方案有很大的灵活性和自主性，可以自己编定供各年级使用的教材，包括基本要领、简明教法和要求等，学生没有体育课本。

德国确立了以“开发学生的行为能力”为主要目标的体育教学指导思想，注重通过体育教育，更好地促进学生的社会化进程，时刻注意将学校教育与社会实践相联系，使得学生在体育教育中习得的行为能力能够更多地应用于未来社会生活中的实践。在教学方式上，选择俱乐部形式，且学校俱乐部与社会体育俱乐部全部对学生开放，共同为提升学生的行为能力服务。

三、日本体育教学指导思想

日本的《体育学习指导要领》相当于我国以前的体育教学大纲或者是当下的体育与健康课程标准。在日本体育教学中，体育课程分为必修课和选修课，体育教师在教材的选择上具有一定的灵活性。

日本自二战之后，主要经历了生活体育思想、体力教育思想和生涯体育（终身体育）思想。生活体育思想是摒弃了日本战前军事化体育，并受美国自然体育思想的影响，把体育作为手段，重视体育的生活化，并使体育教学的氛围变得民主和自由，以培养人的民主思想，但过于灵活的教学大纲致使知识传授缺乏系统性；在遭受各界的批评后，日本开设了以体力教育为主的体育教学思想。在这种思想影响下，体育课基本上变成了训练课，在学生体质得到一定的增强后，学生的学习兴趣下降，逃课现象屡有发生，体质又开始下降；因此，又开始了以终身体育为主的体育教学指导思想，旨在培养学生体育锻炼的兴趣，也由此产生了快乐体育思想，快乐体育思想正是在终身体育教学指导思想下诞生，其目的是进一步培养学生终身体育的意识。自 20 世纪 80 年代末以来，日本学校正是在生涯体育思想的指导下进行了各种体育教学改革。

【本章总结】

本章在面授内容中，主要介绍了以下内容：（1）以掌握“三基”为主要目标的体育教学指导思想；（2）以“增强体质”为主要目标的体育教学指导思想；（3）以“生物体育观”为基础的军事体育教学指导思想；（4）全面教育指导思想；（5）技能教育指导思想；（6）体质教育指导思想；（7）快乐体育思想；（8）成功体育思想；（9）终身体育思想；（10）以“健康第一”为主导的体育教学指导思想。在自学内容中，主要介绍了美国、德国和日本的体育教学指导思想。

【思考题】

1. 体育教学指导思想对体育教学具有哪些作用？
2. 中华人民共和国成立后，我国主要出现过哪些体育教学指导思想？
3. 试述终身体育思想。
4. 快乐体育思想的积极作用体现在哪些方面？
5. 如何理解“健康第一”？

【参考文献】

[1] 刘海元，周登嵩. 论体育教学指导思想及其提出的基本思路 [J]. 北京体育大学学报，2002，25（1）：86 – 88.

[2] 陈建绩. 体育教学新论 [M]. 天津：天津人民出版社，2003：54 – 67.

[3] 彭国强，项贤林. 新中国 60 年体育教学指导思想的演变及思考 [J]. 天津体育学院学报，2009，24（3）：205 – 208.

[4] 兰自力，黄文仁. 对学校体育教学指导思想的反思与梳理 [J]. 武汉体育学院学报，2009，43（1）：87 – 90.

[5] 罗时铭. 快乐体育——论当代日本学校体育思想研究之三：快乐体育论 [J]. 体育文史，1998（7）：49.

[6] 毛振明. 快乐体育的理论及产生背景 [J]. 中国学校体育，1996（6）：6.

[7] 钱娅艳，张君，张胜. 中美德日四国体育教学思想的比较研究 [J]. 首都体育学院学报，2001，13 (4)：33－37.

[8] 潘华. 中德两国中小学体育教学的比较 [J]. 体育学刊，2007，14 (3)：73－76.

[9] 陆美琳，张俭. 中、德、日三国学校体育教学指导思想的比较研究 [J]. 南京体育学院学报，2004，18 (5)：47－49.

[10] 吴式颖. 外国现代教育史 [M]. 北京：人民教育出版社，1997.

[11] 曲宗湖，杨文轩. 域外学校体育传真 [M]. 北京：人民体育出版社，1999.

第三章　体育教学过程

【内容提要】

任何事物都是按照一定的过程展开的，体育教学也是一个过程。体育教学工作中的体育教学过程是学校体育教学的重中之重，是进行其他活动的理论载体，也是学生得到间接经验的源泉，能够有效指导实践，从而说明体育教学过程是一个认识与实践的过程。本章主要讲解体育教学过程的概念、性质、规律，体育教学过程中的交往以及体育教学过程的动力等具体内容。准确地理解和掌握本章，有利于学生体育素质的提升，从而促进学生体育技能的提升；教授这些内容，有利于教师明确教学目的，达到教学目标。

【面授内容】

一、体育教学过程概述

1. 体育教学过程含义与性质

（1）体育教学过程的含义

对体育教学过程的认识，许多学者由于认识和切入点的不同而各有不同。根据视角不同，可以从教师、学生、教学等各种角度认识；根据哲学的观点，可以从整体和部分、主要方面和次要方面等去概括。根据着力点的不同，可以从教学过程的归属进行分析，也可以从体育教学过程的特点与功能进行分析，还可以从其他方面进行分析。体育教学过程的本质是客观存在的，是不以人的意志而改变的，它的特殊性使其与其他学科的教学过程区别开来，也是它的根本属性。因此，体育教学过程的认识方法和方式是多样化、多方位、多维度的，其中要重视的一点是体育教学过程中体育教学的实践性。通过这些范围的认识，贯通其实践性，把理论应用到实践中，体育教学过程的理论就能真正指引体育教学实践。

汇总以上各种认识，对体育教学过程含义的界定也不相同。有的学者认为："体育教学过程是在教师的指导下，学生积极主动地以运动活动为主要内容，掌握体育保健基本知识与技能，增强体质、增进健康、促进身心全面发展的一个认识和发展的过程。"有的学者认为："体育教学过程是在充分发挥教师主导作用的基础上，学生积极、主动地以身体练习为主要内容，掌握体育保健基本知识与技能，为终身体育打好基础，全面发展能力、个性的一个认识实践的过程。"本书所采纳的概念是："体育教学过程是为实现体育教学目标而计划、实施的，使学生掌握体育知识和运动技能并接受各种体育道德和行为教育的教学程序。这个过程具有学段、学年、学期、单元和课时等不同的时间概念。"

（2）体育教学过程的性质

①体育教学过程是学生掌握运动技能的过程

体育教学过程首先是学生掌握运动技能的过程。与其他静态学科相比，体育学科更加注重技能重复练习，在练习中让身体掌握和熟悉这种功能固着的技能，在实践练习的基础上进一步掌握相应方面的教育。因此，把体育教学过程理解为一个掌握运动技能的过程是必不可少的。

②体育教学过程是学生提高运动素质的过程

根据马克思主义哲学的观点，联系是普遍存在的，运动素质和运动技能是一个相互依存的关系，是一种正相关关系，运动素质是运动技能提高的基础，相应地运动技能的提高也有利于运动素质的提高，二者是相辅相成的关系。如此说来，体育教学过程是一个以提高学生的运动素质从而带动学生体质增强的过程。因此，在体育教学过程中，虽然学生运动技能的掌握是首要的，但同时也要注重学生身体素质的调理，要在各种教学时间、教学内容的安排方面，以及教学目标方面进行统一协调。

③体育教学过程是运动理论知识的学习和运动认识形成的过程

体育是一门融人文科学知识和自然科学知识于一体的综合课程，虽然在体育教学中主要目标是掌握运动技能，但也需要相应的基础知识加以辅助，从而培养学生的运动理论认知能力。同时，这些理论知识的掌握，可以提高对运动素质和运动技能的认识，有利于接下来运动素质和运动技能的进一步提升。如此说来，与体育教学相关的理论知识的学习和对运动的认知深入，也是在体育教学过程中不可缺少的。

④体育教学过程是集体学习和集体思考的过程

“集体学习”和“小集体学习”是体育教学的主要教学形式，这是因为体育教学一般不是一对一教学，是同时针对许多学生的教学，体育教学需要的活动形式也是集体性质的，需要多数人的参与，因此，体育教学内容的学习也需要应用集体性思维才能更好地掌握，集体教学是能够创造一定的集体氛围的，是符合体育教学目标集体性的。并且，这种过程方式也是加强教师与学生、学生与学生之间相互沟通和学习的有效手段和方法，能有效提高学生的交际能力和社会适应能力，如此一来，说体育教学过程是一个集体学习和思考的过程是必要的。

⑤体育教学过程是一个最终享受运动乐趣的过程

从快乐体育的角度出发，学生应该在学习体育的生理和心理等方面知识的基础上，寻找到身心参与的固有的乐趣感。需要学生经受住在练习过程中的各种困难，锻炼出身体的适应性，从而体会到克服困难、挫折，收获成功的快乐。这种体会是体育特有的特点，是体育生命力的来源，也是体育教学的终极目标。能有效地培养学生积极主动参与的主观性，是终身体育重要的组成部分，如此说来，把体育教学过程当作一个享受运动快乐的过程是必不可少的。

案例 1：组画接力

【教学目标】培养学生快速反应、行动敏捷、团结协作和对事物的判断能力。

【教学准备】平坦的场地，挂图 1 张，小黑板 2 块。

【教学方法】学生按人数平均分成 2 队，每队派一名学生拿着小黑板，站在同一条线上。教师拿出挂图并讲解图形的意义，规定学生按照挂出的图样组画，要求每人一次画一笔。开始前每队第一个人拿一支画笔，做好准备教师发令后，各队第一人迅速跑到黑板前画第一笔，画完后速跑回并将画笔迅速交给下一名学生，自己跑到队尾，依次进行。最后让拿黑板的同学画最后一笔。看哪队画得快、画得好。

2. 体育教学过程层次与阶段划分

（1）体育教学过程层次划分

①超学段（12～16 年）体育教学过程

超学段的体育教学过程一般在 12～16 年，包括学生的整个学习过程，一般是指从小学开始到大学毕业这个时间段，该阶段体育教学都是由国家规定实施的。

②学段（3～6 年）体育教学过程

对学段体育教学过程的理解，是通过现在的中国国情来的，中国教育当前学制是小学 6 年、初中 3 年、高中 3 年、大学本科 4 年或者专科 3 年等学习过程，按照

《体育与健康课程标准》的说明，划分为水平一至水平六等阶段，其中水平一相当于一、二年级，水平越高年级越高。

③学年的体育教学过程

所谓学年体育教学过程，是在整个学年过程中，根据实事求是的原则，根据体育教学的实际情况，把体育教学的目标、方案等各方面的需求具体地分派到学年过程之中，使之具体而且细化，能得到更好的教学效果。这是一种非常具有实践性的教学过程，是不应该以人的意志为转移的教学过程。

④学期的体育教学过程

所谓学期的体育教学过程是要求把体育教学过程的教学任务具体到学期的每一个学习周。可以根据学校的各种资源配置来进行调整，这个过程可以由体育教师或者体育管理者来进行合理分配和调整，这是一个从整体到部分的过程。

⑤单元体育教学过程

所谓单元体育教学过程，是学期体育教学过程的延伸，是由体育教师来进行的具体安排，特别是具体到了课时、教授内容等的安排，单元体育教学过程是体育教学过程的"细胞"，有了单元体育教学过程，才有了学期体育教学过程，也才有更长时间范围的其他体育教学过程。

（2）体育教学过程的阶段划分

根据时间的先后顺序以及逻辑上的发展关系来看，体育教学过程可以很明确地划分为 3 个阶段：体育教学过程的准备阶段，体育教学过程的实施阶段，体育教学过程的检查与评估阶段。

①体育教学过程的准备阶段

准备阶段是在充分明确教学目的，熟悉教材内容，了解学生情况，设计教学任务，选择教学手段和方法，制定教学方案的过程以及对客观条件（如场地、器材等）的准备基础上的教学过程的起始和导入环节。准备阶段又可划分为启动和定向 2 个小阶段。启动阶段，教师要精心设计活动，把学生有序地组织起来，营造良好的学习氛围，诱发学生的学习动机。定向阶段，教师要详细说明本单元教学的任务、内容。学生要明确和理解整个学习活动的目的、任务和具体要求，以确定有关的规律、规则和注意事项，以确保正确而有效的教学。

②体育教学过程的实施阶段

体育教学过程的实施阶段是体育教学过程中最重要的阶段，是整个体育教学活动开展的环节，也是理论应用于实践的具体过程，是整个体育教学活动的关键。具体实施的过程要注意：

目标清晰：体育教师要根据《体育（与健康）课程标准》，结合具体的教学内容和学生的实际情况确定体育教学目标，使学生对要完成的学习任务有充分的心理准备。在整个教学活动中，教师和学生都要时刻以体育教学目标作为方向。

调控得当：第一，要在启发式教学思想的指导下，正确地选用体育教学方法；第二，要根据体育教学的难易程度及价值，科学地分配教学时间；第三，要根据学生的年龄特征和个别差异，处理好“吃不饱”和“吃不了”的矛盾，掌握好教学进度；第四，要及时了解学生掌握运动技能的效果和程序，并根据完成动作情况及时调整教学进程。对学生来说，为了有效地学习，必须做到：集中精力，注意观察教师的示范动作和讲解，认真进行练习，把注意力集中到练习的难点和重点上。

积极互动：在体育教学过程中，教师的主导作用应该与学生主体性相结合。教师应努力提高教学积极性，充满热情，增强责任感，并善于创设良好的课堂气氛，充分调动学生学习的积极性；学生应在教师的指导下，积极认真地进行学习，并充分发挥主观能动性与创造性。

③体育教学过程的检查与评价阶段

检查与评价是体育教学过程的最终环节，是对整个体育教学过程进行实时反馈的手段，其结果能够反映出教学活动的不足，能够让体育教学活动得到及时调整，使整个教学活动更加合理，更容易达到教学目标。

教学效果的检查与评价是一个程序中相互联系着的 2 个环节。检查的目的是了解教学效果，主要包括教师观察、身体素质测试、运动技能展示等方式，既要检查体育基本知识、运动技能的掌握情况，又要检查学生在体育教学比赛中综合运用运动技能的能力，还要检查体育教师业务水平提高程度。

评价是在检查的基础上对教与学的具体成效进行综合评估。从教学主、客体来划分，一般从学生和教师两方面进行评价，在对学生进行评估的时候，不但要评估其练习结果是否达到体育教学目标，还要对其综合素质进行评估；在对体育教师进行评估的时候，也要对其教学结果是否达到教学目标进行评估，也还要对教师教学的综合素质进行评估。总体来说，既要注重质量评估，又要注重对体育教学活动后面的指引性。

总之，在体育教学过程中，教学系统运行的阶段之间密切联系、相互作用、相互促进，形成了一个完整动态的教学运行系统。

二、体育教学过程的规律

1. 运动技能形成规律

体育教学目标之一是让学生掌握一定的运动技能。运动技能也是实现其他目标的重要载体。人体的生理规律显示运动技能的形成是一个量变的过程，当量变达到了一定的水平就可以产生质的变化。运动技能的形成和完善，可以从以下 3 个阶段来看。

（1）机械地掌握动作阶段。机械地掌握动作是学习运动技能的开始，也是技能功能固着的形成阶段。机械地记忆和掌握动作，动作生硬不协调，无法自如收放，动作出错的概率大。由此可见，这个阶段首要目标就是，让学生掌握正确规范的理论知识，教师展示正确规范的动作表象，让学生清晰地认识整个技能，从而使学生在重复练习中粗略地掌握动作。

（2）改进与提高动作阶段。改进和提高动作阶段学生能初步建立起动作定型，此阶段表现为能比较正确地理解和完成动作，多余动作和错误动作被纠正，能比较连贯地、完整地完成动作，但遇到新的刺激，多余动作和错误动作会重现。因此，这一阶段教师应在学生反复练习过程中，启发学生的思维，采用比较、分析等方法使学生理解动作之间的内在联系，在保证动作质量的基础上加大运动负荷。

（3）运动技能的强化与运用阶段。此阶段的运动技能已经到了成熟阶段。学生能达到准确、熟练、规范地展示所有动作的标准，并且能够灵活自如地运用，达到自动化的程度。但是，如果长期中断练习，已形成的动力定型会逐步退化。因此，此阶段教学任务相对轻松，主要是调动学生的主观性，结合个体运用灵活自如。

总的来说这 3 个阶段是有机联系的，因此，3 个阶段的划分是相对的，没有严格的界限。而且一般的体育课只有 45 分钟，每周大约 2 ~ 3 次课，体育课的实施过程不可能完全符合这 3 个阶段，不过从一项运动技能掌握的基本规律来看，这依旧是一套基本的规律。

2. 运动负荷变化与控制的规律

运动负荷变化与控制的规律是从生理学角度来看的，生理负荷越大，对学生身体产生的生物性痕迹越大，也就使得学生在运动技能方面的身体联系越强。学生在教学过程中承受一定的生理负荷训练，有利于运动技能的掌握与提升。但是物极必反，运动负荷的变化必须控制在一定范围内，否则就会影响运动技能的提升，因为运动技能的提升并不是靠运动负荷的增加就一定能提高的。

人在进行各种活动时，身体都会有各种生理机能的变化，会呈现一定规律性和阶段性。例如人体在运动的时候，其机能会由不适应到适应、由不会到会，是一个不断提升的过程。当量变达到一定的程度要引起质变的时候，会有一段时间人体器官的机能相对保持在一个水平上，这时则称为相对稳定阶段。人体的生理变化图是一个抛物线，达到一定的高峰后，必然有下降的拐点，经过这个点之后，人就会产生疲倦感，体内产生乳酸，从而生理活动代谢下降，导致活动能力下降，这个阶段称为下降阶段。因此，在体育教学中必须遵循人体生理机能活动变化的规律，结合学生的具体情况，科学合理地安排、控制运动负荷，遵循规律，最终完善地完成教学任务。

3. 体育知识学习和运动认知的规律

遵循体育学习和运动认知的规律，是认识体育学科内在规律的需要。体育教学既注重体育运动文化的培养也注重身体素质的提升。其具有特殊的运动认知系统，所以体育教学过程的认知是其他学科无法替代的。

毛振明教授在其《体育教学论》一书提出构成身体—动觉智力有 3 个核心要素：其一是有效地控制身体运动的能力，其二是熟练地操作物体的能力，其三是体脑协调一致的能力。身体—动觉智力在多元智力中占有非常重要的地位。其中多元智力包括言语—语言智力、音乐—节奏智力、视觉—空间智力、自知—自省智力、逻辑—数理智力、交流—交往智力。

在体育知识学习和运动认知中应用多元智能理论，有利于培养学生的全方位认知能力，能够让学生从多维度去看问题，特别应用运动知识体系去看待问题，是一种独特的视角。

4. 体育学习集体形成与变化规律

体育教学过程的集体性正是体育教学过程的一个最鲜明的特征，体育教学活动的集体性促成了体育学习的集体形成与变化规律，在体育教学过程中，需要教师与学生、学生与学生之间集体的互动，互相合作才能达到共同的教学目标。如此一来，集体性规律就是体育教学过程中特别需要强调的重点，学生学会适应集体性规律也成了必要条件。

选择集体性项目是遵从体育教学过程集体形成与变化规律的必然要求，集体性项目能调动同学们学习的积极性和交际能力，采用各种集体教学内容，集体方式授课，集体相互评价等手段，这些都是遵从这个规律的表现。

体育教学过程中的集体教学一般包括组成集体、集体巩固、集体成熟、集体分解4个阶段，这样循序渐进的过程有利于一个团结的集体的形成，也是体育教学过程集体形成与变化规律形成的必然结果。

5. 体验运动乐趣的规律

目前中国推行的“阳光体育”“快乐体育”，“快乐体育”是指学生在体育运动中通过自己的努力体验到成功的乐趣。在此基础上，才能形成对运动项目的热爱，从而积极主动地掌握运动知识和技能，达到培养习惯、增强体质的目的。体育教师更是需要从这个客观的角度出发，把握这个规律进行授课。

学生对体育教学的主观能动性，源于对体育快乐的追求，从而使整个教学过程中充满活力；教师重视体育教学过程的娱乐性，就能使教学内容在轻松愉快的过程中被接纳。但必须要注意的是，体育技能练习的过程中，并不都是充满快乐的，有时要经历一些训练才能使身体得到适应和习惯，所以追求快乐的过程也是一个循序渐进的过程，需要时间，不能一蹴而就。

体育教学过程中乐趣的体验可以划分为3个层次。第一层次：学生在本身所拥有的技能水平上体验到运动快乐；第二层次：学生在不断学习新技能的过程中体验到体育的快乐；第三层次：学生在基础技能学会后进行创新和探索体验到的乐趣。如此过程，都能让学生体会到体育的乐趣，也能让授课教师体验到授课的快乐。

【自学内容】

一、体育教学过程中的交往

1. 体育教学中交往的概念和含义

体育教学中交往是指在体育教学中的交往，是围绕体育教学目标来进行的，借助一定的中介手段进行交往，能够让学生在交往的过程中学会各种运动技能，达到相互促进、共同进步的目的。具体而言，体育教学中的交往包含以下几层含义。

（1）体育教师和学生是体育教学交往中的主体。因为交往的本质属性是主体性，交往是在体育教学活动中共同存在的主体之间的相互作用、相互沟通、相互理解。在交往活动过程中，体育教师和学生实现各种信息的交流和行为上的互动。

（2）体育教学中的交往，首先要明确界定是在体育教学过程中，没有了这一特定环境，如课外体育活动或校外体育活动，就失去了体育教学中师生交往的特殊性和可能性。

（3）体育教学中师生间交往是借助于特定的符号系统作为中介，运用语言和非语言 2 种形式实现的。这些特定的符号系统，主要是指体育课上的运动技术术语或概念、身体练习动作、表情、体势。

（4）体育教学中各种交往活动主要是围绕体育教学展开的，包括运动技能的讲解与学习、师生的情感交流等内容。在此基础上，师生之间、生生之间就有了联系，就有了各种交往的目的。进而协调体育教学活动中师生之间的认知活动、情意活动和身体活动，保证体育教学目标的完成，促进学生身心健康的发展。

2. 体育教学交往的特点

体育教学活动中的交往作为一种教学交往，它不仅具有一般教学交往的共性特点，还由于体育教学活动的特殊性而具有其自身的特点。表现在以下几个方面。

（1）体育教学交往的身心综合性

体育教学中交往的身心综合性是指在体育教学的交往中，体育教师和学生的身体活动、思维活动、生理活动和心理活动的相互影响和相互作用。这是因为，体育教学活动是以师生的身体活动为主的过程，在教师指导下学生必须承受一定的生理负荷，而且还需要积极的主观能动性。与此同时，运动过程身体上的发泄，能够帮助学生协调各种情绪，帮助学生进行心理调节，具有特殊的作用。体育教师通过示范讲解、练习指导、组织形式以及自身良好的心态与形象去指导和引领学生。对体育运动的认知、心理感受、体育态度和价值判断等，将会对教师教学和学生对体育技能的习得等各方面产生影响和作用。

（2）体育教学交往中的自由度和多样化

体育教学过程中，大部分技能课都是在场地来进行，不同于一般的静态授课方式。体育教学活动的动态性，也就形成了体育教学交往的自由化和多样化，交往方式可以多种多样。一般的体育场地都很宽阔，教学方式的集体性，有利于学生之间、教师之间的相互交流，可以进行广泛的交往。

（3）体育教学中交往双方本质力量的互动性

体育教学过程中，交往是人的一种本能，可能是口头的沟通交流，也可能是肢体动作方面的沟通交往，是一种社会需求、社会互动性的表现。学生个体在体育活动中，通过自身的学习和表现来展示自己的物质力量和精神力量，满足一定的精神需求，体现成功的价值和学习的快乐，如身体素质的水平、情感意志的水平等。

（4）体育教学中交往手段的特质性

体育教学过程中以运动为主，这就需要教师除了口头授课以外，利用其他一切形象的授课手段，以及示范等方式进行教学。师生交往也很特别，例如武术，师生交往就需要进行各种非语言为主的武术动作来展示。

（5）体育教学中交往的触觉感知性

因为体育教学过程的动作教学的特殊性，学生需要以自身实践的状态呈现，需要参与体育运动项目、拓展自己的身体素质，从而才能掌握各种运动技能，也就是对教学内容的掌控。这就要求学生在学习过程中找到人体的本体感觉。在教学过程中，师生间肢体的接触比较多，如学习掌握运动技能的相互帮助，练习活动中的相互拖、拉、推、压、拍等，都是师生交往中的触觉感知。

3. 体育教学交往的功能

体育教学交往，是学生个体能够适应学校集体生活和体育学习活动、承担一定教育角色、形成健全个性、发展身心素质的基本途径，因而，交往在体育教学中有多种重要的功能。

（1）传递信息、增加学生的知识与经验

交往最基本的功能是传递信息。由于个人的活动范围是有限的，因而所获得的信息也是有限的。学生要在一定时间内掌握尽可能多的信息，增加个体的知识与经验，其途径之一就是通过人际交往，体育教学活动能够增加师生之间接触和交流的机会。学生通过教学中的人际交往，不仅可以传递出自己对体育运动与身心健康的观念、需要和情感，而且还可以接受他人有关体育运动与身心健康的信息，获得有关知识与经验。更为重要的是，在信息交流中，实现了人与人之间的交流与理解，为建立良好的教学环境创造了条件。

（2）调节行为及协调人际关系

一般来说，体育教学过程中的交往的调节功能有 2 个作用、首先最直接的就是能够对体育教学过程中的集体成员起到“润滑剂”的作用，使他们能够相互理解，情感需求得以满足；另一个作用就是可以使同伴之间的行为相互和谐，能够使他们相互理解，做出最明智的决策。每个人都通过人际交往来影响和支配他人的观念和行为。在体育教学中师生之间发生着频繁的交往，产生并存在着各种各样的教学行为，如合作与竞争的行为、独立学习与集体活动的行为。体育教学过程中的人际交往过程，就是一个缩小版的社会人际交往，维持得好的话，能够持续一辈子，运动中彼此行为的协同、关系的协调，能使学生体验到社会行为规范的意义。

（3）心理保健功能

心理学上曾经做过一个与外界一切刺激隔绝的实验，结果发现人需要各种正常的刺激，否则各种功能都会退化。当今社会是一个相互联系的社会，在这张大网中，能够正常地与人交往，是正常地融入社会的过程。正常的交往活动能够促进人的身心健康发展，因为交往是人类最基本的社会性需要之一。如果不能正常与人交往，一般都会产生一些负面情绪，导致一些不良行为，损害身心健康。在校学生大部分都是青少年时期，迫切地需要得到社会的认可、教师的认可、同伴的认可，需要正常地与别人交流，有了相互交往的行为，可以培养各种亲密感情，找到归属感和安全感。在体育教学过程中，通过集体活动进行交往，帮助学生协调和控制各种不良情绪，从而说明体育能够促进心理健康水平，经常从事体育锻炼的学生大都心态积极、性格阳光。因此，体育教学交往对于促进青少年学生的心理健康具有重要的价值。

（4）提高自我认识，促进个性发展

自我认识是学生迅速成长的过程。在体育教学过程中，学生可以通过反馈明确自己能力，追寻到自己的目标，有利于个体的发展。而要达到自我认识的目标，就需要通过交往的手段来实现，人们正是在具体的交往过程中来形成对他人的认知、对自我的认知、对环境的认知。体育教学活动有其特殊性，最明显的是经常有集体性的教学内容，这样就能有效地反馈信息。学生能从教师、同伴的行为，以及教师、同伴对自己的评价中更好地认识自己，认识周围的一切，从而提高自我认识水平、发展自我意识、促进个性的健康发展。

4. 体育教学交往的基本过程和基本类型

（1）体育教学中师生互动的基本要素和过程

①师生互动的基本要素

体育教学过程中师生互动主要包括4类基本要素，如下。

A. 师生互动的主体，体育教学过程的主体参与者就是教师和学生，教师和学生可以指个体，也可以指集体。体育教师和学生任何不指向他人的单项活动都不是互动关系，而必须共同参与在互动中才有交往。

B. 师生互动的受体，体育教学过程中的师生互动受体是双方的，有可能是学生，也有可能是教师。

C. 师生互动的内容，体育教学过程中，师生互动的内容是非常多的，例如运动技能的调整，学生个体情况的关注等。

D. 师生互动的媒介，就是指体育教学过程中，教师和学生之间互动的桥梁，包括肢体语言或口头语言。

师生互动的这4个要素在体育教学活动中相互联系、协调作用，保证了师生互动的正常进行。

②体育教学中师生互动的过程

教学活动本身就是一种师生之间的互动过程，教学目标、教学任务的完成，需要教师和学生互动进行。根据教师与学生、学生与学生在体育教学中的关系，师生间的信息传递是最直接的。就体育教学中师生互动过程的信息交流而言，体育教师和学生这2个互动主体均是信息传送者和信息接收者；信息为体育教学内容（体育知识、技术技能、情感、态度等）；媒介为语言、动作、表情、体态等。(图3－1)

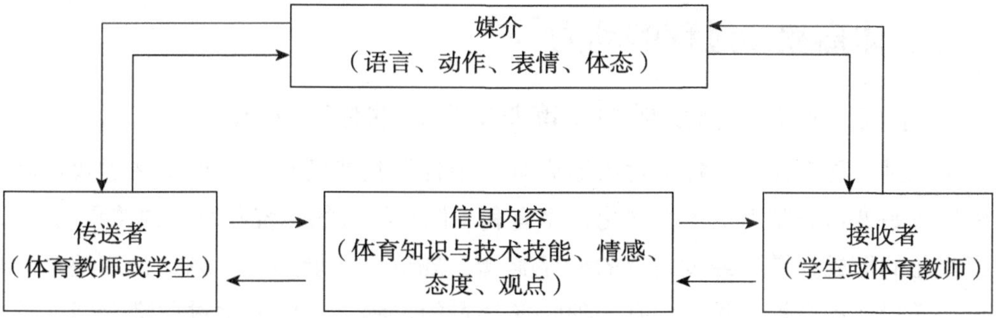

图3－1　体育教学中师生互动的基本过程

（引自：周登嵩．学校体育学［M］．北京：人民体育出版社，2004：159.）

（2）体育教学中师生互动的基本类型与方式

①体育教学中师生互动的基本类型

从体育教学中互动行为主体构成本身来看，可以分为体育教师与学生之间的互动和学生与学生之间的互动，前者称为师生互动，后者称为生生互动。而从体育教学中互动行为主体来看，又可以分为师生互动（教师与学生个体之间的互动）、师组互动（教师与学生小组或学生全体之间的互动）、个个互动（学生个体之间的互动）、组组互动（学生小组之间的互动）、个组互动（学生个体与学生小组之间的互动）等不同类型。另外，不同年龄、年级，不同体育教材内容，以及不同类型的体育课教学中，师生互动的频率与密度均存在着较大的差异。

②体育教学中师生互动的基本方式

通过对体育课现场教学的观察研究，发现在中小学体育课教学中，师生互动中信息沟通的基本方式主要有双向沟通和多向沟通2类，如图3－2所示。

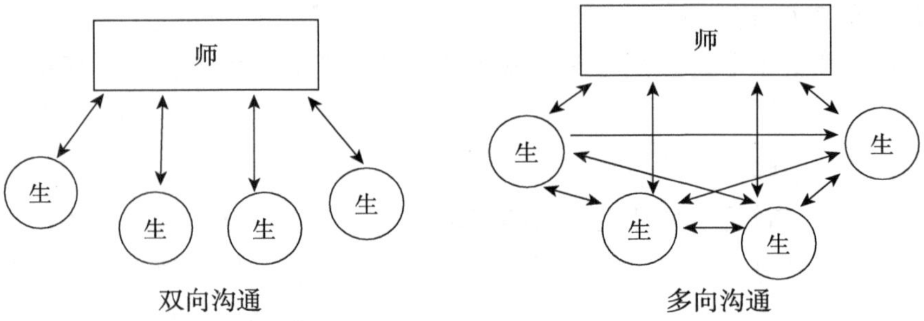

图3－2　师生互动过程中的沟通方式

（引自：周登嵩．学校体育学［M］．北京：人民体育出版社，2004：159.）

二、体育教学过程的动力

1．学校、班级中所形成的制度与非制度的体育文化

文化是一种载体，一种文化的形成有利于各种技能的传承，如果在学校或者班级中形成制度与非制度的体育文化，将有利于体育特有的传统和风气的传承与传播。体育文化的形成，需要经过一定的程序整理，规范后才能形成。例如：定期举办体育节、学校运动会等。学生会有一种隐形学习的过程，这些文化过程都会或多或少地影响学生，让学生对体育的认识更加深刻和全面，增加了对体育的兴趣，加上教师的积极引导，将会转化为体育学习动力。

2．创造良好的场景、精心安排场地器材

场景以及场地的精心安排，可以给学生创造一些惊喜，提高学生学习的欲望，增强学习的动力。课前教师根据教学内容和要求，合理规划教学场地，把场地设计得美观大方、分线清晰；器材力争在布置上新颖。不要几堂课都重复相同的布置方式。例如，在练习跳远时，教师首先要保证沙坑柔软、平整。在练习垫子上的动作时，垫子要干净。垫子的摆放不要总是整齐划一，可以在方便教师教学、指导的基础上，摆成圆形、半圆形，或者是征求学生的意见，摆成几个图形。

3．构建良好的课堂心理气氛

课堂氛围是体育教学顺利进行的最直观的表现，特别是心理气氛，这会让学生

从心底对体育教学过程产生共鸣。好的课堂氛围，不仅让学生心情放松、学习积极性高，而且，有利于师生进行更和谐的交流和沟通，能够产生积极向上的“正能量”，有利于提高学习效率，促进体育教学目标的达成，更有利于良好的师生关系的形成，满足了学生在求知过程中的心理享受，也使教师的授课过程顺利。这类型的课堂，需要学生与教师双方的积极参与，特别是教师的引导作用非常重要。

4. 形成良好的师生关系

现在的师生关系虽然没有了古代那么严重的尊师重教的过程，但学生对教师的尊重是必要的，反过来教师也应该相应地尊重学生，师生关系在某种程度上是一种平等关系。这种关系是一种常态的人际关系，在教学过程中随处可见，既有课堂之内的师生关系，又有课堂之外的师生关系。和谐的师生关系有利于学生的健康成长，有利于培养身心健康的人才。现在推行“民主”教学，学生可以大胆表明自己的观点，可以与教师进行沟通，做到了尊重学生，摆脱了传统观念下的教师教什么学生学什么的固定局面，这样更有利于学生的发展。此外，教师良好的教学态度，能够让学生感觉教师平易近人，对于形成良好的师生关系至关重要。

【本章总结】

本章主要从 4 个大的方面对体育教学过程进行了阐述：（1）体育教学过程概述；（2）体育教学过程的基本规律；（3）体育教学过程中的交往；（4）体育教学过程的动力。希望广大体育工作者能结合实际工作情况，灵活运用体育教学过程的规律，以促进体育教学效率、提高体育教学效果。

【思考题】

1. 体育教学过程与其他教学过程的主要区别有哪些？
2. 你认为体育教学过程中的客观规律有哪些？
3. 如何优化体育教学过程？
4. 你认为哪种沟通方式最有利于体育教学？你是如何做的？

【参考文献】

［1］毛振明．体育教学论［M］．北京：高等教育出版社，2005.

［2］张志勇．体育教学论［M］．北京：科学出版社，2005.

［3］周登嵩．学校体育学［M］．北京：人民体育出版社，2004.

［4］姚蕾．体育教学论学程［M］．北京：北京体育大学出版社，2005.

［5］樊临湖．体育教学论［M］．北京：人民体育出版社，2001.

［6］夏思永．学校体育学［M］．重庆：西南师范大学出版社，2003.

［7］姚蕾．体育隐蔽课程的基本理论与实践［M］．北京：人民体育出版社，2002.

第四章　体育教学原则

【内容提要】

体育教学原则是长期体育教学实践经验的科学总结和概括，是体育教学客观规律的正确反映，是体育教学工作必须遵循的基本要求和准则。体育教学原则是体育教学整个过程中的一种规范，是实施体育教学的最基本要求，是保持体育教学性质的最基本因素，是判断体育教学质量的基本标准。准确地了解和执行体育教学原则，既能帮助体育教师运用体育教学中的各种规律，又能完善体育教学活动，从而更容易达到体育教学的目标。

【面授内容】

一、体育教学原则概述

“原则”一词在《现代汉语词典》中是指说话或行事所依据的法则或标准。教学原则在我国古代教学中已有提出，如学思结合、因材施教、启发问难、博约相依（由博到精）等原则。教育理论界对于教学原则的认识、理解和阐述大同小异，基本上一致。在教学论中教学原则指：“根据一定的教学目的任务，遵循教学过程的规律而制定的对教学的基本要求，是指导教学活动的一般原理。”

依据教学原则的概念可以将体育教学原则界定为：“体育教学人员长期体育教学实践经验的总结和概括，是体育教学客观规律的反映，是体育教学工作必须遵循的基本要求和准则。”

二、常用体育教学原则

1. 合理安排运动负荷原则

（1）合理安排运动负荷原则的含义和依据

运动负荷包括生理负荷和心理负荷 2 个方面，由运动强度和运动量构成。事物的发展变化都是质变和量变的统一，量变积累到一定程度才能引起质变，质变的发生并不是一瞬间就形成的，合理安排运动负荷是指在体育教学中遵循量变到质变的渐进过程，合理安排教学任务的生理负荷和心理负荷，使学生机体在循序渐进的过程中适应新负荷，从而取得体育学习的进步。

人的各种生理机能都是阶段变化的，所能承受的负荷极限也不同。教师在安排运动量和运动负荷时都必须控制在一定的范围内，不能超过相对应年龄段或者身体素质的负荷极限。根据人体的反射弧，刺激的强度也是渐进的过程。小的运动负荷刺激，引不起身体机能的很大改变，太大的刺激，身体机能可能承受不住，反而不利于身心健康。只有在一定范围内的刺激，才能避免物极必反，这样才有利于学生更好地掌握技能、提高身体素质。

（2）贯彻适宜运动负荷的原则的基本要求

①通过体育基本理论和知识的教学使学生认识到运动负荷并非越大越好，适宜的运动负荷才有益于健康。

②教学内容必须紧凑合理，但是教学过程必须是渐进式的，合理制订教学计划。制订学期教学计划，不仅要考虑季节、场地、器材、教材等因素，还要考虑运动负荷量的大小和持续时间与间隔的要求。一个学期如此，一节课也要如此。例如，负荷量小的活动，间隔时间也要短一些，反之间隔时间长些；强度小的活动，次数可多些，而强度大的活动，次数宜少。体育教学强调运动技能的重复性，运动负荷和心理负荷的反复适应性，这就要求锻炼也需要间隔重复，只有这样，才能有效地提高学生的运动素质。

③根据教学任务、学生特点、教材性质、场地设施等合理安排运动负荷。学生的性别、年龄身体健康状况不同，安排运动负荷时应加以区别对待。不同性质的教材，应考虑对身体机能的不同作用与影响做出科学安排。例如，以复习提高技术、机能和发展身体素质为主的课，要比新授课的强度大；对高年级和体育基础好的教学班，要比低年级和体育基础差的班运动负荷大。

④提升生理负荷与心理负荷的训练，除了需要间歇训练，还需要科学合理的休

息复原时间，使其有弹性进步。各种负荷与相应的休息时间对接，根据各种实际情况进行调整，是最有利于学生机体的负荷程度提升的，更不会造成不必要的机体伤害。不同的学生因为本身的身体素质问题，可以承受的负荷不同，恢复所需要的时间也不同，所以在运动负荷锻炼过程中，应以积极的休息方式为主，并合理地配合以消极休息。

⑤要有节奏地逐步提高运动负荷。体育课中安排运动负荷要采用波浪式的变化手段，要给机体适应运动负荷变化的时间。运动负荷总的趋势是循序渐进，逐步提高。

2. 促进运动技能不断提高原则

（1）促进运动技能不断提高原则的含义和依据

促进技能不断提高原则是指在体育教学中要不断提高学生的运动技能，提高学生的运动成绩，实现有效的体育教学。

掌握体育教学过程中所传授的知识、技能等体育教学的重要任务之一，其最主要的表现形式就是运动技能的掌握，这是体育教学的一种本质属性，也是体育教学的特点之一。对运动技能的熟练掌握，是提高学生的运动素质，增强学生体质的方法，也是让学生体会到“快乐体育”的有效途径，掌握正确的体育锻炼方法，有利于运动技能的传播。体育教学技能的掌握情况是判别体育教学是否有效和高质量的标准，也是判断体育教师是否有教学能力的标准。

（2）促进运动技能不断提高原则的基本要求

①要正确认识运动技能提高在体育学习中的重要意义

技能教学是体育教学的切入点，是开展体育教学活动的科学依据，是构成体育教学过程的主线。

②要明确运动技能教学的目的，有层次地掌握运动技能

体育教学中的运动技能传授要树立“健康第一”和为学生体育服务的思想，要围绕“较好地掌握 1 ~ 2 项常用运动技能”“初步掌握多项可能参与的运动技能”“掌握基本锻炼身体方法的技能”“体验一些运动项目”等不同运动技能提高的目标，有层次和分门类地让学生掌握他们终身体育所需要的运动技能。

③要钻研“学理”和“教法”，提高教学质量

任何事物的产生都有其固定属性，都有其内部规律，体育教学过程中的运动技能也是一样的。掌握一门技术首先就是要明确它的规律。为了便于学生正确、牢固地掌握运动，教师在教授过程中要详细地讲解技能的内在规律，如动作的用力顺序、

动作的难点和关键点等。此外，能通过动作示范、教具等手段将动作的难点加以直观化将更有利于学生快速地掌握运动技能。这就是“学理”研究和根据“学理规律”的教法研究，这类研究的积淀是制定科学的体育课程以及提高体育教学质量的前提和保证。

④要创造提高运动技能的环境和条件

除了教师的内部因素，还需要良好的外部因素才能让学生更好地掌握运动技能。例如创造良好的场地环境，提供完善的体育器材，选择适宜的天气环境等。这些外部因素的优化，都能对提高运动技能产生影响。当然，对体育教学过程的即时反馈，评价技能学习的效果也是重要的外部因素。

⑤运动技能教学，要适当与相关知识教学、兴趣培养、能力发展和个性发展相结合。

3. 注重体验运动乐趣原则

（1）注重体验运动乐趣原则的含义和依据

注重体验运动乐趣原则是指在体育教学中让学生在掌握运动技能和进行身体锻炼的同时，体验运动的乐趣，培养学生喜爱运动并参加运动的习惯。

注重体验运动乐趣原则是依据游戏的特性和体育教学中运动情感变化的规律提出来的。体育教学中应用“快乐”是一种手段，身心愉悦才能有利于提高运动技能的学习，才能积极地调动学习的能动性，提高学习效率和成效。学生只有真正地体验到运动乐趣才能有利于“终身体育”思想的形成。这也就映射出体育教学过程中注重乐趣的培养，有利于终身体育的形成，这也是体育教学的目的。

（2）贯彻注重体验运动乐趣原则的基本要求

①要正确理解和对待运动中的乐趣

每项成熟的运动项目都有其固有的运动乐趣，这些乐趣来自该项运动特有的运动和比赛特征，必须正确地理解和对待它们。但体育运动项目每一项运动技能的学习与掌握都不是一蹴而就的，都需要经历不断地刻苦努力，不断地克服错误才能达到灵活运用自如的阶段。因此，一味地迎合学生的兴趣、乐趣而忽略运动技能的传授与学习也是不可取的。

②注重“从学生立场去理解教材”

教师应该注意“从学生的立场去理解教材”，并不是因为学生的角度是最好的，而是因为从他们的角度出发，能够以他们最容易接受的方式进行教学。改变传统的教师教，学生学的固定模式，让学生真正地参与到体育教学中，以便调动其学习主动性，激发其学习的热情和乐趣。

③要让每个学生都能不断地获得成功的经验

虽然说体育教学是集体性教学、集体性活动方式，但是还是要注重个体差异。因为，受遗传因素的影响，身体素质、机能等先天因素对个体的影响很大。而且体育学习具有外显性，体育学习能力差的学生就会造成学生心理上的落差。解决这种落差的方式就是根据实际情况，设定既定的目标，让每一个学生都能不断地获得成功的经验。我们必须通过各种教材的加工和教法的改变（如改变比赛条件、规则等），让每个学生都能体验到成功，这是学生体验运动乐趣的基本方面。

④要处理好体验运动乐趣与掌握运动技能的关系

体育教学强调体验运动乐趣和掌握运动技能这 2 个方面的内容，二者是相互依存、相互促进的，需要教师在教学过程中把二者很好地结合起来，达到统一。

在真正的体育教学过程中，不是所有的技能学习都能产生运动乐趣，运动乐趣是一种感觉。这种体验的获得，除了教师的引导，还需要学生自身尝试与发现。在运动技能的学习过程中，若能使得运动乐趣的体验与运动技能的掌握很好地协调统一起来，将有利于体育教学目标的达到。

⑤要开发多种有利于学生体验乐趣的教学方法

让学生在学习中体验到乐趣，要求体育教师采用多种方法来活跃课堂气氛，激发学生的学习动力，如采用游戏法、挑战性练习法、让位比赛法、分组总分比赛法、领会教学法、发现式教学法等教学方法，通过情节化、游戏化、生活化、变形化等多种方法让学生充分、平等地体验到体育中的学习、运动、挑战、交流的多种乐趣。

⑥体验乐趣不忘“磨炼”，体验成功不忘“失败”

体育教学过程，技能的学习会伴随身体的各种反应，刚开始的时候可能非常难受，但贵在坚持，坚持下来才能体会到更多的乐趣，也就是说在体育教学过程中体育教学内容并不能一味地追求乐趣，也需要根据实际情况设置一定的难度，引导学生追求达到难度目标后的乐趣，可能学习过程中有失败的经历，但这些都是必需的，应该让学生体会到。

4. 提高运动认知和传承运动文化原则

（1）提高运动认知和传承运动文化原则的含义和依据

提高运动认知和传承运动文化原则是指在体育教学过程中通过对运动知识和运动技术的学习，培养学生的运动认知能力，提高学生对运动文化的理解，传承运动文化。

运动认知是通过各种运动体验形成的一种特殊的认知方式，擅长运动的人在身体反应、神经传递等方面有突出的能力，反应快速、动作敏捷，这就是运动认知高的表现。运动认知的形成与人的整个社会活动都是息息相关的，主要是关系到人的身体素质的健康和心理健康。学校体育教学主要是培养学生的运动认知。体育学科的价值就是培养和提高学生的运动认知能力，促进学生认知能力的全面发展。运动认知也是学习运动文化的基础，学会运动认知，传承运动文化，将是体育教学的责任与义务。

（2）提高运动认知和传承运动文化原则的基本要求

①要重视体育学习中的“认知”因素，要完成“学懂”的目标

要通过体育教学，实现学生的既“会”又“懂”，“会”指的是对运动技能的掌握，“懂”指的是对运动技能掌握的原理和文化特征的理解。学生准确地掌握运动原理，有利于学生接下来的学习；学生准确地理解运动文化特征，有利于学生区别运动文化与其他文化的本质与形式，以便于更好地融入体育实践，二者都与学生的终身体育有着密切的联系。

②要重视培养运动表象和再造想象

运动表象和再造想象是学生形成动作、掌握运动技能的基础。学生的运动表象与再造想象是相互联系的，是正相关关系。运动表象能力强，从而再造想象快，那么运动技能掌握也快。一般来讲，学生学习一项新的运动技能的时候，需要形象动作的辅导，所以，教师首先要教授规范性的动作引导学生，其次是观察学生是否达到规范动作，引导学生形成正确的运动表象认知。然后再经过举一反三的练习，从而达到掌握运动技能的目的，达到体育教师要求的教学目标。

③重视“发现式学习”和“问题解决式教学”

在体育教学中要重视“发现式学习”和“问题解决式教学”等方法，“发现式学习”是指学生在学习过程不能死板地就是教师教自己学，要有自己的想法，要学会发现问题。“问题解决式教学”是指教师引导学生在发现问题的时候怎么样去解决。如此可以提高体育教学的质量，同时体育教师应该注意遵循学生的认知规律来考虑体育教学过程，这样才能完善学生的体育知识认知系统。

④要开发有利于学生认知的教学方法与手段

学生的认知是需要教师积极开发和引导的，并不是先天形成的，要想有效提升学生的认知能力，就需要开发大量有利于学生认知的教学方法和手段。要通过具体情景教学把运动认知和运动技能学习结合起来，形成一个体系。

5. 在集体活动中进行集体教育原则

（1）在集体活动中进行集体教育原则的含义和依据

在集体活动中进行集体教育原则是指在体育教学中要发挥运动集体的作用，在集体中，特别是小群体的自主性活动中对学生进行集体的教育，培养学生正确的集体意识和良好的集体行为。

集体活动首先讲求的团结、协作能力，也是人际交往所要求的，通过各种集体项目练习学生的团结互助能力，如篮球、足球、排球等各种体育项目的开展都有团体赛事，都是体育运动的集体性的体现，因此，体育运动与集体有着天然的联系。

从另一个角度来理解，体育教学有其特殊性，场地、器材学习是一个比较现实的现象，学生很多运动技能的学习需要其同伴来协助练习。这使得体育学习方式也与集体有内在的联系。

从体育教学目标来讲，在体育教学过程中训练学生的集体性，是学习运动技能的社会学要求，也是体育教学过程中交往性的要求，也是学生形成良好的集体行为参加终身体育锻炼的需要。如此说来，体育教学中的集体性练习，能够为将来学生参与真实的社会生活奠定一定的基础。

（2）在集体活动中进行集体教育原则的基本要求

①分析、研究和挖掘体育活动和体育学习中的集体要素

体育活动和体育学习中的集体要素非常丰富，如“共同的目标”“团队的意识”“领导核心”“职责的分担”“规则的建立”“共同的活动”“共同的活动场所”等，体育教师应加强对这些因素的关注和研究，把这些要素有目的、有意识地组织到学生的集体活动和体育学习中，为学生的集体意识和集体行为的培养打下基础。

②要善于设立“集体学习”的场景

集体学习的形成可以从以下 2 个条件入手：“共同学习的课题”和“共同学习的平台”。

“共同学习的课题”是学习小集体形成的目标，都想去解决相同的难题，首先必须要求这个问题是都遇到了，形成了一定方向性的课题，可以一起共同努力解决。这样课题的提出是凝聚学生集体意识和产生集体行为的关键因素。

“共同学习的平台”是学习小集体形成的外部因素，是集体学习的有利外部条件，它是建立在“共同目标”“团队意识”“领导核心”“职责的分担”“规则的建

立”“共同的活动”“共同的活动场所”等集体因素上的集体实在体。“共同学习的平台”是学生集体意识和集体行为培养的载体和依托。

体育教育要贯彻在集体活动中进行集体教育原则，就必须通过教材研究挖掘那些有意义的、与运动技能教学联系紧密的“集体共同学习的课题”，还要通过教学组织方法的改进去有意识地形成各种有效的“集体共同学习的平台”，这样集体教育才能落到实处。

③要开发有助于集体学习的教学技术和手段

任何一项理论的实际应用，都需要一定的技术支撑，集体学习的想法也需要一定的技术手段和方法进行辅助，这样才能使集体学习发展得更加顺畅。现在国内外的体育教学中已经开发出有助于学生集体内、集体间交流的许多技术和手段。教学技术有形成团队凝聚力的方法、集体讨论的形式、小组内同学之间的相互评价等等；而教学手段主要体现在组内互动的媒介的开发和运用上。这些特殊的教学技术和手段为在体育教学中贯彻该原则提供技术上的保证。

④要处理好集体学习和个性发展之间的关系

集体学习虽有其优势，但也不能忽略了个体特性的发展。世界上是不会有完全相同的两片叶子的，这也说明每个学生都是一个不同于其他学生的个体，在培养他们的集体性、交往能力的同时，也要培养他们个体独立学习的能力。这样一来，才能达到集体学习和个性发展的统一，有利于它们相辅相成，促进学生更好地发展。

6. 因材施教原则

（1）因材施教原则的含义和依据

因材施教原则是指体育教师在教学中，既要面向全体学生，提出统一要求；又要根据不同班级和学生的个体差异区别对待，把集体教学和个人指导结合起来，使每个学生的才能和特长都能得到充分的发展。

现代社会强调以人为本的教学理念，尊重每个人的能力，因材施教是素质教育的核心，也是体育教师应该遵循的现实规律，根据学生发展的具体情况划分学习任务，如因为年龄的不同，身心发展不同，有教无类，个体引导，这都是体育教师应该注意的问题。

（2）因材施教原则的基本要求

①要深入细致地研究和了解学生

要贯彻因材施教原则，首先要了解学生的个体差异性，为进行有针对性的教学做好准备。掌握学生个体的基本情况，是体育教师展开体育教学活动应解决的首要问题，教师可以通过问卷调查、查阅资料和询问班主任等方法对学生进行深入细致的了解，以便于根据实际情况因材施教。

②正确对待个体差异性

教师要正确对待学生的个体差异性，首先教师自己不能歧视身体条件比较差的学生，其次要引导学生正确对待同学们的个体差异性，并引导同学们相互帮助、互相学习、互相评价等。

③创造因材施教的条件

在体育教学中教师可以通过各种体育教学组织形式创造因材施教的条件。例如，小组教学，可以按学生的体质、身高、技术基础等进行分组教学。另外，体育教学方法的灵活运用也是创造因材施教的重要途径。

④面向全体兼顾两头

教师要把主要精力放在全体学生的普遍提高上，所制订的教学计划、确定的教学目标和要求，应该是大多数学生经过努力可达到的。

⑤从客观条件的实际出发

教学中贯彻因材施教原则，还必须考虑学校的客观条件。不同地区、季节、场地器材设备条件，都会对体育教学起制约作用。教师在制定教学目标时，除了考虑教材、学生的特点、组织教法外，还必须考虑上述各方面的客观条件，这样才能更好地因材施教。

7. 安全运动与安全教育原则

（1）安全运动与安全教育原则的含义和依据

安全运动与安全教育原则是指在体育教学中要在安全地从事运动的同时，对学生进行安全的教育；是依据以剧烈身体活动和器械上身体活动为主要内容的体育教学既是安全的难点，又是安全教育重点的规律提出的。

体育运动的特点决定了其难免会存在危险性，因此保障学生的人身安全是顺利开展体育教学的前提。特别是刚开始学习的时候，体育教师应帮助学生逐渐形成运动安全意识，形成良好的运动安全习惯，掌握安全的运动方法与保护措施。

（2）安全运动与安全教育原则的基本要求

在体育教学中贯彻安全运动与安全教育原则的基本要求有如下几点。

①教师必须预测所有可能的危险因素

经过长期的体育教学实践经验的总结，一般来说，体育教学中绝大多数危险因素是可以预测的。

对于表 4－1 中这些可以预测的危险因素，体育教师在上课前必须逐一地进行思考和检查，以消除一切可以消除的潜在危险。

表 4－1　体育教学中可以预测的危险因素

几种可预测的危险因素	举例
一、因学生的思想态度产生的危险因素	如莽撞行事、擅自行事、准备活动不充分
二、因学生身体活动内容的差异产生的危险因素	如力量不及、动作难度大、对该运动非常不熟悉、缺乏必要的保护与帮助等
三、因器械的坏损和不备产生的危险因素	如绳索折断、双杠折断、羽毛球拍头脱落飞出等
四、因场地条件变化产生的危险因素	如雪地上滑倒、塑胶地破损绊倒等
五、因学生身体状况变化产生的危险因素	如学生在伤病期间勉强参加运动引发危险
六、因特殊天气产生的危险因素	如酷暑时的长跑、苦寒中的体操等

（引自：毛振明．体育教学论［M］．北京：高等教育出版社，2005：103.）

②时时刻刻地对学生进行安全运动的教育

体育教师在体育教学活动中，要贯彻安全运动与安全教育原则，就要时时刻刻地对学生进行安全运动的教育，可以专门讲解，也可以边学边讲，还可以在学生自己练习的过程中进行提示，这样才会让每一个学生时刻牢记安全规则，避免不必要的安全事故的发生。

③要建立运动安全制度和定期检查器材设备

《学校体育工作条例》第二十一条规定："学校应当制定体育场地、器材、设备的管理维修制度，并由专人负责管理。"毛振明、郭健（2009）指出："学校和教师要保证学生的安全，还要制定各种规章制度，如《体育课堂教学常规》《体育场地器材安全制度》《体育场馆使用制度》《游泳池使用制度》《学生体检制度》《紧急状况处理等》。要用制度和严谨的工作程序来确保学生的安全。"

在对场地、器材、设备进行安全管理时，可采用安全检查表法。"安全检查表（Safety Checklist，简称 SCL）是进行安全检查，发现潜在危险，督促各项安全法规、制度、标准实施的一个较为有效的工具。成熟的安全检查表可以作为危险辨识的对照依据，也可以通过安全检查表的编制过程来辨识潜在的危险。"

根据安全管理学关于编制安全检查表的建议，在进行编制学校体育场地设备安全检查表时要注意以下几点。

第一，学校体育专家、学校体育管理工作者以及一线教师三结合的编制团队，集中讨论、集思广益、共同编写。

第二，以国家、部门所颁发的有关安全法令、规章制度、规程以及标准、手册等为依据。例如，《学校体育工作条例》。

第三，依据教师实践经验的总结，列举所有存在于教学系统中的不安全因素。收集同类或类似教学系统的事故教训，了解多方面的信息。

第四，根据学校体育场地器材设备在整个寿命期内的故障变化规律。安全科学研究表明，设备故障的变化规律大致分为3个阶段：第一阶段，设备故障的初发期；第二阶段，设备故障的偶发期；第三阶段，设备故障的频发期。

从设备故障变化规律中得知，设备在第一阶段，尽管故障率较高，但多半属于基本的非实质性故障，因而检查周期要短，其检查周期与第二阶段的周期相同。但到了第三个阶段事故频发期时，随着设备故障率的增高，其定期检查、检修的周期均要相应地缩短，这样才能有效预防、控制事故的发生。因此，在体育场地器材设备刚建成或是刚安置好后因不明其工作规律要及时地进行检查排除危险因素，而在其后期的耗损失效期要增加定期检查的次数，以防止器材老化、破损造成的事故。表4－2为学校体育场地器材设备安全检查表示例。

表4－2　学校体育场地设备安全检查表示例

学校体育场地器材安全检查表

检查人________　时间________

序号	检查内容	妥善	须改善	须即时改善	不适用
1	操场的平整情况	□	□	□	□
2	篮球架的安置的牢固程度	□	□	□	□

④在体育教学中要安排负责安全的小干部

在体育教学集体授课的时候，仅仅靠教师单独来防范危险于未然，这显然是有点力不从心，所以这就需要教师调动学生积极参与体育教学安全监督中来，相互监督，自身监督，这样就会将体育授课过程中的安全系数不断升高，从而确保班级的安全教学以及运动的安全。

【自学内容】

一、制定体育教学原则的依据

1. 依据社会需求

从根本上说，教学原则的内涵反映着时代的发展、社会进步与人类幸福等的需求，而这些需求都来源于社会或社会成员的意愿。比如1934年陈泳声所著的《体育概论》中所提到的：体育教学原则要适应学校环境、符合国情，应多采用自然活动。可见教学原则的提出须适应当时的国情和社会的发展。当时我国体育场馆、器材设施还不发达，要多借助于自然环境来开展相应的运动项目。

2. 依据体育教学实践

体育教学原则是体育教学经验的总结与概括。实践是检验真理的唯一标准，在教学实践中，哪些符合体育教学规律的发展，哪些违反规律的发展，最终都由教学实践进行检验与甄别。于是，随着教学历史的推进，那些与教学规律性相违的教学关系被否定，比如忽视学生主体性而对学生进行专制管理的专制型教学原则。

3. 依据体育教学规律

体育教学原则并不是本来就有的，是人们通过客观的经验进行加工形成的意识理论，虽然带有一定的主观性，但是符合体育教学客观规律的，能够在一定范围或者时间段内体现教学效果，达到教育目标。

4. 依据体育教学目标

体育教学是为实现体育教学目标服务的，体育教学原则是为了更好地达到体育教学目标服务的。如此说来，体育教学原则也就是为体育教学目标服务的，也就是依据体育教学目标而来。

二、制定体育教学原则的标准

体育教学原则制定的标准包括完备性、相容性、独立性和简练性。所谓完备性是指体育教学过程中的一些基本要求都应当在体系中得到反映。相容性是指在一个体系中各原则不能彼此矛盾，原则与原则之间不能产生矛盾，原则本身的内容也不能产生矛盾。独立性是指各原则相对独立，独立存在着，不与其他的原则有交集，也不能被其他原则所代替，各个原则是平行存在的。简练性是指过于一般化的内容不要列入其中，过于具体化的内容也不要列入其中，应使条文尽量简练。

【本章总结】

体育教学原则是长期体育教学实践经验的总结和概括，是体育教学客观规律的反映，是体育教学工作必须遵循的基本要求和准则。本章：第一部分是体育教学原则概述，详细地介绍了体育教学原则的概念，并对7条具体原则进行了详细介绍；在第二部分自学内容中对体育教学原则制定的依据和标准进行了简单的论述。希望阅读此书的同学通过本章学习，能够了解体育教学原则的大概内容，能够结合自身具体情况，灵活应用这些原则，以促进体育教学效率，提高体育教学效果，达到传递体育知识、培养体育技能、增强学生体质、促进学生身心健康等教学目的。

【思考题】

1. 常见的体育教学原则有哪些？各个教学原则的特点有哪些？
2. 作为一名体育教育工作者应该如何选择体育教学原则？
3. 对于本章所述的教学原则你有哪些自己的见解？

【参考文献】

［1］毛振明．体育教学论［M］．北京：高等教育出版社，2005.
［2］张志勇．体育教学论［M］．北京：科学出版社，2005.
［3］周登嵩．学校体育学［M］．北京：人民体育出版社，2004.
［4］姚蕾．体育教学论学程［M］．北京：北京体育大学出版社，2005.
［5］樊临湖．体育教学论［M］．北京：人民体育出版社，2001.
［6］熊川武．教学通论［M］．北京：人民教育出版社，2010.
［7］龚正伟．体育教学论［M］．北京：北京体育大学出版社，2004.
［8］钱伯毅．大学教学论［M］．合肥：中国科学技术大学出版社，1991.

[9] 冷显志. 体育教学原则体系重构的理论研究 [D]. 长春：东北师范大学，2008.

[10] 毛振明，郭健. 体育教学改革门诊 [M]. 北京：北京体育大学出版社，2009.

[11] 王岩. 我国学校体育伤害事故致因模型及其预防 [D]. 北京：北京体育大学，2011.

第五章　体育教学目标

【内容提要】

本章主要介绍了体育教学目标的概念，体育教学目标的特征和功能。阐述了体育教学目标的分类和层次。较详细地介绍了教学目标设计的步骤与方法，介绍了体育教学目标发展的趋势和大中小学各学段的体育教学目标。

本章的学习目标如下。

1. 识记体育教学目标的概念。
2. 简述体育教学目标的功能。
3. 能阐述体育教学目标设计的步骤，并能根据这些步骤进行教学目标设计。
4. 简述体育教学目标的发展趋势。

【面授内容】

一、体育教学目标概述

1. 体育教学目标以及相关的概念

在学校体育的实践工作中，经常存在将学校体育目标与体育教学目标混为一谈的现象。在此，将作以纠正和区分，学校体育目标实则为体育教学目标的上位目标，其包含体育教学目标。而体育教学目标服从于学校体育目标。学校体育目标除包含体育教学目标外，还包含课外体育锻炼目标和课余体育训练目标。此外，体育课程作为学校体育整个课程的一个重要部分，其目标也容易与体育教学目标相混淆。体育课程服务于学校教育目标和学校体育目标，教学目标与课程目标具有不可分割性。课程目标是指导整个课程开发和编制过程的最为关键的准则，是整个体育课程的总体规划目标，而体育教学目标是体育课程的亚目标，是在实施体育课程过程中依据体育课程目标，通过体育教学活动所要实现的结果。根据体育教学过程的时间跨度的长短，体育教学目标又分为学段体育教学目标，学期体育教学目标，单元体育教学目标和课时体育教学目标。

鉴于以上阐述，我们将体育教学目标定义为：体育教学目标是指在一定时期内通过体育教学活动要达到的预期结果和标准。

2. 体育教学目标的基本特征及其作用

（1）体育教学目标的预期性，使学生能够了解预期的学习成果，激发学习动机

目标作为观念形态的价值意识反映了人的需要，当需要带着清晰而明确的目标和目的意识，并延伸到人的行为领域同行为相联系的时候，则形成动机。因此，教学目标确定以后，就可以激发出学生的学习积极性和学习动力，学生产生要达到目标的强烈渴望。激励作用的大小是遵循“激励效果 = 目标效价 × 目标达成度”这一规律的，教学目标要产生最大的激励效果，就要使制定出来的目标符合学生的需要，使学生认识到通过努力达到目标是有价值的。

（2）体育教学目标的定向性，是开展体育教学活动的依据和最终归宿

教学的最终结果是要达成教学目标，而教学目标的实现则需要体育教学内容和体育教学方法等诸要素的配合，目标的设立，就决定了必须有相应的教学内容和教学方法手段来实现。所以，教学活动是围绕教学目标开展的，最终又实现了教学目标。

（3）体育教学目标的检测性，使之成为教学评价的依据，从而修正教学的双边活动

教学评价是体育教学的重要环节，体育教学工作状况的优劣，必须通过适时的教学评价才能获得相应的信息，才能了解教学目标的实现程度，才能实现体育教学过程的最优化。而评价的主要依据就是体育教学目标。从所设定的目标出发，去检查体育教学工作实现目标的确切程度。通过不断的信息反馈，能一次又一次地纠正教学活动中的偏差，使一切教的活动和学的活动都紧紧围绕教学目标的实现来进行，以提高教学效能。

二、体育教学目标的结构

1. 体育教学目标的分类

美国体育学者安娜里诺根据布鲁姆的“教育目标分类学”创立了“体育教学目

标操作分类学”。将体育教学目标分为身体领域（机体发育）、运动领域（神经肌肉发育）、认知领域（智能发展）、情感领域（社会、个体的情感的发展）。

近年来，有人根据布鲁姆的教育目标分类，把体育教学目标分为知识、技术技能和情感3个领域，并进行了学习水平的分层，参见表5-1。

表5-1　知识、技术技能、情感领域的学习水平分层

教育目标分类	学习水平	含义
知识领域	记忆	能回忆、记住动作要领和有关知识
	理解	①能理解动作要领和有关知识 ②将有关知识从一种形式转换成另一种形式
	简单应用	将已知的有关知识运用到新教材中去，解决简单问题
	复杂应用	运用已知的知识解决复杂问题
技术技能领域	体验	通过看、听、试做感知某个动作
	模仿	能按照图片上和教师示范的准确动作做练习
	组合	能将单个或分解的正确动作组合起来练习
	协调	能正确熟练地做完整动作
	自动化	能准确自如地做完整动作
情感领域	接受	①被迫接受指令 ②愿意接受 ③愿意做出反应，给予配合
	兴趣	技能由兴趣、爱好内化为品德、个性，并形成观点立场
	立场	形成观点立场
	自觉表现	由倾向、爱好、观点、立场内化为个性品格，经常自我表现

体育与健康课程标准对体育课程目标进行了重新建构，在坚持“健康第一”的指导思想的基础上，突出了以促进学生整体健康水平为目标。采用了3个层次、5个学习领域和水平发展的不同目标，代替了传统教学大纲中的教学任务的提法，从而使教学目标更具体化，即课程目标、学习领域目标、水平目标。

（1）课程目标

通过体育与健康课程的学习，学生将：①增强体能，掌握和应用基本的体育与健康知识和运动技能；②培养运动的兴趣和爱好，形成坚持锻炼的习惯；③具有良好的心理品质，表现出良好人际交往的能力与合作精神；④提高对个人健康和群体健康的责任感，形成健康的生活方式；⑤发扬体育精神，形成积极进取的生活态度。

（2）学习领域目标

学习领域目标指期望学生在特定学习领域达到的学习结果。课程目标通过各个领域目标的达成而实现。具体如下：①运动参与目标。具有积极参与体育活动的态度和行为；用科学的方法参与体育活动。②运动技能目标。获得运动基础知识；学习和应用运动技能安全地进行体育活动；获得野外活动的基本技能。③身体健康目标。形成正确的身体姿势发展体能；具有关注身体健康的意识；懂得营养、环境和不良行为对身体健康的影响。④心理健康目标。了解体育活动对心理健康的作用，认识其与身心发展的关系；正确理解体育活动与自尊、自信的关系；学会通过活动等方法调控情绪；形成克服困难的坚强意志。⑤社会适应目标。建立和谐的人际关系，具有良好的合作精神和体育道德；学会获取现代社会中体育与健康知识的方法。

（3）水平目标

水平目标指不同阶段学生在各个学习领域中预期达到的学习结果。课程标准根据学生身心发展特征和学习内容的特点设立了6个学习水平，每个学习水平都设立了明确的学习目标，领域目标是通过水平目标的达成而实现的。水平目标划分如下：水平一至水平五分别相当于一、二年级，三、四年级，五、六年级，七、八、九年级，高中。水平六作为高中发展性学习目标，其他学段也可将高一级水平目标作为学生发展性学习目标。

2. 体育教学目标的层次

体育教学目标实际上包括学校体育目标、课程目标、教学目标、单元教学目标和课时教学目标5个层次，它们“自上而下”通过不断地具体化，从而形成一个完整的体系。学校体育目标、课程目标，都已由国家的教育方针、课程计划、课程标准规定下来，对于广大体育教育工作者来说，主要是设计单元教学目标和课时教学目标。在进行这2种教学目标设计时，必须考虑到目标体系的横向作用和纵向联系，如上位目标的要求，各层次目标的连续性和递阶性，单元教学目标之间、课时教学目标之间的相互联系、相互促进，见图5-1。

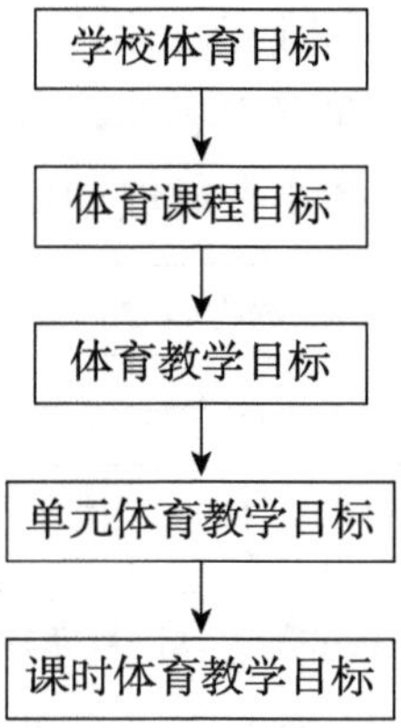

图5－1 体育教学目标层次

三、体育教学目标的制定

鉴于以上体育教学目标的多层次性，以及各层次之间的相互联系、相互促进，我们在进行体育教学目标制定时要考虑到各层次目标的相互协调，各层次目标的制定过程也大致相同。我们这里主要讨论课时教学目标设计的步骤和方法。

1. 目标分解

任何下一级教学目标的确定必须以其上位目标为依据，下位目标是为实现上位目标服务的，教学目标自上而下的分解过程就是一个不断具体化的过程。课时教学目标是教学目标体系中最为具体的目标，要设计课时教学目标，首先必须明确其上位目标——单元目标及其相互关系，因此涉及一个教学目标的分解过程。从国家的教育目的到培养目标、课程目标和学段体育教学目标的分解，我们可以通过查阅课程计划、课程标准了解到学校的学段课程教学目标。这里的教学目标分解，实际上只是将学段课程教学目标，再分解为单元教学目标，以便为课时教学目标设计提供依据。

那么，如何将学段课程教学目标分解为单元教学目标呢？第一是学习需要分析，即联系课程目标对教学对象进行分析，了解学习者在知识、能力、态度、技能等方面与课程目标的差距。第二是学习任务选择，联系上面的分析结果，确定为实现课程教学目标，学习者必须完成哪些学习任务（内容），在实际的单元教学目标设计中，虽然学习任务已经在课程标准或教科书中被规定了，但未必考虑到教学对象（教学起点）的差异，所以还有必要进行单元学习任务的选择，进一步根据教学对象和其他背景确定学习任务的重点和难点。第三是进行学习任务的组织，这里主要是分析各项学习任务的关系，有的课程中各学习任务相对独立，就可以将各学习任务按某种标准组成单元，各单元在顺序上可以调换位置，如图 5 – 2 所示。

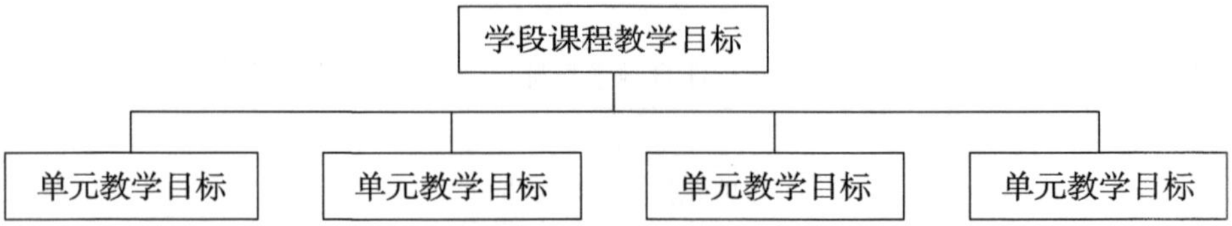

图 5 – 2　独立型单元教学目标与课程教学目标关系图

在有的课程内容中，一些学习内容是另一些学习内容的基础，根据阶梯递进要求将这些学习内容组成不同单元，然后排出顺序，这个顺序不能随意改动，如图 5 – 3所示。

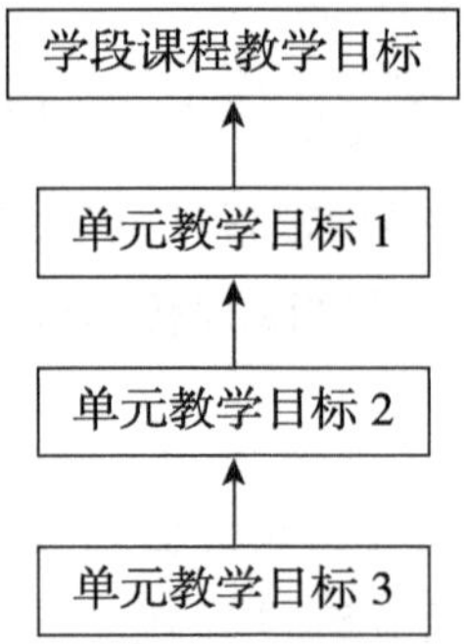

图 5 – 3　阶梯形单元教学目标与课程目标的关系图

在有的课程内容中，各学习内容有的是相互独立的，有的是有先后顺序的，我们同样可以将这些学习任务按要求组成单元，如图 5 – 4 所示。

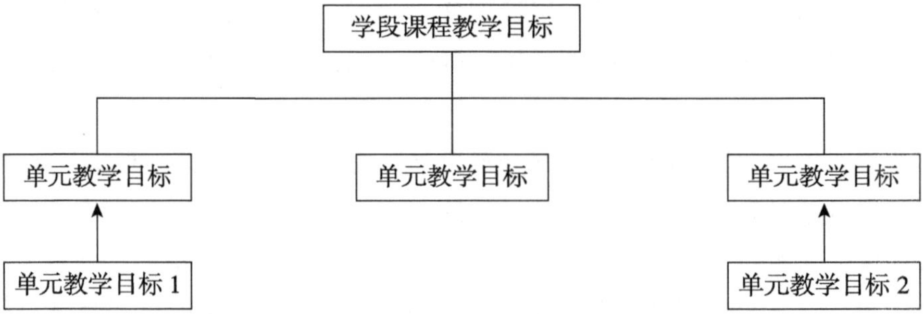

图 5 – 4　混合型单元教学目标与课程目标关系图

第四是单元教学目标的表述和归类。明确了各单元的学习任务，我们可以为每个单元编写相应的单元教学目标。在单元目标中，要说明学习者完成本单元学习以后应能做什么，而不是教师做什么。相对于课程教学目标来说，单元教学目标是具体的，但相对于课时教学目标来说，单元教学目标又较概括、抽象，这一点与课时教学目标必须可操作、观察、测量有很大的不同，如下面列举出的一年级某一单元教学目标的一部分。

<案例>：发展快速跑的能力

单元目标：

（1）记住快速跑的要领。

（2）通过多种游戏和手段发展快速反应和奔跑能力。

（3）独立或与他人合作完成发展快速跑能力的目标。

（4）培养学生克服困难、不断进取、向新的目标挑战的意志品质。

2. 任务分析

单元目标确定后，我们可以根据单元目标进行任务分析。这里的任务分析实际上就是指对学习者为了达到单元目标的规定而所需学习的从属知识（技能、能力、态度、情感）以及它们的相互关系进行具体的剖析。根据单元目标来确定课时教学目标时，这种任务分析往往是与单元教学内容结合进行的，所以有的人又把这种任务分析称为教学内容分析。通常的做法是：从已确定的教学目标开始提问和分析，要求学习者获得教学目标规定的能力，他们必须具备哪些次一级的从属能力；而要培养这些次一级的从属能力，又需具备哪些再次一级的从属能力。这种提问和分析一直进行到教学起点为止。单元教学目标可分为认知的、情感的、动作技能的几种类型。单元教学目标的类型不同，其进行任务分析就具有不同的特点；这样，形成了任务分析的多种方法，如归类分析法、图解分析法、层级分析法等等。然后对任务分析的结果进行评价，即对所剖析的从属知识与技能及其相互的联系进行评价，删除与实现单元目标无关的部分，补充可能遗漏的内容。

3. 起点确定

教学目标不是对教师的教学行为的描述，而是指学习者的学习结果。既然如此，要设计出合适的教学目标，就不能忽视对学习者的分析，对学习者的起点能力进行分析，即确定教学的起点。

教学起点的确定，直接关系到教学目标的作用发挥和教学的有效性。教学起点定得太高，则可能导致课时教学目标过高，使教学脱离大多数学生的实际需要，教学目标不但不能发挥其作用，反而有可能带来副作用；教学起点定得太低，则会在学生已掌握的内容上或教学活动上浪费时间和精力。一般说来，确定教学起点，主要应对学习者进行以下 3 个方面的分析。

（1）对学习者社会特征的分析

即对学生的学习习惯、学习方法、成熟程度、班级水平、心智发展水平及对所学内容的态度等都要有所了解。这些因素对教学目标设计的影响有不同的特点，有的是经常起作用的，有的是随着时间、内容的变化而变化的，有的影响大些，有的影响小些。这些都要求教师具体情况具体分析。对学习者社会特征的分析，有经验的教师采用观察、谈话、访问、开调查会等方法，就可以做出较为准确的估计。

（2）对学习者预备技能的分析

即了解学习者是否已经掌握了新的学习所需的相关知识和技能，这是进行新的学习的基础。

（3）对学生目标技能的分析

即了解学习者是否已经掌握或部分掌握了教学目标中要求学会的知识与技能。如已经达到了部分目标，则这部分内容的教学没有必要进行。这有助于我们在确定时，在目标和内容方面做到重点突出、详略得当。

对学习者预备技能和目标技能的分析可采用观察、谈话等方法，也可采用测试的方法。在实际进行教学起点分析时，是否要对起点能力的 3 个方面分别进行分析，或是否要用测试的方法，都可以根据设计者的学科专业水平、经验以及对学习者的熟悉程度等情况灵活运用。

学习任务分析与教学起点的确定是密不可分的。没有学习任务分析，就无所谓教学起点的确定；没有教学起点的确定，学习任务分析就失去了终点。在设计教学目标时，这两方面的分析往往是同时进行的，2 个步骤并不存在明显的先后关系。

4. 目标表述

进行教学目标设计时，必须对学习者通过每一项从属知识和技能的学习后应达到的行为状态做出具体、明确的表述，再将这些表述进行类别化和层次化处理。课时教学目标的表述除前面要求的需要非常具体、可操作、可测量和必须陈述学生的学习结果而不是教师打算做什么这几点外，还应反映学习结果的类型。下面结合课时教学目标的表述的要求，介绍 2 种表述方法。

（1）ABCD 表述方法

ABCD 即具体教学目标中应包含的 4 个要素，这是由马杰的三要素发展而来的。

ABCD 的含义分别是：

A 即 audience，意指“学习者”。要有明确的教学对象，是目标句子中的主语。

B 即 behavior，意为“行为”。要说明通过学习后，学习者应能做什么，是目标句子中的谓语和宾语。

C 即 conditions，意为“条件”。要说明上述行为在什么条件下产生，是目标句子中的状语。

D 即 degree，意为“程度”。应明确上述行为的标准。

这里介绍一个运用 ABCD 方法表述的目标：“经过耐力跑的学习和锻炼后，能在 12 分钟至少跑完 2500 米。”

上述用 ABCD 模式表述的教学目标也有人称之为行为目标，这种行为目标的优点是非常清楚，避免了用传统方法陈述目标的含糊性。它也有缺点：只强调了行为结果而忽视了内在心理过程，违背了学习的真义，有的学习结果也很难行为化。为了弥补 ABCD 模式的不足，有人提出了一种内外结合的表述方法。

（2）内部过程与外显行为相结合的表述方法

学习的实质是内在心理的变化，因此教育的真正目标不是具体的行为变化，而是内在能力或情感的变化，而那些内在的心理变化，如理解、欣赏、热爱、尊重等，不能直接进行观察和测量。为了能间接地测量、观察这些内在心理变化，需要列举反映这些内在变化的行为样品，使这个目标具体化。这就是格朗伦（N. E. Gronlund）提出的内部过程与外显行为相结合的折中陈述方法的意义。如球类运动中要培养学生的团队精神，这个目标可以这样表述。

学生具有一定的团队精神。

①能说出团队精神的大概意义。

②能在运动中与同伴进行适时的传接球的密切配合。

③能够指出运动中由同伴的配合不当所造成的失误。

上述第一句话是对内部过程的表述，后面 3 句话是为了说明内部过程而表述的可观察、测量的外显行为。两者相结合的表述方法，既保留了行为目标表述的优点，又避免了行为目标只顾及具体行为变化而忽视内在心理过程变化的缺点，所以这种表述方法受到很多人的青睐。它既适合认知目标的表述，也适合于情感目标的表述。教学目标的表述不能拘泥于某一种形式及其条条框框，而必须根据目标的层次、学习任务分析的结果、学生的特点等情况具体分析，只要简洁明了容易理解就可以了。

【自学内容】

一、体育教学目标发展的趋势

体育教学目标正在向着健康化、终身化、多元化方向发展。

1. 全面锻炼学生身体，促进学生身心健康的全面发展，正日益成为我国体育教学的重要目标之一，发展学生的身体，增进学生健康。我国颁布的《体育与健康课程标准》强调通过体育与健康的教学，促进学生身心健康的协调发展。强调通过丰富多彩的体育活动培养他们的健康的生活方式，并强调学生要能够运用对健康的认识来制订和评价自己或他人的锻炼与运动方案。

2. 体育教学要为终身体育打基础已经成为我国体育教学的目标之一，我国现已颁布的新《大纲》要求改变以往以运动技术的教学为中心的做法，强调要使学生学会学习，学会自我锻炼、自我评价，学会科学锻炼的方法，为身心健康发展和终身体育奠定基础。通过体育运动实践，充分体验运动的乐趣和意义，培养学生对体育运动的爱好和兴趣；让学生掌握从事终身体育运动的体育知识和技能，提高自我锻炼能力，养成终身体育的态度和习惯。

3. 发展学生个性，使学生体验运动的乐趣，培养学生的体育能力，体育教学目标多元化的特征越来越明显，我国体育教学目标经历了一个从单一化到多元化的发展过程。适应时代发展对人的身心素质的要求，我国新课标提出了应该充分发挥体育与健康教学在培养学生创新精神和实践能力方面的特殊功能，在培养学生的主体意识、健康意识、主动探索、勇于实践和充分发展个性等方面，做出应有的贡献。

二、我国大中小学体育教学目标介绍

1. 小学阶段体育教学目标

（1）养成小学生对体育的良好兴趣。

（2）养成正确的身体姿势，发展学生的基本活动能力。

（3）掌握有关个人卫生、安全、健康与环境的常识。

（4）促进学生身心协调发展，培养良好的自尊心、自信心、克服困难的勇气和团结协作精神。

（5）培养初步的创新意识与精神。

对小学阶段体育教学目标的理解提示如下。

（1）兴趣是学习的最好教师，因此在体育教育的开始阶段，要重点培养学生对体育的兴趣，为今后的体育学习打下良好的心理基础。

（2）学生正处在生长发育旺盛的阶段，骨化尚未完成，骨的可塑性很大，所以这一阶段要完成培养学生正确身体姿势的目标；发展学生的基本活动能力主要是指全面发展学生走、跑、跳、爬、滚、攀登、钻等多种身体活动能力。它是小学生适应社会生活必需的，同时也为今后的体育学习打下良好基础。

（3）身体的健康不仅要通过体育活动来获得，还取决于卫生、环境、安全等因素，因此，在我们体育教育的初始阶段，就要从影响人体健康的各方面进行教育，培养学生养成良好的卫生习惯、安全救护的知识等，以树立正确的健康观念。

（4）现代社会的健康概念不仅是身体的健康，还包括心理的健康。体育运动本身的特点决定了它在促进学生心理健康方面的重要作用。因此，在我们的体育教育中要充分挖掘可进行心理健康教育的素材，重点培养小学生的自信心、自尊心、克服困难的勇气和团结协作精神。

（5）这一目标是指在体育学习的过程中，根据体育教学内容的特点，注重学生探索精神的培养，激发学生发现新事物、掌握新方法的强烈愿望和求知欲。

2. 中学阶段的体育教学目标

（1）培养学生良好的体育意识。

（2）掌握体育的基本技能和必要的健身方法，并发展学生的体育能力和体育特长。

（3）了解竞技运动文化的基本知识和掌握必要的健康、卫生、安全知识。

（4）培养学生良好的心理品质，发展学生的创造力。

对中学阶段目标的理解提示如下。

（1）良好的体育意识就是从自身的状况和自身的需要出发，按照自己的兴趣、爱好，自觉地从事体育锻炼的一种理性认识，它是对体育认知、情感、思维等心理过程的反映。培养学生的体育意识，是实现终身体育的核心问题。

（2）高中阶段是学生身体、技能全面发展的时期，因此在这一阶段向学生较全面地传授各种常见的运动项目的技能和科学锻炼的方法，并使其技能得到稳步提高；这一阶段还应根据学生的志向分化的倾向，允许学生根据自己的特长和爱好有选择地、有侧重地对某些运动技术进行深入的学习，并逐步形成个人的专长，形成爱好定向。

（3）这一阶段学生身体和心理发育趋向成熟，因此，这一阶段要加强体育理论知识的教育，通过理论学习，让学生深刻理解体育的深层意义，了解竞技体育的文化内涵，掌握竞技体育的有关技术发展演变过程，懂得如何欣赏体育比赛，学会自我锻炼、自我保健的方法。

（4）良好心理品质的培养主要是指培养学生的竞争意识、创新和合作的能力，以及自立自强、坚毅勇敢、顽强拼搏和开拓进取的精神。这是现代人不可缺少的心理素质。体育学科在培养人的良好心理素质方面具有其他学科所不能取代的作用，我们一定要充分运用体育学科这一功能。

3. 大学体育教学目标

（1）更自主地掌握多种健身方法与体育技能，并发展学生的体育特长。

（2）重点发展学生的多种体育能力，为终身体育打下必要的基础。

（3）掌握必要的现代竞技文化知识和体育理论、健康、安全、环境的知识，形成良好的体育价值观和体育文化素养。

（4）发展学生个性，完善学生的心理品质，发展学生的创造力。

对大学阶段目标的理解提示如下。

（1）使学生懂得锻炼身体的基本原理和独立进行科学锻炼身体的方法，以适应终身锻炼身体和生活娱乐的需要；这一阶段要给予学生更大的选择自由，让他们自主地从事他们所喜爱的体育活动，并将体育学习与俱乐部活动、校内生活甚至与社会体育相联系，使大学生的体育学习更接近他们未来的体育生活。

（2）进一步发展学生的体育能力，并深刻理解体育对自己未来生活的作用，对自己未来的体育活动做好准备。

（3）使学生进一步获得体育、保健的基础理论知识；掌握体育锻炼、体育娱乐、卫生保健和其他社会体育活动的必要技能与方法。充分认识体育在维护现代人的健康方面的作用，培养对一些体育的社会问题和价值观进行判断的正确态度，形成良好的体育文化素养。

（4）大学阶段的个性发展主要在于促使学生能够积极主动学习，充分发挥主体作用和创造性，不怕挫折，具有顽强拼搏、迎难而上的精神，勇于战胜自我，做到自觉、自律、自强不息。

【本章总结】

1. 体育教学目标的概念：体育教学目标是指在一定时期内通过体育教学活动后要达到的预期结果和标准。

2. 体育教学目标的功能。

（1）体育教学目标是开展体育教学活动的依据和最终归宿。

（2）体育教学目标可以使学生了解他们预期的学习成果，激发学生的学习动机。

（3）体育教学目标是教学评价的依据，从而修正教师的教和学生的学。

3. 体育教学目标分为知识、技术技能和情感 3 个领域；体育教学目标包括学校体育目标、课程目标、教学目标、单元教学目标和课时教学目标 5 个层次，它们“自上而下”通过不断地具体化，从而形成一个完整的体系。

4. 教学目标设计包括目标分解、任务分析、起点确定和目标表述等几个环节。

5. 体育教学目标发展的趋势。

（1）全面锻炼学生身体，促进学生身心健康的全面发展，正日益成为各国体育教学的重要目标之一。

（2）体育教学要为终身体育打基础已经成为各国体育教学的共同目标之一。

（3）发展学生个性，使学生体验运动的乐趣，培养学生的体育能力。

【思考题】

1. 你对《体育与健康》课程标准中所制定的 5 个领域的教学目标是如何理解的？你赞同这种观点吗？有什么不同的看法吗？请说明理由。

2. 你认为本章中所提出的体育教学目标设计的步骤和方法是否切实可行？请给出更好的建议。

3. 选择一份教案，分析教案中所设计的体育教学目标是否存在问题，并对存在的问题进行修正。

4. 依据本章所讲的理论和教学目标的设计步骤，选择某一教学内容，对它进行课时教学目标设计。

【参考文献】

［1］中华人民共和国教育部制定．全日制义务教育普通高级中学体育（1~6 年级）体育与健康（7 ~ 12 年级）课程标准［M］．北京：北京师范大学出版社，2001.

［2］李秉德．教学论［M］．北京：人民教育出版社，1991.

［3］曲宗湖，杨文轩．学校体育教学探索［M］．北京：人民体育出版社，2000.

［4］莫雷．教育心理学［M］．北京：教育科学出版社，2007.

第六章 体育教学的主导与主体

【内容提要】

教学中有2个基本要素：教师和学生。对于这2个要素在教学中地位的认识始终在“教师中心”和“学生中心”的两极之间进行着“钟摆式”的徘徊，从而产生了教师主体论、学生主体论、主导主体论、过程主体论、阶段主体论、双主体论等。

现代体育教学中公认的是主导主体论：体育教师在教学中起着主导作用，从整体上对整个教学过程进行设计和调控，它是发挥学生主体性的必要前提；学生是学习的主体，他们具有主观能动性，外界的一切教育影响只有经过学生主体的主动吸收和加工才可能转化为学生的自身财富。

教师的主导性和学生的主体性二者相辅相成、相得益彰。发挥教师的主导性就是为了引导学生充分发挥其主体性；另一方面，学生的学习主体性离不开教师的指导，学生主体性发挥得越充分，越需要接受教师的指导。

作为一名合格的体育教师，言行应符合国家利益，树立为祖国的体育教育事业奋斗终身的思想，具有崇高的社会与时代的责任感、使命感、先进的现代教育理念、厚重的知识积累、自觉的文化意识，并且在动与静、刚与柔的结合中体现力量美、人格美。另外，体育教师专业化发展是非常重要的，也就是从专业素养、专业知识到专业技能、专业心理品质等方面日趋成熟的发展过程。体育教师专业化的结果就是专业自我的形成，最终真正成为体育教学的主导者。

【面授内容】

一、体育教学中的体育教师

体育教育作为五育之一，是提高人的体质、促进健康、传播体育文化的根本所在，是培养全面发展的人的重要途径。体育教学又是体育教育最基本、最重要的一部分，其中涉及体育教师和学生2个基本要素。体育教师在体育教学中起着主导作用。在青少年体质日渐下滑的今天，体育教育将在提高青少年体质方面发挥重要作用，而开展体育教学、振兴体育教育的希望在体育教师，他们是人体的“雕塑师”，为发展学生体能、技能、传播体育文化、塑造学生灵魂而默默奉献着。体育教师的职业精神和职业能力直接关系到体育教学的成败。体育教师应该具有开拓意识、创新精神与创新能力，在教学过程中要充分发挥主导作用，有效控制教学环节，促进学生的全面发展。

在传统体育教学中，教师的角色行为可以用“教书匠”来概括，教师仅仅是通过讲解、示范向学生传授体育知识和技能，他是整个课堂的主宰，就像是教学的表演者，而在新课程理念指导下的体育教师应该是学生学习的引路人，是学生自主学习、自主发展的组织者、指导者、参与者、研究者、服务者，是教学全过程的管理者，是学生成长的引路人。知识的传授、训导只是教师的一种角色，而不是唯一角色。

1. 体育教师的主导性

体育教师和学生是体育教学活动的主要承担者，是体育教学系统中2个最基本的要素。其中，体育教师是负责体育教学的专门人员，承担着传播体育文化，传授体育知识、技术、技能，促进身体健康，提高民族素质的使命。相对于处于不成熟生长时期的学生而言，教师闻道在先，在体育教学中起主导作用。这种主导作用主要体现在：教师要先于学生认真钻研教材，研究学生的个体差异，在此基础上设计教学，优化教学过程；启发学生的学习主体性，引导他们掌握知识，学会学习。

在体育教学中经常会出现对教师主导性的片面理解。例如，把教师的主导作用等同于以教师为中心，整个教学都只是教师“唱独角戏”；把教师的主导作用简单理解为只管教、不管学；把教师的主导作用等同于“灌输”或“输出”，认为学生是“器皿”，教学就是向这些“器皿”中注水，而注入多少、注入什么完全是由教师来决定的。这些片面的理解导致体育教学低水平重复，压抑了学生学习的积极性、主动性，使学生丧失了体育学习的兴趣，出现了学生喜欢体育却排斥体育课的奇怪现象。所以，正确理解教师主导性对于提高教学质量是至关重要的。

2. 体育教师主导性的内容

综观国内外课程改革的历史，教师因素往往成为课程改革的关键因素。教师在教学中的地位和作用对教学效果有着决定性的影响。新一轮的体育课程与教学改革中，要求体育教师在教学中充分发挥自己的主导作用，主要体现在以下方面。

（1）贯彻体育教学指导思想

不同时代有着不同的体育教学。从五四运动到 20 世纪 30 年代，推行的是欧美的自然主义和实用主义体育，从抗战到解放战争，推行的是一种战时体育思想，实际上是一种民主主义体育。中华人民共和国成立后，出现了“运动技能教育”“体质教育”等体育教育思想，新体育课程改革中，又树立了“健康第一”的指导思想。指导思想的更迭体现的是不同时期人们对体育教学的不同认识。而体育教学的指导思想总是体现在体育教材中，更体现在教学实践中，体育教师的重要任务之一就是在教学过程中贯彻先进的体育教学指导思想，以先进的、正确的教学思想作指导，才可能产生先进的、科学的、合理的体育教学实践。

（2）对体育教学活动的总体设计

体育教学是一种集体活动，只有进行精心的教学安排设计才可能全面实现体育教学的整体目标和功能。首先，体育教师是教学活动的设计者。好的体育教学设计可以充分调动学生学习的积极性、主动性，使学生参与到教学活动中，全面完成教学任务。要精心进行教学设计，就要求教师全面把握体育教学的任务、教学内容的特点和学生的个性等要素。其次，体育教师是教学活动的组织者。一节体育课，如果时间安排合理，活动安排紧凑，内容安排恰当，负荷安排适当，就能激发学生的思维和学习的动力。最后，体育教师是教学活动的管理者。体育教学是在开放的环境中进行的，这就对教学管理提出了更高的要求。作为管理者的体育教师是通过对教学活动的调控来实现其管理功能的，如对教学环节、教学节奏、教学环境的调控等。

（3）对教学内容、方法和手段的选择

体育教学的培养目标不同，就决定了体育教学内容、教学方法和手段的不同。在体育课程中，教学内容的选择既要考虑当前的体育教学思想、体育教学目标，也要考虑学生的身体素质和已有的技能水平。教学内容的选择应该体现时代性、民族性、世界性、文化性、健身性、知识性，应该根据实践灵活选择和安排。

体育教学方法和手段是为实现教学目标和提高教学质量服务的。教学方法和手段的选择应综合考虑体育教学的目标、教学内容的特点、学生的差异等因素，坚持以理施教与以情施教相结合、发挥教师主导作用和发挥学生的主体作用相结合、严密的课堂组织纪律与生动活泼的教学氛围相结合、激发学生的练习兴趣与培养学生刻苦锻炼的精神相结合，这就要求体育教师掌握一定的体育教育学、教学论方面的理论知识，运用系统的观点，综合考虑体育教学过程的各个要素，合理地进行统筹安排。

（4）引导学生的学习，激发学生的积极情感

学生是学习活动主要的执行者，教师的主导作用就体现在如何影响、引导学生的学习。一方面，教师需要帮助学生将所学的零散的体育知识串联起来，形成与认知能力相联结的“知识板块”，并能灵活地、有创造性地运用到生活实践中；另一方面，就是引导学生学会学习。在这个知识激增的时代，知识的广博性与学生有限的学习时间和精力之间的矛盾，决定了培养学生的学习能力是至关重要的，只有掌握了一定的学习方法，才能更自主、灵活、有创造性地进行学习。体育教师的职责就是深入到学生的学习过程中，让学生在明确学习目标的基础上，掌握科学的学习方法和思维方法。

另外，体育学习不是机械的活动，情感对于学生来说是非常重要的。是苦涩低效的学习还是愉悦高效的学习关键要看学习者本身对所学内容的情感如何。愉悦的学习气氛关键在于教师的情感诱导。体育教师应该努力使学习充满无拘无束的气氛，使学生能够“呼吸自由的空气”。

（5）创造适合学生学习的体育教学环境

任何体育教学都离不开教学环境，较其他学科教学环境而言，体育教学环境往往具有特殊性。这个环境是开放的，具有挑战的。体育教师应该是良好的、安全的体育教学环境的创造者，能够通过创造优质的体育教学环境，帮助学生掌握体育技能，发展对体育的兴趣。

良好的教学环境的创设要求教师热爱学生，充分了解学生，也就是说，师生之间应该有心灵的沟通和交流。加拿大教师安刀·福莱斯特和玛丽·莱茵哈德在她们的优秀著作《学习者的方法》中谈到，在每个学校的班级里要想“创造一种轻松的气氛”，教师就需要从下面几个方面努力：①师生平等、相互尊重、相互关心、相

互合作，这种新型人际关系将成为动力，促进学习主动性的发展。②营造民主的课堂氛围，让学生敢于发表不同见解。③掌握沟通的艺术，善于通过目光和表情与学生沟通。

3. 正确发挥体育教师主导性的条件

在体育教学中，教师是闻道在先、知之较多者，教师主导作用能否充分发挥决定着教学的成败，正确发挥体育教师的主导性应具备以下 3 个条件。

（1）更新教育教学观念

作为一名体育教师，只有对当前的体育教育改革的理论背景、教育思潮动向等宏观形势把握得比较清楚，并了解教育发展的大趋势，才能够更确切地知道自己在微观领域、在自己的岗位上应该具备什么样的能力和知识，从而改进自己的工作。不少基层体育教师对于体育教育改革指导思想和教学模式的变化并不了解或一知半解，导致了行动上的盲目甚至错误。比如把快乐体育误解为“放任学生”“放羊式”教学，把体质教育误解为训练运动员式的枯燥的教学。因此，体育教师一方面应该明确当前社会对体育教学的要求和期待，如增强体质、促进健康、终身体育等理念，同时了解教育教学领域有关知识观、学生观、人才观等的更新；另一方面，要明白体育学科的本质和时代使命，要能够把社会的需要同学生的学习有机地联合起来，只有这样，才能在发挥主导作用时保持正确的方向。

（2）丰富的教育科学知识和精深的体育专业知识

教学是一门科学，它有自己内在的规律，违背规律的教学必然是低效的甚至是失败的。所以，体育教师应该通晓学生身心发展规律，熟知教育教学规律，掌握体育教学的原则、方法，这样才能唤起学生学习的兴趣和积极性，提高教学质量。

专业知识是体育教师承担体育课程必备的有关知识，是体育教师专业能力的基础，包括体育科学基础理论（例如运动解剖学、运动生理学、运动生化等）、体育专业技术与理论（各体育专项动作技术及其原理）、体育专业教育技术与理论（体育保健知识、运动技术教学训练方法学、体育竞赛学、体育健身方法等）以及体育教学论等。教师在教学的过程中不能仅局限于动作技能的传授，而应该渗透一些运动解剖、生理、体育健身、保健知识，帮助学生学会锻炼、学会如何维持健康的生活方式。

（3）熟悉学生

作为体育教师，必须熟悉自己所要主导和培养的对象。长跑中出现的“猝死事件”、学生对体育课不感兴趣甚至排斥，很大程度是体育教师对学生的不熟悉、不了解造成的。因此，在教学活动开展以前，教师就应该了解学生的统一特征，如同一年龄阶段的身体和心理发育特征、体育学习的兴趣、期望等，更要注重学生的个体差异，了解不同学生的体育学习的经验，在体育学习中的困难、身心发展中的个性等，建立详细的有关学生身体状况和锻炼情况的档案，做到在教学中心中有数。只有这样，教师才能熟悉学生，才能把运动技能教学与学生的自身条件很好地结合起来，做到因材施教。

二、体育教学中的学生

体育教学活动的另一个基本要素是学生，是指在教师的指导下从事体育学习的人。在教学过程中，学生既是认识的客体，又是认识的主体。相对于客观知识本身而言，学生是客体，即相对于社会的要求、新的教学内容和教师的认识而言，学生处于一种被动的状态，需要教师有目的、有计划、有组织地引导，将一定教学要求转化为学生内部需要，将新的教学内容转化为学生的素质。充分认识学生的客体性和客体地位，有利于体育教师发挥其主导作用。

然而，相对于客观知识的学习而言，学生又是主体。因为学生是活生生的、具有主观能动性的人，是学习的主人，外界的一切影响只有也必须经过学生主体的主动吸收、转化才能真正产生教育影响。教师的引导只是外因，任何体育知识技能的传授都必须通过学生独立自主的学习才能掌握。因此，处于教学过程中的学生同时处于主体和客体地位，是主体和客体的统一。

1. 学生学习的主体性

所谓主体性是指学生在教学中的主观能动性。具体包括：(1) 独立性。它是指每个学生都是一个独立的个体，是多样化的，因此对于同样的教学影响，他们的发展过程不同，发展结果也存在差异。发挥学生主体性首先应该认识到学生的独立性。(2) 选择性。它是指学生对于任何教学影响不是盲目地、无条件地接受，而是根据自身主观兴趣、爱好、能力有意或无意地进行选择。(3) 调控性。它是指学生在学习过程中可以根据自己的状态进行自我管理、监督和激励。(4) 创造性。它是主体性的最高体现形式，是指学生在教学活动中有自己独特的学习方法，或者是形成与众不同的观点、见解等。(5) 自我意识性。它是指学生在学习过程的自我认识，包括自己在教学过程中的地位、状态、情感、行为等。学生认识自己越全面、越客观，主体性也就越强；反之亦然。

2. 学生学习主体性的内容

体育教学活动以学生为主体，学生并不是一块“白板”，任教师随意涂写，而总是通过自己的能动性、自主性而自觉地参与到教学过程中，从而对教学产生影响。

（1）学生对体育教学内容的选择性

学生在体育学习过程中的主体性主要表现在选择性上，亦即对学习内容、学习方式的选择。尽管这种选择是在体育教师进行内容筛选后进行的“有限选择”，但是它对于满足学生学习的兴趣和需求的个性差异有着重要作用，是学生主体性发挥的重要体现。

（2）学生在体育学习过程中的自主性

学生在体育学习中的自主性可以表现在：学生可以根据自身状况安排自己的学习进度、自己选择学习内容和学习方法、进行自我调节和控制，挖掘自身潜能等。

（3）学生在体育学习过程中的能动性

学生在学习过程中的能动性，一方面表现在他们对体育教学活动、课外体育锻炼的积极参与方面，另一方面表现在他们根据自己已有的体育知识经验、体育态度主动同化外界的教育影响，并进行吸收、改造、加工，或加以排斥，使新、旧体育知识不断地进行新的整合。

3. 充分发挥学生主体性的条件

课堂教学中必须培养学生的主体性，这是提高课堂教学质量和素质教育的必然要求。在教学中弘扬学生的主体性，并不是说要排斥教师的主导作用，而是坚持“教师主导和学生主体相结合”的原则。在学生主体性培养的过程中，教师应注意以下几方面。

（1）确立现代学生观

现代学生观是相对于“应试教育”下，把学生看作“知识的容器”这种观点形成的。现代学生观认为，学生是独立的个体，每一个学生就是一个独立的世界，具有独特的人格特点和价值，不能幻想用统一的标准要求个性千差万别的学生群体，而应该尊重学生的个性，因势利导，促进其自我价值的实现。教师应该确立现代学生观，把学生当作活生生的生命主体，尊重学生的主体性，发挥学生的主观能动性，在教学活动中努力激发、引导学生主体性的形成。

（2）发挥教师的主导性和创造性

学生主体性的发挥有赖于教师的主导性。如果缺乏教师的主导性，学生主体性的发挥犹如大海行舟，失去方向。在传统的体育教学中，体育教师仅仅是严格执行统一的教学大纲，没有任何自我设计和选择的空间，因此，既丧失了自己的主体性，也无法培养学生的主体性。新课程改革后，体育教师有了一定的自主设计空间，有选择教学内容、教学方法的自由，因此，有利于创设优化的教学管理机制，发挥自己作为主体的创造性，同时培养学生的主动性。

（3）营造民主、和谐、愉悦的课堂教学气氛

真正民主的教学应该是和谐的、融洽的，是学生主体性培养必不可少的条件之一。无论是教育管理者，还是体育教师、学生，都应该充分认识到领导者、教师、学生虽然在知识、经验方面有差异，但是在人格上都是平等的，应该相互尊重。在体育教学中，教师要摒弃“满堂灌”的做法，通过问题设计引导学生积极思考，并鼓励学生敢于发表不同的见解，从而充分调动学生的主观能动性。面对学生的个体差异，教师应该因材施教，尤其注重激发后进生的自信心和主动性。总之，民主和谐的课堂气氛有利于教师获得学生的尊重和爱戴，学生因“亲其师而信其道”。

（4）尽可能为学生提供主动参与教学活动的机会

参与意识是学生对体育教学活动积极投入的意愿。学生有了参与意识才会有强烈的投入欲望，才会有积极的参与行为。学生的参与意识必须依靠教师的启发诱导。因此，在体育教学设计中，教师应该以高超的教学能力和精湛的教学艺术进行有效指导，增强学生的参与意识，端正参与动机，提高参与能力，诱发学生的参与意识，从而体现学生的主体作用。

（5）注重学习方法的指导

良好的学习方法是学生进行自主学习的前提条件，是提高学生学习效率的重要保障。学生学习成绩的差异，在很大程度上表现为学习效率的差异；而学习效率的差异，又往往表现为学习方法的差异。教师在体育教学中要进行学习方法的渗透，要让学生学会求知、学会观察、学会思维、学会操作，形成较强的学习能力，掌握必要的学习方法。只有这样，学生的自主学习活动才能顺利进行，自我发展能力才能得到提高。

（6）善于培养和调动学生的非智力因素

对于学生来说，非智力因素是直接影响认知效果的意向因素，它包括动机、兴趣、情感、意志和性格诸方面。非智力因素对学生素质发展有着巨大的促进作用，直接影响学生智力因素的发展。智力因素决定一个人能不能干的问题，而非智力因素决定一个人干不干的问题，因此，在教学中应有目的地注意培养学生的非智力因

素，增强学生学习的自主性。传统的体育教学在“主知主义”思想的影响下，过多地注重体育知识、技能的培养，而忽视学生非智力因素的培养，不能调动学生的学习兴趣，是学生厌学的重要原因。要做到想学，就必须研究如何提高学习兴趣、启发情感、引起学习动机，增强意志等非智力因素对学生的影响。

三、体育教学中主导性与主体性的关系

新型的师生关系是真正确立学生主体地位的根本保证，即在生活上要尊重学生，做学生的朋友，在教学中和学生处在平等的地位，教师从知识的传授者、占有者的权威地位切实转变为学生学习的引导者、指导者，变“授之以鱼”为“授之以渔”，把学生当成学习的主人，传授学生探求知识的方法。

1. 体育教师主导性与学生主体性相辅相成

教师的主导性是指教师在学生整个学习过程中表现出来的指导性；而学生的主体性是指学生在学习过程中的自我定位、自我调控和自觉行为。教师主导性和学生主体性的连接点是“学习过程”，即教师是针对学生的学习过程进行有效指导，学生的主体性主要是“在学习过程中的主体性”。

教师的主导性和学生的主体性是统一的、相辅相成的。一方面，发挥教师的主导性就是为了更好地发挥学生的主体性学习；另一方面，学生的学习离不开教师的指导，学生主体性发挥得越充分，越需要接受教师的指导。正确地“导”和主动积极地“学”融为一体，才是有效的教学过程。教师的主导性主要在于：谙熟教学大纲，明确教学目标，创设教学情境，了解学生兴趣和需求，并在此基础上设计教学过程，激发学生的学习积极性，使师生融洽、互相配合地达到教学目标。学生的主体性表现在参与教学过程中的自主性、能动性和自觉性。

把教师的主导性和学生的主体性对立起来，非此即彼的说法是不准确的。那种只强调学生的主体性而淡化了教师主导性的行为是一种对学生的暂时放任，这样的教学表面上给予学生自主空间，但事实上是放任，导致学生的学习目标不明确，学习效率低下；反之，只强调教师的主导性而忽视学生主体性的教学是对学生个性的忽视和压抑，不利于学生创新精神的培养以及个性的形成和发展。因此，在体育教学中，教师的主导性和学生的主体性是相辅相成和相互促进的关系，是一个事物的 2 个方面。

2. 正确发挥体育教师主导性是充分发挥学生主体性的前提

素质教育强调学生是学习和发展的主体，在体育教学中要重视弘扬学生的主体

性，要让学生主动地、生动活泼地进行体育学习，但这不是要削弱教师的主导作用。相反，学生的主体意识越强，教师越应该进行积极有效的指导。学生的主体性是在教师的主导下一步步发挥的，离开了教师的主导，学生主体性就像失去导航的船舶，最终会“触礁”。因此，正确发挥体育教师的主导性是充分发挥学生主体性的前提。

教学中，充分发挥教师的主导作用，是发挥学生主体性的前提条件。教师的主导性发挥得越充分，学生的主体性就越可能得到体现。具有良好素养的教师都会注重对教材和对学生的研究、把握，把自己独到的理解和较新的视点融于教学方案中，使学习的主客体的知识、文化的内存被充分地激活，从而为学生主体性发挥创造条件。

（1）体育教师的职业特征和素养决定了教师的主导作用

教师的社会特征是“知识的源泉”“伦理的化身”“社会价值的代表”，在教学过程中的具体体现就是教师按照社会的要求，以及反映社会需要的教育目标来设计、组织、实施教学活动，指导帮助学生通过积极主动的学习掌握知识、技能，发展各种能力，并形成一定的思想观点、价值准则和个性品质。作为体育教师，都接受过专门的教育和训练，“闻道在先，术业有专攻”，他们在思想、知识、能力等方面都要高于作为教育对象的学生，这就使他们能够胜任对学生的指导和帮助。

（2）教师主导要着眼于学生的主动

在传统体育教学中，出现过教师“一言堂”的教学，也出现过“放羊式”教学，导致了学校体育教学质量滑坡，这都是因为不加限制地强调“教师主导”或“学生主体”。新体育课程强调在体育教学中调动学生的学习主动性，将课堂还给学生，但这并不意味着“以学生为中心”，教师完全放任学生，而是指教师为学生主动性发挥创设情境并加以引导，当然，这并不意味着“以教师为中心”。所以我们应该辩证地看待教师的主导性和学生的主体性，使二者都得到适度发挥。

【自学内容】

一、教师中心论与学生中心论

关于教师和学生在教学过程中的地位，产生过 2 种对立的理论，即“教师中心论”和“儿童中心论”，这 2 种理论都是片面的。

1. “教师中心论”

“教师中心论”以赫尔巴特等人为代表，他们认为教师在教育中具有权威作用，教师应该是教学活动的中心，成为教学过程的主宰，教师犹如舵手，学生的学习、心智成长应该围绕教师的教育教学任务、在教师的引导下进行。因此，赫尔巴特强调教师的绝对权威和对教学过程的绝对支配、学生对教师的绝对服从。

这种教学的重心在于教师和教科书，而不是儿童的本身和他们的活动。学生只能无条件地接受教师灌输的知识，被“训练”、被“指导和控制”和被“残暴的专制压制”。“教师中心论”认为，教科书是过去的学问和智慧的主要代表，而教师是使学生和教材有效联系起来的机体，是传授知识和技能以及实施行为准则的代言人。因而，传统教育的弊病是显而易见的：它实质上是来自外部的灌输，把成人的标准、教材和方法强加给正在逐渐成长而趋于成熟的儿童。

教师中心论者一般都强调环境和教育在学生发展中的决定性作用，认为学生只是教师的教育对象，对教师必须保持一种被动状态，并不具有主体地位，因此忽视了学生的积极性。这些人大多对教育问题持比较现实的态度，一般是具有丰富教育经验的职业教育家。

2. “学生中心论”

“学生中心论”以卢梭、杜威等人为代表，它是在批判传统的以教师为中心的教育过程中提出的，就是说，是在“破旧”中“立新”的，因而也称为进步主义教学。“学生中心论”提出，儿童是教育的起点，是中心，儿童的发展是教育理想所在。教师的全部作用在于引导学生的学习兴趣，满足学生的个人需要，而不是直接干预学生的学习。“学生中心论”的优点是学生的主体性得到了前所未有的张扬，但却忽视了教师的主导性。

“学生中心论”者一般都把学生看作能够完全决定教学过程和结果的主体。从哲学角度来看，他们强调学习过程中学生内因的作用，贬低或否定教育环境的外因作用，忽略了学生是发展中的人，是未成熟的人，是需要教师导航的人；从心理观来分析，他们比较倾向于人本主义，这些人大多对教育问题持理想主义态度，一般不是来自教学第一线的实践家而是教育思想家。

“教师中心论”和“学生中心论”两者都不能用辩证的观点来看待学生和教师在教学过程中的地位，并将教与学的关系看作一种直接的、简单的教育者与受教育者的关系，因而都走向了极端。

3. 理想师生关系的特征

理想的师生关系是体育教学成功实施、课程目标得以实现的重要保证，建立理想的师生关系是教育教学规律的必然要求，也是教师的执着追求。理想的师生关系是师生主体间关系的优化，具有以下几个特征。

（1）民主与平等

在体育教学过程中，如果师生关系处于平等、民主状态，那么它所营造的和谐、愉悦的教育氛围必然会产生良好的教育效果。师生关系的民主平等体现了教学过程中师生相互尊重、相互理解、平等对话，同时也是体育教学中人文关怀的直接体现。在传统体育教学中，师生关系是一种“官兵式”关系，教师总是高高在上、盛气凌人，导致学生始终处于一种被动的、受压抑的学习地位。新体育课程理念要求教师了解学生，尊重学生的个体差异，尊重学生的意愿，将教学过程由指令性操作活动转变为自主性探索实践，由问答式教学转变为学生独立思考基础上的合作学习。

理想的师生关系应该是教师和学生在人格上是平等的、在交互活动中是民主的、在相处的氛围上是融洽的。它的核心是师生心理相容，心灵的互相接纳，形成师生至爱的、真挚的情感关系。它的宗旨是本着学生自主性精神，使他们的人格得到充分发展。它应该体现在：一方面，学生在与教师相互尊重、合作、信任中全面发展自己，获得成就感与生命价值的体验，获得人际关系的积极实践，逐步完成自由个性和健康人格的确立；另一方面，教师通过教育教学活动，让每个学生都能感受到自主的尊严，感受到心灵成长的愉悦。

（2）尊师爱生，相互信任

尊重教师就是尊重教师的劳动、人格与尊严，认识和理解教师的工作意义，虚心接受教师的指导，对教师要有礼貌；爱护学生是体育教师热爱教育事业的重要体现，是开展教学工作的前提，也是对教师的基本道德要求。学生尊重教师，教师热爱学生是和谐师生关系的重要体现。

信任是沟通的基础，是开展教学工作的基础。比如，在体育教学的保护与帮助中，学生是出于对教师的信任，才会敢于接受教师的保护与帮助。再比如，新课程要求教师评价和学生自评、互评相结合，只有相互信任，学生自评和互评才可能实现，否则，教师不可能放手让学生参与评价。相互信任对教师而言，要求客观看待每个学生的优、缺点，对每个学生充满希望；对学生而言，应该尊重教师的劳动，相信教师的能力和情感。

（3）理解和合作

传统的体育教学缺乏理解和合作，因为传统教学中师生之间相互独立，是一种主动传授和被动接受的关系，体育教师处于绝对权威的地位，因而彼此缺乏理解和合作。新课程要求师生相互了解，构建融洽、和谐的学习氛围，倡导建立一种合作的师生关系，这种合作既包括师生合作，也包括生生合作。这种合作要求师生同时主动地参与到教学过程中，使教学成为教师和学生共同的活动，只有这样，师生之间的理解和合作才会成为可能。

4. 理想师生关系构建的策略

对于理想师生关系，学生和教师分别有不同到看法。在学生眼中，理想的师生关系应当是师生能够互相帮助，成为朋友，共同进步；在教师眼中，则是互相理解、互相信任、互相尊重，民主、平等且亲密。建立良好师生关系需要师生双方到共同努力，但是，教师在教学中处于主导地位。所以，构建理想师生关系主要依赖教师，且需要以下策略。

（1）了解和研究学生

体育教师要与学生取得共同语言，要想深入学生的内心世界，就必须了解和研究学生。了解和研究学生包括了解学生个体的思想意识、道德品质、知识水平、学习态度和方法、个性特点，尤其要了解不同学生不同的身体状况、体育锻炼的兴趣、爱好、经历等。了解和研究学生存在于体育教学生活的每一时空。

了解和研究学生包括思想品德、健康水平、学业成绩、兴趣爱好、才能特长、性格特征、生活习惯、成长经历、家庭情况及社会生活环境等。在了解学生个人的基础上，对学生集体进行全面分析综合，了解学生集体形成和发展过程，各类学生的特点和比例，作风传统和主要倾向等。了解和研究学生不是教育的目的，而是一种教育手段。在实际工作中，应当把了解学生与教育学生紧密联系结合起来，既要在了解中教育，也要在教育中了解。

（2）树立正确的学生观

学生观是指教育者对学生的基本看法，它支配着教育行为，决定着教育者的工作态度和工作方式，“罗森塔尔效应”说明了这一点。传统学生观把学生视为被动的客体，是教育者管辖的对象，是装知识的容器，这种观念不利于学生主体性的发挥。正确的学生观是指学生是发展的人，要用发展的观点认识学生；学生是独特的人，要区别对待；学生是具有独立意义的人，要尊重其意义差异；学生是教育活动的主体，因此教学要有利于其主体性发挥。总之，正确的学生观来自教师对学生的观察和了解，来自教师向学生的学习和对自我的反思。

（3）热爱、尊重学生，公平对待学生

热爱学生就是用一颗热情的心，把无微不至的关爱时时送到每个学生的身边，以真挚的情感走进学生的心灵世界。热爱学生不是短暂的敲打，而是水的载歌载舞，使粗糙的石头变成美丽的鹅卵石。热爱学生，是尊重学生的人格、个体差异、主体地位，公平对待每个有差异的个体。作为一位人民教师，只有爱自己的学生，像爱自己的孩子，尽情欣赏学生的创造，才能感受人生的幸福。

（4）努力提高自我修养，健全人格

体育教师的素质是影响师生关系的核心因素，他们在工作上的成功离不开科学文化素质、思想道德修养和身体心理素质的有机结合。而这些素质的建立离不开终身学习，离不开自我反省，离不开主动进取。要促进师生关系的和谐，教师就必须通过自己崇高的理想、科学的价值观、人生观、渊博的知识、严谨的治学态度、开朗活泼的性格、多方面的兴趣爱好等来吸引学生。

二、体育教师的职业特征与合格体育教师的条件

随着社会的进步、教育的发展以及体育课程与教学改革的不断深入，体育教师这一职业也在不断地向着专业化的方向发展，合格体育教师条件也在随着时代的变化而变化。

1. 体育教师的职业特征

体育教学不同于其他文化课教学，因此，教师的职业特征也截然不同，这些不同表现在职业内容和任务、工作方式、职业环境等方面。

（1）从职业内容和任务来讲

体育教师具有与其他学科教师共性的方面，如教书育人，传道、授业、解惑，培养有理想、有道德、有文化、有纪律的社会主义建设者和接班人。然而，体育教学又有不同于其他学科的独特的内容，比如传授体育知识、技术、技能，传播体育文化、弘扬体育精神等。相对于其他学科，它更注重通过身体教育的手段来达到促进学生身心发展的目的。

（2）从工作方式来讲

体育教师更多的是通过身体教育、通过动作的讲解示范、在组织学生练习、在保护与帮助学生的同时，在和学生的共同活动中，用自己的知识、智慧、人格魅力去影响学生。教师对学生来说是知识的传播者、智慧的启迪者、情操的陶冶者。

（3）从职业环境来说

体育教师的职业环境绝大部分是体育场馆，相对于教室来说，它具有广阔性、开放性的特点。在这样一个大的教学环境中，要求体育教师有良好的控制课堂的能力、组织管理能力和与学生沟通的能力，这样才能保证课堂教学的顺利进行。

通过上述分析，得出体育教师的职业具有以下特点。

第一，劳动复杂性。体育教学不仅包括了对学生身体的锻炼和运动能力的培养，同时也渗透着智力、品德和美感的培养，需要教师综合运用各种知识和智慧，因此，是复杂脑力劳动和体力劳动的结合，具有一定的复杂性。

第二，极大的创造性和灵活性。教育需要创造性和灵活性，作为体育教师更应如此。因为与学生的智商差异相比，学生的身体条件、运动能力、锻炼经历的差异要更参差不齐。那么，面对千差万别的学生，体育教师不可能用统一标准去要求他们，也不可能用同一模式去塑造他们。这就需要体育教师具有教育的机敏性，创造性地、灵活地运用各种方法，应对学生差异提出的挑战。

第三，工作的艰苦性。各个学校的体育场地设施差异较大，而在我们国家，大部分学校的体育场馆设施比较落后，大部分教师都是在露天环境中工作的，不得不忍受着风吹日晒、酷暑寒冬，相对于其他学科的教学，体育教学比较艰苦。

第四，工作的复杂性。体育教师除了需要完成教学任务外，还要全面负责学校的课外体育活动和各种体育竞赛以及校园的文化建设等等，复杂的工作一方面给体育教师带来较大的压力，另一方面也对体育教师的工作能力提出了更高的要求。

2. 合格体育教师的要求

随着时代的发展和社会的进步不断提高，对合格体育教师的要求也在不断提高。21 世纪是知识经济的世纪，创新的世纪，个性得到尊重和发展的世纪，要求体育教师必须具备以下素质。

（1）崇高的社会与时代的责任感、使命感

践行使命，教书育人，做新时期人民满意教师，要求进一步增强责任感使命感，即应该深刻认识到自己所肩负的神圣职责和重要使命，时刻不忘党和人民的重托，切实承担起教育者的社会责任，忠诚于教育事业，树立崇高的职业理想和坚定的职业信念，把全部精力和满腔真情献给教育事业；要求进一步建立使命感，才会在体育教学中自然而然就会端正其工作态度，钻研教学理论、探索教学方法，不断完善自身的教学，才会当自己意识到能力不足时，自觉地去向别人学习请教，不断充电。总之，教育发展，教师是关键。面对人民的重托、党和国家的期盼，教师必须明确肩负的时代责任和历史使命。

（2）先进的现代教育理念

先进的现代教育理念包括在培养目标上要改变过去单纯的“三基”教育的思想，树立先进的教育理念以培养学习兴趣和能力为主，着重培养学生自己获取知识的能力；树立培养学生个性的观念，也就是要培养学生敢于与众不同的创新精神和敢于实践的实践精神；要树立终身体育、终身学习的理念；要树立教育国际化观念，培养学生的国际视野和国际交往能力；树立网络教育的观念，要充分利用网络技术的积极影响来促进体育文化的传播；要不断提高师德修养，敬业爱生，建立民主平等、亲密和谐的师生关系。

（3）厚重的知识积累

作为一名体育教师，既要具备基础科学知识，也需要具备体育领域里丰厚的专业实践和专业知识积累，同时在对这一学科的探索和梳理中把握体育科学的规律，用以指导实践，培养人才。图 6－1 所示为合格体育教师所应具备的知识。

图 6－1　合格体育教师所应具备的知识

（4）自觉的体育文化意识

体育文化意识是指对体育文化重要性的认知，懂得体育文化对个人、国家乃至世界的发展带来的效益。人类通过体育活动在改造客观世界、调节自身情感、协调群体关系的过程中所表现出来众多的时代特征、地域风格和民族样式，就形成了体育文化。作为一名合格的体育教师，不仅需要尽心尽责地完成教学任务，更重要的是在教学的过程中渗透这些体育文化，积极传播体育文化。

（5）展示力量美

体育是力与美的融合，体育教师经过长期的文化熏陶和体育训练应该具备力与美的示范能力。通过美的展示，吸引学生，提高学生的学习兴趣，引导学生参加终身体育。

3. 体育教师的专业化

体育教师专业化是指教师通过专门训练和终身学习，逐步习得体育教育的专业知识、技能并在体育教育实践中不断提高自身的从教素质，从而成为体育教育工作者的专业成长过程。不管是对于教师个体还是教师职业整体，都涉及从非专业职业、准专业职业向专业性质职业进步的过程，这一过程包括以下方面。

（1）树立专业理想

理想是指路明灯。没有理想，就是没有坚定的方向。作为一名体育教师，不仅要有理想，还要有专业理想，这种专业理想包括体育教师依据其价值观，在对体育教育历史、现实把握的基础上，对自己专业未来美好发展状态的期待和展望。专业理想是体育教师专业素质的核心和灵魂，是指导教师行动的精神动力，因此，体育教师应该树立自己的专业理想。

（2）拓展专业知识

专业知识是教师专业素质的重要组成部分，决定了体育教师在教学中的独特性和不可替代性。专业知识不仅是从事体育教学所必须具备的资源，同时也决定着教师专业水准的高低。体育教师的专业知识包括学科知识、一般教学知识、课程知识、评价知识、学生知识、学校情境与体育文化知识等，包括这些知识在量、深度方面的拓展和结构方面的优化。体育教师应该以广泛的文化基础知识为背景、以精深的体育专业知识为主干、以相关学科知识为必要补充、以丰富的教育学和心理学知识为基础知识来构建自己的专业知识，从而实现自身专业化目标。

（3）发展专业能力

体育教师的专业能力是指体育教育教学能力，是教师在教学活动中形成的顺利完成某个教学目标的能力和本领。体育教师专业能力除了包括普通学科教师应该具备的设计教学的能力、钻研教材的能力、了解学生的能力、语言表达能力、反思能力等以外，还应该具备示范能力和组织管理能力。体育教学不同于其他学科教学，需要教师通过示范直观地向学生展示教学内容和要求，同时，体育教学发生在空旷的操场，对学生的调动和活动安排截然不同于室内教学。因此，体育教师应该具备这些方面的能力。

（4）形成专业自我

体育教师的专业自我是指教师在体育教育工作中获得、保持和发展的一种“自我感觉”，它与体育教师所持有的知识、观念和价值观有关，具体包括体育教师的自我形象、自尊、职业理想、工作满意度、未来发展前景，以及个体自身的教育哲学和教学范式。体育教育工作中，如果缺乏专业自我，容易导致不良的职业感觉，甚至表现出职业枯竭。

体育教师专业自我的形成是教师与外界环境的相互作用的结果。专业自我一旦形成，就会影响教师的教育理想、教学态度和教学模式，进而影响到对待学生的态度和教学效果。作为一名合格的体育教师，应该在教学实践中逐步地积累优秀的品质，发展专业能力，促进专业自我的形成。

【本章小结】

本章主要介绍了体育教学中教师和学生的主导主体关系。教师是教学过程的设计者、调控者、监督者，在教学中发挥着主导作用；学生是学习的主体，这种主体性表现在学生学习的独立性、对学习内容的选择性、对学习过程的自我调控、参与教学的自觉性，以及观点、看法的创新性、独特性等。

体育教师的主导性和学生的主体性是相辅相成的，只有教师充分发挥自己的主导性，学生的主体性才能得以充分体现，正确发挥教师的主导性是充分发挥学生主体性的前提。

作为一名合格的体育教师，言行应符合国家利益，树立为祖国的体育教育事业奋斗终身的思想，具有崇高的社会与时代的责任感、使命感、先进的现代教育理念、厚重的知识积累、自觉的文化意识，并且在动与静、刚与柔的结合中体现力量美、人格美。

另外，对于一个合格的体育教师来说，个体的专业化发展是非常重要的，也就是从专业思想到专业知识、专业能力、专业心理品质等方面由不成熟到比较成熟的发展过程，教师专业化的结果就是专业自我的形成，最终真正成为教育世界的创造者。

【思考题】

1. 教师的主导性是什么？如何发挥教师的主导性？
2. 学生的主体性是什么？如何正确发挥学生的主体性？
3. 如何做一名合格的体育教师？
4. 谈谈你对体育教师专业化发展的认识。

【参考文献】

［1］李秉德．教学论［M］．北京：教育科学出版社，1993.

［2］全国十二所重点师范大学联合编写．教育学基础［M］．北京：教育科学出版社，2002.

［3］毛振明．体育教学论［M］．北京：高等教育出版社，2005.

［4］季浏．体育与健康——课程与教学论［M］．杭州：浙江教育出版社，2003.

［5］蔡宝忠．体育教师新论［M］．北京：人民教育出版社，2005.

［6］赵顺来．体育教师学［M］．北京：中国科学文化出版社，2003.

［7］夏思永．体育教学论［M］．重庆：西南师范大学出版社，2002.

第七章　体育课程与教材

【内容提要】

作为实现学校培养目标的重要手段之一，体育课程所涉及的绝不仅是体育科目的内容及其活动领域，它还应当包括以潜在内容为教材的整体学校体育教育活动。

一般来说，我们把那些有一定特定的结构、能够为教师和学生所阅读（包括新媒体视听）并借以操作的材料称为教材，也可以说教材是一种媒体，它能够帮助师生认识世界并在此基础上获得发展。正确认识与理解体育教材，是钻研教材的前提，对体育课程的实施有着重要的作用。一名合格的体育教师对于自己所教授的课程应该有一个完整的理论框架，对体育教材的结构、层次也要有比较清晰的认识。只有这样，体育教师才能完整地把握体育教材，有效地钻研教材，创新地使用和完善教材，从而保证高质量地完成体育教学。

【面授内容】

一、体育课程与教材概述

1. 课程与体育课程

（1）课　程

通常来说，“课程（Curriculum）”这一词汇源自拉丁语，最早的意思是指“跑道”，意思是，通过课程这个“跑道”可以引导学生们学习掌握新的知识和技能，从而达到传承文化和促进人类发展的目的。

“课程”一词在我国最早出现于唐朝，在唐代孔颖达的著作《五经正义》中的《诗经·小雅》注疏里最早使用了“课程”一词，原文是“教护课程，必君子监之，乃得依法也”。

在现代中西方的各种教育理论流派中，对于“课程”的解释也各不相同，概括起来，主要有以下几类。

①课程是教学内容。

②课程是经验。

③课程是程度和进程。

④课程是计划。

⑤课程是中介或媒体。

⑥用具体内容的描述定义课程。

进入20世纪以后，课程的价值观念日益扩大和发展，课程的定义得到了频繁地调整和替换，其功能和外延不断扩大。

其一，许多学者提出不同以往狭义课程定义的、超越学科限制的课程概念。众所周知，传统课程仅仅局限于学科课程范围内，而这种新的课程概念则突破了传统的“学科课程”，更加倾向于宏观视角。

其二，还有学者提出了新的课程概念，这种课程概念将教学手段也涵盖其中，还不仅仅局限于传统课程概念的教学内容范畴中。

其三，也有部分学者提出课程不仅仅是教师的“教程”，课程应当包括学生所要通过学习过程掌握的所有知识和技能，应当是“学程”。

此外，部分学者认为，应当把课程理解为学生在学习过程中实际所获得的经验，也就是不管是“有计划”还是“无计划”的课程（包括隐性课程）都属于“课程”这一概念的范畴。

（2）体育课程

在我国，从20世纪20年代开始才将课程作为一个正式研究领域，而课程真正为教育学者所重视、关注则是从80年代才开始的。而“体育课程”这一概念的出现则更晚，基本上来说，在90年代之前是没有“体育课程”一词的，通常都称之为“体育课”。

前面已经解释了什么是“课程”，那究竟什么才是“体育课程”呢？体育课程，是学校课程体系的重要组成部分，是以身体练习为主要手段，以各种体育健康知识、技能、身体活动为主要学习内容，以增进学生身心健康为主要目的的综合性课程。

首先，体育课程不仅应该包括系统的运动知识和规范的运动技术要求，还应该包括学生在体育活动中获得的经验。

其次，体育课程设计不应该是教条的、僵化的、一成不变的，而应该是体育教师通过体育教学有计划、有目的地引导学生通过体育实践活动掌握体育知识和运动技能，从而促进学生的身体健康和全面发展。

再次，体育课程中，重要的不是简单地教给了学生什么，而是通过学习过程，学生在活动中获得了什么样的体验。

最后，体育课程的适应性很重要，应当从学生的实际水平出发，将体育课程内容转化成适应学生实际水平的内容。

2. 体育课程的特性

（1）体育课程目标的多元性和复合性

体育课程目标与其他课程目标的不同点在于，它是多维度的，既有生物维度的发展目标，如增强体质、增进身体健康等，也有心理维度的发展目标，如培养体育的兴趣爱好、改善心理品质等，还有社会维度的发展目标，如提高社会适应能力等。

（2）体育课程内容的综合性、实践性、非阶梯性和可替换性

①综合性

综合性是指体育课程内容从构成来看是综合的，其既包括了体育、健康等方面的理论知识，也包括了各种各样的身体练习。

②实践性

实践性是指体育课程的内容主要以各种身体练习为主，也就是说，与其他文化课程主要以思维活动、以一般的认知过程来掌握必要的知识与技能相比，体育课程主要是通过身体练习、通过身体练习与思维活动相结合来实现体育课程各种目标的。

③非阶梯性

通常来说，语文、数学等课程都具有显著的阶梯性，即这些课程的内容之间有比较明确的由简至繁、由易而难的逻辑结构和顺序排列，就像台阶一样。而体育课程的内容与上述课程的内容不同，它并没有显著的阶梯性特征。体育课程中的各种身体练习顺序并不严谨，也可以说先学哪种身体练习、后学哪种身体练习对于学生掌握体育知识和技能并没有显著的影响。

④可替换性

可替换性是指体育课程内容中某些不同的身体练习，具有相同的功能，可以用于实现同样一个学习目标，这也使得体育课程内容的选择具有多样性。

（3）体育课程价值的健身性、娱乐性、教育性和基础性

①健身性

健身性主要表现在促进身体的正常生长发育、提高人体的机能水平和形成正确

的身体姿势、全面发展身体素质和基本活动能力、提高对环境的适应能力和对疾病的抵抗能力等方面。

②娱乐性

娱乐性主要表现在体育课程可以调节、缓解学生在学习和生活中所产生的压力和疲劳，在学生接受体育文化影响、掌握体育知识技能的同时，丰富学生的生活，陶冶学生的情操。

③教育性

教育性主要表现在体育课程对学生的德育、智育和美育等方面都有着积极的促进作用。

④基础性

基础性主要表现在体育课程的学习可以为学生进一步从事体育健身、运动、娱乐休闲等奠定意识、知识、技能、体能等方面的基础。

（4）体育课程的组织与实施的复杂性与多变性

复杂性与多变性表现在2个方面：一是体育课程组织与实施，需要一定的物质环境条件作为基础，如体育场馆、器材、设备和自然环境（空地、森林、湖泊等），对物质环境和自然环境有一定依赖性；二是由于体育课程具体的实施过程——体育教学，通常在室外进行，学生学习活动的空间范围较大，教学组织形式变化多样，教师的教学组织与课堂管理相对于其他文化课而言要复杂得多。

3. 素材与教材的关系

（1）素材与教材

何谓“素材”？何谓“教材”？二者又有什么区别呢？

一般来说，素材是指原始的材料，也就是由现实生活中收集到的、未经处理的、未经加工整理的事物，它通常是感性的、分散的。通常，素材并不能直接在课程中使用。

与素材的原始、朴素不同，那些有一定特定的结构、能够为教师和学生所阅读（包括新媒体视听）并借以操作的材料称为教材，也可以说教材是一种媒体，它能够帮助师生认识世界并在此基础上获得发展。

（2）运动素材和体育教材的关系

与素材相对应，人类的一切体育运动文化（包括身体活动、运动技能和体育知识等等）都可以被认为是运动素材。“运动素材”和“体育教材”是2个完全不同的概念：运动素材是体育教材的原材料，这些由现实生活中收集到的、未经处理的、未经加工整理的原始素材是体育教材的来源。但是，运动素材并不能直接作为体育教材使用，必须经过集中、提炼、加工和改造，并且编排进体育教材体系中之后才可以出现在体育课程中。

当然，不是所有的运动素材都适合做体育教材，也不是所有的运动素材都能够成为体育教材。运动素材和体育教材之间有显著的界限，如果要使一项运动素材成为体育教材，就必须经过一个过程，这个过程就是运动素材教材化的过程。

4. 体育教材的概念

（1）体育教材的概念

与其他教材一样，体育教材也是受学校体育教育内容制约的。一直以来，体育教材都有着丰富的选材资源，各种东西方体育文化素材都可以成为体育教材的来源。事实上，我国自出现体育课程以来，体育教材的内容就一直十分丰富，从体操到武术、从体育游戏到竞技体育项目等，诸多优秀的运动素材都曾成为体育教材的主要内容。

具体来说，体育教材有广义和狭义 2 种定义。

广义的体育教材，泛指根据体育课程目标而选择的具有一定范围和深度的体育的知识体系和技能体系；而狭义的体育教材，则是指根据体育课程标准要求，而选编的教学材料。

（2）体育教材的内涵

根据体育教材的定义，我们可以从 3 个角度对它的内涵进行分析。

第一，理解体育教材的内涵必须明确体育教材的教养侧面。学生通过对体育教材的学习应当掌握的体育知识、技术和技能，就属于体育教材教养侧面的内容，是显性的教学内容。

第二，体育教材还有教育侧面的内涵。相对于体育教材的教养侧面，教育侧面更多的是关于学生思想方面，不属于外显的内容，是隐性的教材内容。具体来说，它包括体育道德修养、体育精神、思想作风、良好人格教育等内容。

第三，体育教材还有另一个方面的隐性内涵，涵盖了学生生理、心理、情感态度、文化等方面的内容。通常，我们称体育教材的这方面内涵为发展侧面。

体育教材的内涵由教养、教育和发展这 3 个侧面构成，它们之间不是孤立的，而是相互紧密联系的。从这个角度上说，只有实现了教养侧面、教育侧面和发展侧面相统一的教材才是真正合格的、科学的教材。在目前的体育教学中，仅仅重视体育知识和技能的传授，而不注重学生思想的培养和全面发展的现象并不罕见，这种片面的观点长远来看不利于促进学生的成长。所以，在体育教材的选编过程中，必须树立正确的观点，贯彻“教养、教育和发展相统一”的原则，选择、加工真正有利于学生健康成长和全面发展的运动素材。

二、体育教材的分类、组织与加工

1. 体育教材的分类

对于体育教材的分类，我国体育教学理论界的各个流派根据自身关注焦点的不同，提出过多种不同体育教材的分类方法，比较公认的分类方法有以下几种。

（1）根据人的基本活动能力分类

在体育教学实践过程中，这种分类方法比较常见，也比较没有异议，它以人的走、跑、跳、投、攀、爬、钻等动作技能为标准对体育教材进行划分。

（2）根据身体素质分类

发展学生身体素质是体育教学的目标之一。这种分类方法按照力量、速度、耐力、灵敏、柔韧等身体素质类型，对体育教材进行分类。

（3）根据运动项目分类

这是体育教学中最常见的体育教材分类方法，它是按照运动项目的名称和内容进行分类的。

（4）根据教学目的分类

这种分类在体育教学实践中也是比较常见的，它以人为赋予的体育教学要达到的目的为依据进行分类。

（5）“综合分类”

这种分类是采用按基本部分与选用部分、理论与实践、各项运动的基本内容与发展身体素质练习内容等相互交叉的综合分类方法。

综上所述，体育教材的分类方法是多种多样的，这主要是对体育教材的理解差异造成的。所以，体育教材可以分成不同的层次，在不同的层次可以使用不同的分类方法，但是在同一个层次必须采用同一个分类标准进行分类。

2. 体育教材的组织与加工

一名合格的教师在教学过程中绝对不会是“照本宣科”似的直接将教材的内容灌输给学生，因为每个学生都是独一无二的，教师在教学过程中必须根据学生的需要对教材进行进一步的加工。当然，每个学校的客观条件也是不同的，教师也应当从本学校的实际情况出发，因时制宜、因地制宜地对教材进行加工改造，以期取得最好的教学效果。当然，每一个教师对教材的加工都是各不相同的，都带有鲜明的个人特征，甚至带有符号性的标志，因为这个组织和加工教材的过程是一个创造性的过程。因此，在体育教学过程中，体育教师也必须对体育教材进行组织和加工，才能真正获得良好的教学成果。

（1）体育教材的组织

体育教材来源于丰富的运动素材，虽然当这些运动素材以教材的形式出现时就已经有了一定的逻辑层次，但是在体育教师真正使用这些教材时，还是应该按照一定的逻辑对体育教材进行组织。就目前而言，常见的体育教材组织方法有以下 3 种。

第一种体育教材的组织方法是按照学科内容的逻辑顺序组织教材。其特点是采取成人逻辑思维的观点，由易到难、由浅入深地组织教材，这样做的好处是保证了学科知识逻辑层次的完整性，层次感比较好，有利于学生形成完整的知识体系。通常来说，数学、物理、化学等思维逻辑比较严谨的学科更适合使用这种教材组织方法。但是，相对于其他学科来说，体育学科的理论结构和逻辑层次并不是特别讲究，体育教材也具有非阶梯性的特征，所以，在体育教材的组织过程中，这种按照学科内容的逻辑顺序组织教材的方法并不是特别常用，只有在关于体育理论知识的教材组织中才会使用这种组织方法。

第二种体育教材的组织方法则是按照学生身心发展的规律组织教材。在教学研究领域中，“教师中心论”和“学生中心论”的争论由来已久，如今，绝大多数的学者和教育工作者都同意“学生中心论”的观点。这种以学生身心发展规律组织教材的方法就特别符合“学生中心论”的观点，一切以学生的身心特征和兴趣需要为中心，围绕着学生这个教学的主体来组织教材。当然，这种教材组织方法有其自身难以回避的弊端，那就是它可能会破坏教材本身的逻辑顺序和结构层次，不利于学生构建完整的理论体系。但由于体育教材具有非阶梯性，恰恰适合这种教材组织方法。比如小学足球技术的教学就可以使用这种教材组织方法，大部分小学生都很容易被精彩的足球比赛所吸引，那么不妨尝试安排从足球比赛开始进行教学，在充分培养起学生的兴趣和学习积极性之后再进行基本的足球技术、战术教学，这样可能比从头开始的传统足球教学的效果更理想。

第三种体育教材组织方法是比较灵活机动的组织方式，既尊重学科知识的逻辑结构特点，又尊重学生的身心特征、兴趣爱好和需要，根据教材的特点和教学过程的实际情况，把前面的2种教材组织方法结合起来，灵活运用，机动地选择合适的方法。在体育教材的组织过程中，不妨在体育知识教材中着重按照学科理论逻辑结构组织教材，而在运动技能教材中着重按照学生的身心特征和兴趣需要组织教材，这样才能取得最理想的教学成果。

（2）体育教材的加工

体育教材经由教师创造性地组织之后，是否就意味着可以被直接拿来使用了呢？答案显然是否定的，如果直接将体育教学的“材料”拿到教学过程中使用，缺少了一个适应性的加工过程，往往不能取得很好的教学效果。简单地说，体育教材只是教学“材料”，对于教学过程来说，只能被视为半成品，教师真正需要的是能够为自己精准把握的、适应学生实际情况和教学目标的教材，仅仅是半成品还不够。所以，体育教材必须由“半成品”转化成“成品”，必须经历一个由体育教师吃透教材再到结合实际创生一个符合要求的教学文本的过程，而这个过程，就是我们通常所说的“体育教材的加工过程”。

比较常见的体育教材的加工途径有以下几种。

① 体育教材的生活化处理

当前，在中小学乃至高校体育教学中，“终身体育”成了一个广受关注的词汇。如何让学生掌握一项自己喜欢并且擅长的运动项目，而且使他们在离开学校之后还能继续从中受益，就成了一个亟待解决的问题。针对这一问题，体育教材的生活化处理就显示出了其重要的理论和实践价值。所谓的体育教材的生活化处理，就是根据学生的实际情况，包括生理、心理特征、生活经验和兴趣需求，选择有利于激发学生体育学习兴趣、提高学生学习积极性的教材，使教材内容同学生的生活经验与体会建立联系。从这个角度上来说，体育教材的生活化处理是在架设一座桥梁，一座连接学校体育教学目标和学生实际生活需要的桥梁；经由这座桥梁，学生会学到自己喜闻乐见的运动知识和技能，会掌握一项自己喜欢且擅长的运动项目，并且终身从中受益。

② 体育教材的问题化处理

近些年来“自主学习”“合作学习”“探究学习”等词汇越来越多地进入了人们的视野，作为教学领域的关注焦点，人们开始好奇这些词汇的核心是什么？其实，它们落实到教学中时必须有一个必要的前提条件，即要把按照学科逻辑程序呈现的知识转化为学生待探究的问题或问题情境。学生们只有带着问题去学习，才能有或自主或合作或探究式的学习，而体育教师的任务就是通过在加工教材的过程中创设问题，吸引学生的学习兴趣，引导学生的注意力，培养学生的学习积极性，以期更好地完成教学任务。

③ 体育教材的结构化处理

相对于其他学科内容逻辑层次和理论体系严谨的教材，体育教材的非阶梯性特征十分明显。这就给广大体育教学工作者提出了一系列不小的挑战，即如何让原本结构性和逻辑性不强的体育教材以一种严谨、科学、合理的结构展现在学生面前，如何让教学内容千差万别、表现形式相去甚远的体育教材以一种学生多喜闻乐见的形式表现出来，而这也正是体育教材结构化处理的任务之所在。这就要求广大体育教材编写者和体育教师深入地钻研教材，发现其中的结构层次和逻辑关系，并结合学校和学生的实际情况，将体育教材以一种尽量完美的结构形式展现出来。

④ 体育教材的操作化处理

经常有人会感慨中国传统文化的博大精深，但同时也会感到疑惑，为什么那么多的经典文化著作没有被引入中小学教材呢？从某一角度来看，之所以会出现这种情况，是因为将传统典籍引入教材的操作性和可行性不足。体育教材也是如此，并不是说所有的运动素材都适合作为体育教材而出现，作为体育教材出现的内容必须具有可操作性。而在体育教材的加工过程中，体育教师必须努力对教材进行全面的把握并结合学生的实际情况和需要，进行操作化处理。

【自学内容】

一、体育课程编制

课程编制是指那些经过精心计划的活动，通过这些活动，设计出各种课程或教育活动方式，并将它们提供给教育机构中的人们，以此作为进行教育的方案。与人们所认为的不同，课程编制并不能被视为一种理论性的研究工作，而是为教学实践服务的，更应该被视为一种实践性的工作。课程编制力图设计一种能够达到教育目的的体系，而不是在试图解释一种已存在的现象。通常来说，体育课程的编制应当包括 4 个环节，即确定课程目标、选择和组织课程内容、实施课程和评价课程（图 7－1）。

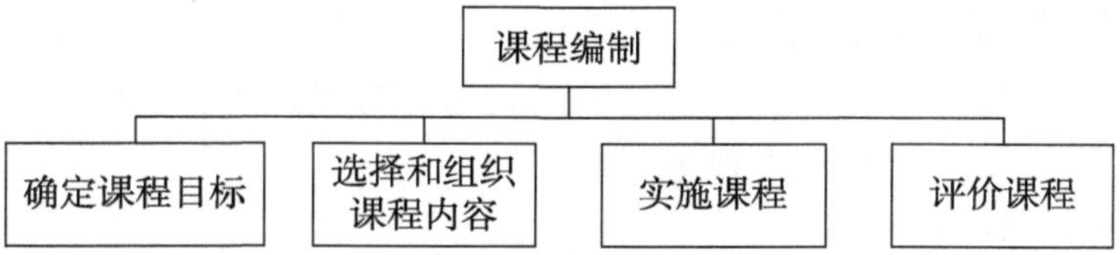

图 7－1 体育课程的编制环节

1. 体育课程目标

体育课程目标，是由教育行政部门依据教育目标的总要求确定的，指导各级、各类、各地区学校进行体育课程编制的准则，也是指导各级、各类学校体育教学的重要准则。其目标内容既不能只是体育教育目标的重复，也不能只是对体育教学目标的概括，既要体现社会需要和个体发展要求，又要符合体育教育学科的特点。

体育课程目标其实并不对体育教学过程产生直接的指导作用，它的作用可以分为以下 2 个方面：体育课程目标的首要作用体现为体育课程编制指引方面，并对具体的课程编制工作提供参考和依据；其次，体育课程目标为体育教学过程中师生的“教与学”提供指导和参考。可以说，体育课程目标只是一个大致的、并不具体的目标，它并不针对具体的学校和学生实际情况。

2. 体育课程内容

课程内容是指各门学科中特定的事实、观点、原理和问题，以及处理它们的方式。怎样才能更好地选取、编制适当的课程内容，以实现课程目标，正是课程编制的一个基本任务。

（1）体育课程内容分类

体育课程与其他课程一样，不仅应当包括理论知识，还应当包括活动参与和经验。所以，体育课程内容可以分为体育知识与技术、运动参与和体育活动经验。

① 体育知识与技术类

这一类主要是指间接的、传统的、科学的体育文化内容体系。按运动项目可分为球类、体操、田径、游泳、冰雪等；按运动与外界关系分类，可分为开放式运动和封闭式运动；按运动结果判断标准分类，可分为评分式、计数式、计时式、测量式等。

② 运动参与类

主要指学生实际进行体育活动的状态。按人体参与活动的解剖部位分类，可分为上下肢运动、躯干运动、全身运动等；按人体参与活动的基本方式分类，可分为走、跑、跳跃、投掷、攀登、爬越、悬垂、支撑和平衡等；按参与活动的人数分类，可分为个人运动和集体运动等；按参与活动的情感分类，可分为接触与接受、爱好与兴趣、自愿与自觉、自信与表现等。

③ 体育活动经验类

主要指学生从事体育活动的过程中或结束后的机体或心理反应。按体育活动过程身体素质发展情况分类，可分为速度、灵敏、力量、耐力、柔韧等；按体育活动过程防病治病健身效果分类，可分为养生、健身、防病、治病、康复等；按体育活动对人体新陈代谢影响分类，可分为有氧和无氧内容；按项群理论分类，可分为技能类和体能类；按三维健康观来分类，可分为身体健康、心理健康和社会适应等。

（2）体育课程内容的选择和标准

可以用于体育课程的素材多种多样、丰富多彩，但是学生用于体育学习的时间和精力则是有限的，怎样才能在有限的条件下尽可能多且有效地进行体育教学，更好地实现体育课程目标，是体育课程所要解决的一个重要问题。针对这一核心问题，体育课程编制者们开始了各种各样的有效尝试，并提出了诸多不同的解决方法。一个问题，可能有各种各样的解决方法，但是都应该遵循一定的原则。体育课程的编制也是如此，在编制过程中，必须注意以下几个原则。

① 体育课程编制必须符合体育课程的目标要求

同一体育课程内容可能具有多种功能，不同的体育课程内容可能具有同一功能，但是，不同体育课程内容对于实现课程目标的作用在力度上是不同的。对于某一课程目标，选择合理有效的体育课程内容将事半功倍。比如说，篮球作为一个经典的体育课程内容，既可以锻炼学生的身体素质，又可以培养学生的团队合作精神；而针对学生的团队合作精神，足球和排球等同场竞技类的团队运动项目都可以起到这一作用。所以，如果要选择能够实现培养学生团队协作精神这一体育课程目标的内容，就应当从上述素材中选择。

② 体育课程编制必须符合学生的兴趣与爱好

我们经常会说，兴趣是最好的教师，所以在体育教学中必须充分重视学生的兴趣和爱好。譬如，在初中男生这个群体中，踢足球和打篮球是比较盛行的兴趣和爱好，体育课程编制者们必须重视这一情况，利用这些兴趣和爱好可以引导学生自主地参与体育活动。如果此时在体育课程编制中过多地引入像丢手绢等过于幼稚的体育游戏则会使学生觉得上体育课是一件特别幼稚无聊的事情，进而引发他们的抵触情绪。所以，好的体育课程应当是尊重学生的兴趣和爱好，培养他们的学习积极性，引导他们积极地投入到体育学习中来。

③ 体育课程编制必须适应学生的实际运动水平，使其通过努力能够完成

根据“最近发展区”理论，课程编制的难度必须适应学生的实际水平。体育课程也是如此，如果内容过于简单，学生经常会感到枯燥无味，觉得无聊进而丧失学习的兴趣；但如果课程内容过于困难，又会使学生望尘莫及，因为自己实际水平和课程目标之间的巨大差距而丧失信心。所以，体育课程编制必须适应学生的实际运动水平，既不太难又不太容易，刚好“跳一跳够得着”，使学生既有信心又有动力，这样才能取得最理想的体育教学效果。

④ 体育课程编制必须与学校特点相适应，充分发挥学校体育课程现有资源的作用

我国地大物博、幅员辽阔，从地域上看南北差异、东西差异巨大，而从城乡差距上来看，城市和农村的条件有着天壤之别。这就注定了体育课程的编制不能搞“一刀切”，必须根据当地和学校的实际情况进行调整。比如，冰雪项目在东北地区有着良好的物质条件和群众基础，所以，这些地区的学校就应该充分利用资源，在冬季开展冰雪运动；而南方地区水域发达，游泳项目比较普及，所以，南方学校在夏季不妨多安排一些游泳课程。

⑤ 体育课程编制要贴近学生生活，为终身体育服务

终身体育要求学校培养学生在一生之中不间断地从事体育活动的能力。但如果学生学到的运动技术都是只能在学校中进行，不能在走出校门之后继续进行，那终身体育也就无从谈起了。所以，体育课程的编制必须贴近学生生活，多引入广大人民群众喜闻乐见的运动项目，保证学生在离开学校之后可以继续锻炼，以实现真正意义上的终身体育。

3. 体育课程实施

所谓课程实施，就是把课程计划付诸实践的过程。如果没有课程实施这一环节，编制得再完美的课程也没有意义，如果在课程实施这一环节打了折扣，课程编制的效果也不会很理想，体育课程也是如此，所以，在课程编制完成之后，我们就必须面对如何实施课程的问题了。

（1）课程实施的取向

课程实施的取向，就是对实施的课程本质的认识观和课程价值观。常见的课程实施价值取向主要有以下 3 种。

① 忠实取向

忠实取向要求教师在教学过程中忠实地贯彻课程目标，忠实地执行课程编制的成果，按照要求，忠实地反映课程设计者的意图。对体育课程的实施来说，忠实取向更加重要。相对于其他学科，体育教学是在一个比较开放的环境中进行的，可能受到各种各样的外界因素影响，所以，在体育课程的实施中贯彻忠实取向还是比较有挑战性的，要求体育教师有较强的应变能力和课堂控制能力，只有这样才能保证最大限度地实现预定的课程目标。

② 适应取向

适应取向要求课程设计者和体育教师都应该根据学校和学生的具体情况，从实际出发，因时制宜、因地制宜，对已经编制好的体育课程进行一定的调整，以期体育课程能够更好地适应实际情况。这样不仅有利于体育课程的实施，更是有利于体育课程随着社会发展不断改革进步。

③ 创造取向

创造取向主要体现了体育教师和学生的主观能动性，它强调体育教师完全可以根据实际情况和学生的兴趣爱好来对课程进行修改，并且可以与学生联合创造，使学生意识到自己在教学过程中的主体地位，更好地调动学生的积极性和主动性。创造取向实际上告诉我们，教师和学生并不是在被动地接受课程，他们完全可以发挥自己的主观能动性参与到课程中去开发、创造课程，体现自己思维的价值。

以上 3 个取向之间相互独立，但彼此又不可分离，如果只是片面地贯彻一个取向而忽略其他，必然无法取得良好的教学效果。如果只强调忠实取向，而不顾实际情况和师生的主观能动性，只是机械地执行课程内容，必然会脱离实际，也会使师生丧失积极性；反过来，如果只强调师生的主观能动性而不顾原有课程内容的体系和逻辑层次，虽然保证了师生的参与意识和积极性，但会使体育教学完全偏离既定目标，从长远来看仍旧不利于学生的身心发展。所以，必须将上述 3 个取向有机地结合起来，才能更好地实现体育课程的价值。

（2）影响课程实施的因素

体育课程实施的过程是一个相对开放的过程，可能会受到各种各样的因素的影响，其中比较重要的有以下 4 种。

① 体育课程的特点

体育课程有着教养、教育和发展的价值，而无论是教养还是教育、发展都要求体育课程适应社会不断变化的要求，这就注定了体育课程的实施将会受社会要求的影响。此外，体育课程还要适应学生的身心特征和需要，以增进学生的体质健康，这也使得体育课程的实施会受到一定程度的影响。

② 外部环境特征

任何课程的实施都不可能是在封闭的环境中进行的，体育课程尤其是如此。体育课程的实施可能会受到各种外部环境的影响。比如，由于新媒体技术的发展，新闻媒体的宣传可能对体育课程的实施带来更多的影响，某一所学校在体操教学中发生了学生伤害事故，经过媒体的大肆渲染，就可能会使得整个社会对体操类教材的安全性产生怀疑，很多学校也可能会因此减少甚至取消体操类教材的份额。当然，在我国曾经的"应试教育"思想影响下，体育课程本身都受到了很大程度的影响，而备受冷落。

③ 教师的培训

教师是课程实施过程中最直接的参与者，教师的课程观、课程研制水平、课程决策权力和课程改革的态度等是课程实施成功与否的关键。所以，加强体育教师培训，提高他们课程理论水平是体育课程实施的一个重要环节。

④ 课程实施的组织与领导

一方面，体育课程的实施需要各级体育、教育行政部门和学校分管领导的支持与领导；另一方面，体育课程的实施还需要体育教师努力地研读教材，编制课程，这样才能保证体育课程的顺利实施。

4. 体育课程评价

体育课程评价，主要包括3个方面的评价。

（1）对学生课程学习的评价

对学生课程学习的评价必须是全面且科学合理的，因为只有充分利用各种评价手段，准确、科学地评价学生的学习，才能给予学生正确的学习引导，保证他们的学习积极性，使其自觉地投身到学习中去，更好地实现体育课程教养、教育和发展的功能，促进学生的全面发展。

（2）对体育教师的评价

之所以对体育教师进行评价，目的不是比优劣、评职称、发奖金，而是评价体育课程的实施效果，改进在已有体育教学过程中存在的不足，进一步提高体育教学的效果。

（3）对体育课程建设的评价

对体育课程建设的评价，是根据学校教育目标和体育课程目标，对课程开发和实施的情况进行的评价。相对于对学生和体育教师的评价而言，对体育课程建设的评价更倾向于对各种规范性文件、规章制度和课程目标的达成程度进行评价，总结经验、发现问题，找出与理想的体育教学过程存在的差距，并设法在下一步的教学中不断改进。

二、中小学常用体育教材的目标与要求

1. 基本教材

（1）体育、保健基本原理与知识：这部分内容是为了通过体育基础原理和知识的传授使学生更深刻地理解体育对人类社会、对国家、对自己未来生活和工作的重要意义；通过保健与卫生知识的传授使学生认识到健康的重要性和身体健康所需要的环境，掌握一些基础的保健手段与方法。

（2）田径：包括跑、跳、投等。应通过此项教材使学生了解田径运动的基本情况，使学生明白跑、跳、投等的基本原理和特征，掌握一些基础性、实用性较强的田径运动技能，学会用田径运动来发展体能的方法和注意事项，掌握一些基础的田径裁判和组织比赛的常识和技能。

（3）体操：包括技巧、支撑跳跃、单杠和双杠等。通过此项教学内容，应使学生了解体操运动文化的概貌，了解体操运动对人体的锻炼价值和作用，明白基本的体操原理和特征，掌握一些典型的、实用性较强的体操技能并学会用体操的动作来进行体育锻炼和娱乐、竞赛的方法及注意事项，能运用保护与帮助的手法去安全地从事体操运动，并能掌握一些基础的体操裁判和组织比赛的常识和技能。

（4）球类运动：包括足球、篮球、排球、乒乓球、羽毛球、橄榄球、网球等。通过此项教材的教学，应该使学生了解球类运动的概貌和球类比赛的共同特征，较好地掌握1～2项球类运动的基本技术和运用战术的技能，具有能够参加球类比赛、裁判和组织比赛的知识和技能。

（5）健美运动：包括民间舞蹈、健美操、体育舞蹈、韵律操、艺术体操等。此类教材的共同特征是，它们都是将舞蹈、表现与运动相结合，并伴随着音乐的旋律和节奏而进行的运动，是中学生特别是女生比较喜欢的运动。应该通过本教材使学生了解各项内容的基本特征，了解从事这项运动的一些基本原则和规律，掌握一些基本的健美运动的技能和一些实用的套路，并使学生能够自编一些简单的动作和套路，注意通过此类教材改善学生的体态，培养节奏感和身体协调能力。

（6）民族传统体育：包括武术、导引、气功及各民族传统体育内容。武术是中国优秀的传统健身体育运动，锻炼身体效果很好，也受到学生的喜爱；民族传统体育内容的选用既有利于因地制宜进行体育教学，又有利于弘扬民族传统体育文化。要通过此项教材使学生对中国优秀的、丰富的民族传统体育资源有所了解，并懂得用其健身的方法。除此之外，还要使学生在学习技能的同时理解中国的“武德”精神，讲究武术中的礼貌举止，并与爱国精神、民族自尊心的培养结合起来，教会学生基本功和一些主要的动作并使其理解动作的含义。选用各地民族传统体育项目也应使学生对基本的概貌有所了解，并学会其中一些基础的实用的运动技能。

2. 任选教材

通过这部分教材的教学，应该使学生掌握一些与本地区文化背景有关的、有地方特色的、地区社会所需要的体育知识和技能，通过比较多样的体育教材使学生对体育多样化的需求在一定程度上得到满足，也使学生的体育能力得到全面的发展。

要求：这部分教材的选用必须符合选用教材的基本要求，注意其有效性、文化性、实用性。同时，这部分教材的教学要有明确的要求和标准，以使其达到最佳的组合和效果。

【本章总结】

体育课程是实现体育教学目标的基本途径，是学校课程体系的重要组成部分，是以身体练习为主要手段，以各种体育健康知识、技能、身体活动为主要学习内容，以增进学生身心健康为主要目的的综合性课程。体育课程的目标具有多元性和复合性；体育课程的内容具有综合性、实践性、非阶梯性和可替换性；体育课程还具有健身性、娱乐性、教育性的价值；体育课程的组织与实施具有复杂性与多变性。

广义的体育教材，泛指根据体育课程目标而选择的具有一定范围和深度的体育的知识体系和技能体系；狭义的体育教材是指根据体育课程标准要求，而选编的教学材料。体育教材的内涵由教养、教育和发展这 3 个侧面构成，它们之间不是孤立的，而是相互紧密联系的，只有实现了教养侧面、教育侧面和发展侧面相统一的教材才是真正合格的、科学的教材。而在体育教学过程中，体育教师必须对体育教材进行组织和加工，才能真正获得良好的教学成果。

【思考题】

1. 什么是体育课程？体育课程有哪些特性？
2. 体育教材和运动素材二者之间的区别是什么？
3. 体育教材的概念是什么？试述体育教材的内涵。
4. 常见的体育教材分类方法有哪些？简要评述这些分类方法各自的优缺点。
5. 体育教材的组织方法有哪些？结合实际谈谈应该如何组织体育教材。
6. 简述体育课程编制的4个环节。

【参考文献】

［1］毛振明．体育教学论［M］．北京：高等教育出版社，2005.
［2］张人杰．2004教育中国［M］．广州：广东教育出版社，2005.
［3］季浏．体育教育展望［M］．上海：华东师范大学出版社，2002.
［4］赖志奎．现代教学论［M］．杭州：杭州大学出版社，1998.
［5］刘清黎．学校体育学［M］．北京：人民教育出版社，2007.
［6］吴志超、刘绍曾、曲宗湖．现代教学论与体育教学［M］．北京：人民体育出版社，1992.
［7］潘绍伟、于可红．学校体育学［M］．北京：高等教育出版社，2005.
［8］于杰．教学论［M］．长春：吉林教育出版社，1987.

第八章 体育教学方法

【内容提要】

体育教学方法是体育教学论的重要组成部分。学习和研究教学方法，对提高教学质量、更好地完成体育教学任务具有重要的意义。本章阐述了体育教学方法的概念和分类，着重介绍了常用的一些体育教学方法，剖析了选择体育教学方法的基本依据和运用时应注意的问题。

【面授内容】

一、体育教学方法概述

1. 体育教学方法的概念及其作用

（1）体育教学方法的概念

教学方法是体育教学方法的上位概念，因此首先弄清楚教学方法的含义是非常必要的。关于教学方法的概念，至今还是仁者见仁智者见智，不同的学者给出的定义都不尽相同（表 8－1）。

表 8－1　不同学者对教学方法的定义

学者	对教学方法的定义
李秉德	教学方法是在教学过程中，教师和学生为实现教学目的、完成教学任务而采取的教与学相互作用的活动方式的总称
彭勇渭	教学方法是教师和学生为完成教学任务，实现教学目的采用的工作方式或手段
王道俊	教学方法是为完成教学任务而采用的方法。它包括教师教的方法和学生学的方法，是教师引导学生掌握知识技能、获得身心发展而共同活动的方法

续表

学者	对教学方法的定义
关更霞	教学方法是教师为了完成教学任务，实现教学目的，在教学过程中所采用的一系列方法措施
龚正伟	教学方法是师生为实现教学目标和完成教学任务在共同活动中所采用的行为或操作体系。其中既包括教师教的方法，也包括学生学的方法，还包括师生行为活动的顺序

在理解和演绎教学方法的基础上，体育教学方法的概念在不同版本的教材中也出现了多种不同的定义（表8－2）。

表8－2　不同的教材对体育教材学方法的定义

教材	对体育教学方法的定义
《学校体育学》（人民体育出版社，1996）	体育教学方法是体育教学过程中完成教学任务所采取的教学途径和手段
《体育教学论》樊临虎（人民体育出版社，2002）	体育教学方法是指在体育教学过程中，教师指导学生为达到一定的教学目标所进行的一系列活动方式、途径和手段的总和
《体育教学论》毛振明（北京体育大学出版社，2005）	体育教学方法是在体育教学过程中，教师与学生为实现体育教学目标和完成体育教学任务而有计划地采用的、可以产生教与学相互作用的、具有技术性的教学活动的总称。体育教学方法主要包括教学方略、教学技术和教学手段三个主要的层次
《学校体育教程》刘海元（北京体育大学出版社，2011）	体育教学方法是在体育教学过程中，教师和学生为实现体育教学目标、完成教学任务而采取的有效活动的行为方式的总称
《学校体育学》潘绍伟、于可红（高等教育出版社，2005）	体育教学方法是在体育教学过程中，为实现教学目标，教师组织学生进行学习活动所采取的教与学方式的总称

基于以上各种表述，我们将体育教学方法界定为：在体育教学过程中，教师与学生为达到一定的教学目标、完成教学任务所采用的方式、途径和手段。它既包括教师教的方法，又包括学生学的方法。

（2）体育教学方法的作用

体育教学方法是体育教学过程的重要构成因素之一，它关系着是否能够完成教学目标，以及完成效果的好坏，对体育教学过程其他要素起着重要的作用。其作用主要有：

①体育教学方法是教师教与学生学的桥梁和中介。体育教学过程是为达成一定的体育教学目标教师和学生共同参与的双边活动。在这个过程中，教师教的活动和

学生学的活动（包括直接的和间接的），都离不开一定的教学方法。体育教师在考虑安排体育教学方法时，不仅要考虑到自己的教法，而且要考虑学生的学法。通过有效的教学方法将教师的教学活动与学生的学习活动有机地联系起来，成为共同实现体育教学目标的活动。

②体育教学方法能够促进教学活动更好地开展。体育教学过程是由教学目标、教学内容、教师、学生、教学手段等要素组成的，一个好的教学方法能够影响体育教学整体功能的实现。在实际教学中，各要素之间会发生各种不同形式的相互作用，从而产生了教学的不同结构和特点，如何恰当地组织教学的各因素、它们逻辑顺序怎样、各顺序如何科学地转化等问题，都可以通过运用不同的体育教学方法解决，从而促进教学活动更好地进行。

③体育教学方法是提高体育教学质量的重要保证。体育教学方法是体育教学过程的基本构成要素之一，它直接关系着其他要素作用的发挥。特别是教学目标能否实现以及能否达到预期的效果，体育教学方法起着决定性的作用。在体育教学过程中，教师主导性和学生主体性的发挥，不同的教学内容、教学环境的创建等都与体育教学方法的选择和运用有关。所以，科学地研究、解决教学方法问题，能够提高教学效果，从而更好地培养人才。

④体育教学方法可以有效地提高学生体育学习的积极性。体育教学方法选用得当能激发学生积极的学习动机，维持学生的注意和兴趣，有效地把感知、思维与练习紧密结合，强化和调节学生的行为，给学生的学习带来满足感。好的教学方法还有利于发展学生的智力、思维方式和练习方式，从而极大地提高学生学习的积极性，提高学生的学习效率和学习质量。

2. 体育教学方法的基本特性

（1）实践性

体育教学方法的运用是在体育教学实践活动中体现的，它是与体育教学实践紧密联系的。体育教学方法是否运用得当，可以通过体育教学过程中学生的身体练习情况以及情绪表现出来。学生只有通过具体的实践活动，才能掌握动作技术的概念和形成运动技能。体育教学方法的使用反映了教师的教学思想和能力水平，具有一定的实践技巧性。

（2）双边性

在体育教学过程中，既包括教师的教，也包括学生的学，教师的教是在充分发挥学生主体性基础上的教，学生的学是在教师指导下的学，是一种双边活动。教师的教与学生的学之间的桥梁和中介就是体育教学方法。体育教学方法具有双边性，它既包括教师教的方法，也包括学生学的方法。在体育教学过程中，教师教的方法制约着学生学的方法，学生学的方法也影响着教师教的方法。

（3）整体性

体育教学方法体系是由不同的教学方法组成的，每一种方法都有其独特的功能和使用范围。在体育教学过程中，各种具体的体育教学方法彼此联系、密切配合、互相补充、不可分割，为提高体育教学的效果发挥着不同的作用。因此，在具体运用体育教学方法时，体育教师应看到各种方法的不同效能以及它们之间的相互作用，根据教学的需要，选用不同的教学方法，使其相互配合，发挥其整体效应，提高教学效果。

二、常用体育教学方法及其应用的基本要求

1. 以语言传递信息为主的方法

它是基本的教学方法之一。以语言传递信息为主的教学方法，是指教师在体育教学中，以语言为主要手段、指导学生学习体育内容、掌握运动技术及技能的方法。在体育教学过程中，以语言传递信息为主的方法包括讲解法、问答法和讨论法。

（1）讲解法

讲解法是教师用语言对教学内容进行解释、说明和论证的一种讲授方式，是一种主要的、普遍的教学方法。在体育教学中，教师主要是通过简明、形象、生动的口头语言向学生系统地讲授体育知识、技术的方法。通常，讲解的内容包括体育基本知识、技术动作的规格和标准、技术动作的基本规律、技术动作易犯的错误、技术动作的关键环节等。在运用讲解法的过程中，体育教师应注意以下几点要求。

①讲解应注意目的明确，有针对性。教师的讲解应根据既定的教学内容、任务、要求进行，在教学过程中，针对学生在学习过程的具体情况进行详略得当的集体讲解或个别指导。

②讲解要精炼准确。在保证讲解内容正确的基础上，尽量做到精练准确。要做到精讲，教师就要认真钻研教材，熟练掌握运动技术的方法、环节及要领，并且要将教材内容与学生实际已有的知识水平结合起来，明确讲解的重点和难点，以及讲解的深度和广度。

③讲解要生动形象。讲解时要正确使用体育专业术语，广泛采用比喻、口诀、歌谣、概要等形式生动形象地进行讲解。生动形象的讲解有利于激发学生的学习兴

趣和动机，启发学生思维，强化记忆，引起学生共鸣，从而提高教学效果。

④讲解要富有启发性。

讲解时要注意启发学生积极思维，利用设置问题等手段使学生将听、看、想、练结合起来，充分利用各种感官，使学生学习运动技术不仅知其然，而且知其所以然，从而达到最好的教学效果。

⑤要注意讲解时机和效果。体育教学中，不同的教学阶段，教师要针对具体情况，选择恰当的讲解时机和不同的讲解方式。例如，课的开始阶段，教师宣布课的教学目标、内容时，语言要精练、果断；在分析动作要领时，对技术的重点、难点可适当详细一些；而当学生正在做练习特别是静止用力时，以及教师背向学生或调动队伍时，除了适当做简短的指示外，一般不做具体讲解。

（2）问答法

问答法，也称为提问法或谈话法，是教师和学生以问答的方式完成体育教学的方法。教师提出问题，引导学生积极思考，发表其见解和认识，以获得新知识或巩固原有知识的方法。可分为启发式问答和再现式问答。启发式问答常用于传授新知识。由教师提出问题，启发学生运用现有知识，通过联想思考，按照自己的认识回答问题，然后由教师补充或修正，做出明确答案，从而使学生获得知识。而再现式问答常用于巩固旧知识。通过问答，使学生再现学过的知识，达到复习巩固的目的。

在体育教学过程中，运用问答法，它的优点是能够启发学生的思维，培养学生的思考能力和语言表达能力，同时也能唤起和保持学生学习的注意力和兴趣。由于体育教学的特点，体育教学过程中运用问答法时应注意以下几点。

①教师必须熟悉教材，有较渊博的知识，还要有较高的教学艺术，善于启发诱导；而学生也必须具备一定的基础知识、实际经验和分析能力。

②所提问题应紧扣教材，难易适当，立意明确，有启发性，求答范围清晰，并准备好正确的答案，问答后要及时小结。

③体育教学中问答用简短的语言来进行，不能有太长时间的讨论。

④要了解学生的知识结构、课堂纪律、平时发言等情况，注意提问的方式与技巧；要鼓励学生大胆发言，不宜批评。

（3）讨论法

讨论法是指学生在教师的指导下，就教学中的某一问题进行独立钻研，共同进行讨论、辩论，以获取体育知识或掌握运动技能的一种教学方法。

在体育教学过程运用讨论法，能更好地发挥学生的主动性、积极性，也有利于培养学生独立思维能力及口头表达能力。同时还可以激发学生的学习兴趣，提高学习积极性。需注意的是在运用讨论法时，参与讨论的学生应具备一定的学习基础和独立思维能力，教师要提出讨论的题目和讨论的具体要求，并指导学生阅读课文或参考材料，或进行调查访问，认真准备讨论意见。具体需注意以下几项要求。

①讨论的问题要有吸引力。

②要善于在讨论中对学生进行启发引导。

③做好讨论小结。

2. 以直接感知为主的方法

以直接感知为主的方法，是指教师通过自身、教具等演示规范技术动作，使学生利用各种感官直接感知正确的运动技术动作及相关知识的教学方法。其具体包括动作示范法、演示法、纠正动作错误与帮助法等。

（1）动作示范法

动作示范法是教师（或教师指定的学生）通过演示规范技术动作来指导学生进行学习的方法。

动作示范法是体育教学中最基本、最重要的直观方法，通过教师的示范，学生能直观了解所学动作的表象、顺序、技术要点及动作特征等。正确、优美的示范有利于学生建立正确的动作形象，也有利于提高学生的兴趣，以及激发学生的学习愿望等。学生看到教师的示范感到跃跃欲试，同时还可以提高教师的威信。体育教学中动作示范的主要形式有正面示范、侧面示范、背面示范、镜面示范、完整示范、局部示范、常速示范、慢速示范、静止示范等。

运用动作示范法时应注意以下几点要求。

①示范要有明确的目的，突出重点。教师每次示范都应有目的性，需根据教学任务、教学步骤及学生的具体情况来安排示范的时机、速度等。例如，在教新教材时，刚开始为了使学生建立完整的动作概念，可以先做一次完整的、常速的示范；接下来指导学生学习该项技术动作时，可采用慢速示范。而在学生学习的过程中，为纠正学生的错误动作，采用分解示范或静止示范，以保证学生能集中注意力观察对比正误动作，明确学习重点和难点。

②示范动作要求正确、熟练、合理。正确、熟练是指示范按照动作的规格要求完成，力求准确、熟练、轻快、优美，给学生建立一个完美的动作形象。合理是要求教师的示范动作符合学生的实际水平，不应低于或高于学生的需要。示范动作做得优美，也有利于激发学生的学习动机。

③示范的位置和方向要利于学生观察。在体育教学过程中，教师在进行动作示范时，应尽量使每个学生都能够看清教师的示范动作，这里就需注意示范的位置和方向。教师示范的位置主要受学生的队形、动作结构、场地器材条件及安全的要求等因素影响。在室外场地上授课时，教师的示范位置还要注意让学生背风、背对或侧对太阳以及背对干扰，示范投掷教材时还要考虑安全因素。

在体育教学过程中，教师在运用动作示范法时，还应根据不同的教学任务、教学步骤以及学生的具体情况，正确地、灵活地运用镜面、侧面、正面和背面示范。如体育教学中为了显示做动作时的面部表情、手臂动作及动作的左右距离，可采用正面示范；为了显示动作的前后变化，可采用侧面示范；对方向、路线变化比较复杂的动作，可采用背面示范；对于动作技术结构简单、学生易于模仿的练习，比如广播体操、徒手操等可采用镜面示范。除此之外，对一些方向、路线、结构特别复杂的动作，还可以采用多面示范进行教学。总之，在体育教学中，不论采用哪种示范面进行教学，都应尽量使每个学生都能够看清楚。

④示范与讲解相结合。在体育教学实践中，示范与讲解经常是结合起来使用的，这样有利于直观与思维的紧密结合，有利于学生更好地掌握技术动作。示范与讲解结合的形式根据教学任务、练习的内容和学生的特点不同而有所不同。可采用先讲解后示范、先示范后讲解、边讲解边示范的 3 种不同方式。示范与讲解相结合，有利于充分发挥学生的视觉听觉等感知觉的能力，有利于直观和思维紧密结合，提高教学效率。

（2）演示法

演示法指教师在体育教学中，通过呈现实物、模型、图片等直观教具或通过现代化教学手段指导学生掌握知识的教学方法。它与讲解法、问答法等教学方法的结合使用教学效果更佳。

在体育教学过程中，演示常用的教具有可活动的人体模型、战术板、图片和图画，以及幻灯、电影、计算机等。演示法不仅能提高学生对所学运动技能的感性认识，而且还能激发学生学习的兴趣，提高体育学习的效果。

运用演示法需注意以下几点要求。

①事先做好准备工作。教师在体育教学中运用演示法时，要根据体育教学任务的需要和学生的实际情况，有明确的目的，做好必要的准备，如体育中的道具制作与准备、演示时机和程序的设计等。

②引导学生进行有效的观察。演示前教师做好充分准备，向学生提出问题，引

导学生有目的、有重点地去观察和思考。引导学生把感知与理解紧密地结合起来，借这种实践活动教给学生观察的顺序与方法，培养学生在运动学习中的观察能力。

③做好总结。每次演示结束后，通过问答、练习和讨论等多种方式，组织和引导学生把观察得到的感性认识上升为理性认识，把观察到的结果与之前的学过的知识联系起来，把偶然观察到的结果与必然的规律联系起来，从而使演示真正起到获得感性认识、验证和理解知识的作用。

（3）纠正错误动作与帮助法

纠正错误动作与帮助法是体育教师为了纠正学生的动作错误、帮助学生掌握正确的技术动作所采用的教学方法。在体育教学中，纠正错误动作和进行帮助时，体育教师须分析出产生错误的原因，然后针对原因选用适合的方法予以纠正和帮助。依据产生动作错误的不同原因，体育教师经常采取的手段措施有强化概念、变换练习内容、降低练习难度、信号提示和外力帮助等。在体育教学实践中，运用纠正动作错误与帮助法时应注意以下几点要求。

①指出动作错误之时，注意指导的语言。可通过先肯定学生进步再指出错误的方式，有利于学生接受意见，增强学生改错的信心，切忌讽刺和挖苦学生。

②抓住主要的动作错误进行纠正，有时主要的动作错误被纠正了，相关的动作错误也会随之消除。

③要合理运用各种教学方法纠正动作错误，教师也可以根据实际情况创造自己的纠错方法。

3. 以身体练习为主的方法

以身体练习为主的体育教学方法，是指通过身体练习的方式使学生掌握运动技能、进行身体锻炼的教学方法。它是体育教学方法体系的重要组成部分，是完成体育教学任务的主要途径。以身体练习为主的体育教学方法具体包括分解练习法、完整练习法、领会教学法等。

（1）分解练习法

分解练习法是指把完整的动作合理地分成几个部分或几个环节，然后按部分或环节依次进行练习，直至最后完整地掌握动作的方法。分解练习法通过分解动作学习有利于加强动作困难部分的学习，提高学习的信心；不足之处是不利于学生对完整动作的领会，容易造成动作各部分连接失调。分解练习法运用的条件是：技术动作比较复杂，用完整法教学不易掌握，能够分解动作的情况，或是动作的某部分需要较细致地进行学习。

运用分解法应注意以下要求。

①动作的划分要准确、合理，尽量做到不影响动作的结构特点和不破坏动作各个部分的有机联系，而且应考虑学生的学习水平和接受能力。

②分解练习时，应使学生明确所划分的环节或部分在完整动作中的地位和相互联系。

③分解法要与完整法结合运用。将动作进行分解教学是为了使学生完整地掌握动作，因此，运用分解法时，学生基本掌握各部分动作了就应与其他环节或部分连接起来进行练习。

（2）完整练习法

完整练习法是从动作开始到结束，完整、连续地进行教学和练习的方法。它有利于学生完整地掌握动作，不破坏动作的结构和割裂动作之间的联系，不足之处是学生不易很快掌握动作的关键和难点。完整法运用的条件是：动作比较简单；动作虽然复杂、但无法分解，分解就会破坏动作结构。

运用完整法有以下几点要求。

①对于简单动作或比较容易掌握的动作，教师在讲解、示范后，让学生直接进行完整练习。

②对于比较复杂的技术动作，应先让学生掌握动作的基础部分，再掌握动作的细节。教学的步骤可以是，开始先让学生粗略地掌握整个动作过程，然后逐步突出动作的主要环节，应注意动作的各个要素，如方向、路线、节奏等。接下来要求学生注意动作的细节，以便完整、准确地掌握动作。在教学的过程中，教师要明确技术动作的主要环节和细节，在学生完整练习的过程中，应适时地提出要求。

③根据实际情况，适当降低动作难度，简化动作要求。在运用完整练习法进行动作教学时，可先简化动作的要求，或采用相应的手段降低难度，以利于学生掌握动作。

④采用多样的辅助练习和诱导性练习。

（3）领会教学法

领会教学法是引导学生对某一项目及其比赛规则进行了解和体验，最终使其掌握主要运动技术的教学方法。它通常应用于球类项目的教学，以“项目介绍”和“比赛概述”开始，即使学生一开始就对该运动项目有一个全面的了解。领会教学法与传统的技能教学不同的是：教师不是从基本的动作教起，而是首先对学生进行“战术意识培养”。教师在战术介绍后，结合实战向学生演示一些应对场上复杂情况的方法，对学生进行“瞬间决断能力的训练”，培养学生全面观察情况，把握和判断时机以及应变能力，使学生最终可以根据所学的技术和战术，判断出“做什么”和选择最佳的行动方案——“如何去做”。

领会教学法的另一个特点是，将过去的“从局部开始分解教学”改变为“从整体开始教学再到局部，再回到整体教学”。这个教学过程有利于使学生从一开始就“领会”到项目（特别是集体性的球类项目）的概况，并较快地形成球类意识和战术概念等。

运用领会教学法应注意以下要求。

①强调从战术意识入手，把战术意识贯穿在各个教学环节中。

②要突出主要的运动技术，可忽略一些枝节性的运动技术。

③合理运用比赛的形式，在比赛和实战中培养学生对项目的理解，教学从“尝试性比赛”开始，以“总结性比赛”结束。

4. 以情景和竞赛活动为主的方法

以情景和竞赛活动为主的体育教学方法是指教师在教学中创设一定的情境和比赛活动，使学生通过更生动的运动实践，陶冶他们的性情、提高运动能力、提高运动参与兴趣的体育教学方法。

以情景和竞赛活动为主的体育教学方法有运动游戏法、运动竞赛法、情景教学法等。

（1）运动游戏法

运动游戏法是在体育教学中，运用游戏的内容、方法组织学生进行练习的方法。游戏法的特点就是有一定的竞赛因素和情节，在规则许可的范围内，可以充分发挥游戏者的主动性和创造性，以达到游戏所规定的目标，因而在教学中正确地运用游戏法对完成某些教学任务具有重要的意义。游戏的内容和形式多种多样，游戏中的情节和竞争、合作等要素可以帮助体育教师在学习的过程中培养学生思考和判断能力，陶冶学生的情操，对学生进行心理锻炼等。

运用游戏法应注意以下几点。

①选择游戏应按教学的意图和计划，应有助于教学任务的完成。

②选择游戏法的内容与形式，应根据发展体能的需要，要有明确的目的，并采取相应的规则和要求，才能取得预定的效果。

③应教育学生严格遵守规则，同时鼓励学生在规则许可的范围内，充分发挥自己的主动性和创造性去争取优胜。

④在游戏时裁判应认真、严格、公正、准确，只有客观评定游戏的结果，监督不良行为，才能激发学生参加游戏的兴趣。

⑤要布置好游戏的场地与器材，加强游戏的组织工作。

⑥游戏结束时，要做好讲评，指出优点与缺点。

（2）运动竞赛法

运动竞赛法是指通过组织学生比赛的形式进行技能学习和练习的教学方法。其主要特点是有组织性、竞争性强、学生参与积极性高。运动竞赛法有利于学生个性的展现，也有利于学生团队意识的形成，而且能使学生最大限度地表现出身体机能能力，有利于学生身体素质的不断提高。体育教学中采用比赛法的形式多种多样，按比赛的目的分，有游戏比赛、教学比赛或专门组织的测验比赛；按参与人员分，有个人与个人的比赛、小组与小组的比赛。按教学的具体任务和动作的性质，有比快、比高、比远的比赛，比完成动作质量或教学组织纪律性的比赛。在体育教学过程中，教师可根据教学实际情况，正确灵活地运用各种比赛形式和方法，以实现提高教学效果的目的。

运用运动竞赛法应注意以下几点。

①要依据教学目标、教材性质、教学过程的时机、学生的技能熟练程度和场地器材的条件等合理地运用比赛的方法，如果运用不合理反而会影响教学、影响学生技能的提高。

②分队比赛时，各队实力应大致相等。包括各队技术水平、人员配备水平应接近，使用的器材设施应基本一致。只有在实力均衡和条件相当的情况下竞争，才能充分调动每个学生的积极性，比赛也才能更激烈而有趣。

③比赛时，体育教师要注意严格控制与调节学生的运动负荷。可采用不同的比赛分组和轮换形式，使学生既能公平比赛，又不过度劳累。

④评定比赛成绩做到准确、公正。对比赛结果的合理评定有利于调动学生积极性和培养其良好的道德品质。教师可利用比赛对学生进行多方面教育，培养学生良好的体育风格和道德品质。

（3）情景教学法

情景教学法是指在体育教学过程中，教师有目的地引入或创设具有一定情绪色彩的、以形象为主体的生动具体的场景，以引起学生一定的情绪及态度体验，从而引导学生掌握运动技能、完成动作练习，使学生的心理机能及社会适应能力能够得到发展的教学方法。

情景教学法主要适用于小学低、中年级学生，符合低年级学生热衷模仿、想象力丰富、形象思维占主导的年龄特点。这种方法主要遵循低年级学生认识和情感变化的规律，可采取在教学过程中设定一个“情景”，甚至由一个“情景”来贯穿整个单元和课的教学过程。通过这样的设置，使学生积极主动地学习和练习用情节串联起来的各种运动。在运用情景教学法时，应多配合讲解（讲故事）、情景诱导、保护与帮助的方法来进行。

运用情景教学法应注意以下几点。

①活动前，要进行情景诱导，使学生“入景”，提高学生对“当前课题”的兴趣。

②活动中，要不断激发学生强烈的情感反应。教师要善于利用各种情境，运用不同的教学方法和手段，不断调动学生的积极性，激发学生的参与热情。

③活动后要及时进行总结，可采取总结、讲解和讲评等方式。

5. 以探究活动为主的方法

以探究活动为主的体育教学方法主要包括发现法、小群体教学法。

（1）发现法

发现法，亦称假设法或探究法，是指在学生学习体育概念和原理时，教师通过给学生一些事例和问题，引导学生进行观察、验证性活动、思考、讨论等，学生独立地探究学习，自行发现并掌握相应的原理和结论的一种方法。

发现法的指导思想是以学生为主体，在积极自主的活动中，学生掌握、认识和解决一些问题，形成自觉主动地探究学习的态度和能力，学习研究客观事物的过程，提高发现事物发展的起因和事物内部联系的能力。在体育教学中，运用发现法有利于激发学生学习兴趣、培养学生解决问题的能力，有利于发展学生创造性思维品质和积极进取的精神。不足之处是运用发现法进行教学花费时间较多，而且学生应有一定的逻辑思维能力和知识储备，还需要逻辑较严密的教材和素质较高的教师。

在体育教学中，运用发现法的基本过程如下。

①创设问题情境，向学生提出要研究的课题。

②学生通过查阅相关资料，对提出的问题做出各种可能的假设和答案。

③学生从理论上或实践上检验假设，如有不同观点可以展开争辩。

④对结论做出补充、修改和总结。

运用发现法进行体育教学时应注意以下几点要求。

①依据教材特点和学生实际，确定探究发现的课题和过程。

②教学组织要严密，积极引导学生的发现活动。

③尽力创设一个有利于学生进行探究发现的良好情境。

（2）小群体教学法

小群体教学法，是在体育教学中，为了解决或研究共同的课题，一定数量的学生组成一个学习集体，通过学生之间的互帮互助及共同讨论学习，共同完成学习任务的教学方法。这种教学方法有利于提高学生的学习主动性，提高学习的质量，培养学生社会适应性。

需要指出的是，小群体教学与以往的分组教学不同，它是依据体育教学中的集体形成和人际交流的规律性来设计的，小群体不是简单的人员组成，而是一个集体。

运用小群体教学法时，一般是在单元的开始就有一个分组和形成集体的过程。在这个过程中，小组逐渐形成一定的凝聚力和各自的学习目标。在具体操作时，一般在单元的前半部分是以教师指导性较强的小组学习形式为主，开展学习活动；而在单元的后半部分，一般以学生主体性较强的小组学习为主，开展练习和交流活动；最后在单元结束时，一般有小组间比赛、小组总结、发表和全班总结等步骤。

三、体育教学方法的选择与运用

1. 体育教学方法的选择依据

在体育教学过程中，教学方法是重要的构成因素，在选择教学方法时，一定要坚持整体性的观点。既要注意看到各种教学方法之间的联系，也要注意教学方法与教学活动其他构成因素之间的联系。在体育教学过程中综合考虑各种因素，才能选择出最佳的教学方法，从而实现预期的教学目标，达到最好的教学效果。选择教学方法，具体可以依据下列标准。

（1）依据体育教学目标和任务来选择教学方法

在体育教学过程中，教学目标和任务是选择教学方法的重要依据。教学目标和任务，需要有适当的教学方法来完成。例如，学期的、单元的、课时的等不同层次的体育教学目标，选用的体育教学方法也会有所不同。体育教学目标确定以后，要分析出需要完成的相应的教学任务，根据教学任务和教学实际情况，选择最佳的完成教学任务的方法和途径。例如，新授课的体育教学目标主要是以学习新的体育知识技能为主，选择的教法主要应以讲解法和动作示范法为主；而复习课或发展身体素质的课，则选择以身体练习为主的教学方法。

（2）依据具体的教学内容选择教学方法

教学内容是体育教学过程的重要构成因素，教师和学生的所有活动都是围绕着教学内容进行的。不同的教学内容，在教学方法的选择和运用上也会有所差别。如球类项目可多采用领会教学法；一些集体项目很适合用小群体教学法；发展身体素质的一些教学内容就可以采用以身体练习为主的教学方法；游戏性质的教学内容可以采用运动竞赛法和情景教学法等。

（3）依据学生实际特点选择教学方法

在体育教学实践中，学生是主体，教师是主导。教师要做到因材施教，首先要了解学生的年龄特点、学习基础等。不同年龄阶段的学生，在智力发展水平、心理特征、认知方式等方面都有所不同。而学习基础不同，学生现有的知识水平，学习动机及学习习惯等方面都会不同。因此，体育教师在选择教学方法时，要充分考虑学生的这些差异和特点，才能达到最好的教学效果，如情景教学法适合于小学低年级的体育教学；而以探究活动为主的体育教学方法要求学生具有一定的逻辑思维能力，一般适合中学及大学阶段的体育教学。

（4）依据实际教学条件选择教学方法

体育教学与其他科目教学不同，运动技术的教学需要特定的场地设施、器材等教学条件。教学条件的好与坏制约着在体育教学实践中对教学方法的选择与运用。例如，在运用演示法进行体育教学时，就要考虑可以利用的教学设施有哪些，如多媒体、演示板、模型、图板等。教师选择教学方法时，要在现有条件的基础上，最大化地利用好教学条件。

（5）依据教师素质选择教学方法

教师是体育教学过程中重要的构成因素，因个人素质或素养不同，在教学过程中选用的教学方法也会有所不同。教师素质主要表现在个性特征、思维品质、表达能力、教学风格、教学组织与管理能力等方面。例如，语言表达能力强的教师，可以采用以语言传递信息为主的教学方法，适当地辅以其他教学方法；运动技能好的教师，可多采用动作示范法，适当辅以讲解法等其他教学方法等。总之，体育教师在选择教学方法时，应该做到扬长避短，根据自己的实际情况，选择最佳的教学方法，逐步形成自己的教学风格。

2. 体育教学方法的有效运用

根据相关的条件，体育教师选择出适当的体育教学方法以后，在具体的教学实践中还要能够有效地运用所选的教学方法。运用体育教学方法应注意以下问题。

（1）运用体育教学方法必须坚持以启发式为指导思想

在体育教学过程中，体育教师应依据学习过程的客观规律，将启发式教学思想贯穿各个教学环节，在具体运用各种教学方法或手段，充分调动学生学习的积极性和主动性，充分发挥学生的主体性作用，促使学生自觉地思考问题，自觉地进行运动技术学习和练习。体育教学方法虽然有不同形式和类型，其理论依据和出发点也不同，但是其指导思想是相通的，具有启发性，这是现代体育教学方法的总特征。

（2）运用体育教学方法应注意师生双方的协调互动

现代体育教学过程，是师生共同构成的一个活动过程。体育教学方法运用的时候，既要注意教师教的方法，也要注意学生学的方法。教师要通过有效地运用体育教学方法，将知识技能传授给学生，这是如何教的问题；学生也需要在这个过程中，通过适当的学法有效地学到知识技能，这是如何学的问题。在体育教学过程中，运用教学方法时，既要涉及教师的教法，也要涉及学生的学法，只有这样，才能真正实现体育教学师生双方的互动协调活动，从而取得最佳的教学效果。

（3）应注意综合运用多种教学方法

体育教学方法体系是由多种教学方法组成的，在具体的教学实践中，体育教师通常是综合运用多种教学方法的，而不会仅仅使用某一种。在运用体育教学方法的过程中，根据每种教学方法的适用条件和特点，结合教学实际，有目的、有选择地运用体育教学方法，各种教学方法有机结合和相互配合，有利于发挥教学方法体系的整体性功能。此外，每种教学方法都有自己的优势与局限性，综合运用多种教学方法，能使各种教学方法相互补充，实现最优化的教学效果。

（4）应重视加强学生的学法指导

体育教学过程是一个师生互动交往、共同发展的过程。在这个过程中，学生是学习的主体。应用体育教学方法时，要注意加强学生的学法指导，充分调动学生的学习积极性和主动性，才能达到最好的教学效果。在具体体育教学实践中，教师要引导学生学会学习。可以通过指导学生学会动作示意图并进行模仿练习等，提高其自学、自练能力；通过指导学生掌握自我检测技术动作正误的方法，提高学生发现错误和纠正错误的能力等。

（5）坚持灵活、创造性地使用教学方法

在体育教学实践中，教师应根据教学实际需要，灵活地选用体育教学方法。不同的教学目标、不同的教材以及面对不同的学生，教师选用的教学方法可能都不一样。特别是在现代体育教学过程中，新兴的体育项目不断进入体育教学课堂，如瑜伽、轮滑、跆拳道、散打等项目，都是以往的体育课堂上少见的。因此，面对新的教材内容，体育教师不但要灵活选用教学方法，而且要在不断的教学实践过程中创造性地运用和发现新的教学方法。只有这样，体育教学实践才能做到与时俱进，才能更好地适应学生的学习需求，进一步提高教学效果。

【自学内容】

一、体育教学方法的分类

体育教学方法，简单地讲就是体育教学过程中，完成教学任务的途径、手段和方式。从其包含的内涵上来讲，它又有广义和狭义之分。广义的体育教学方法，涵盖的内容比较大，分为 3 个层次：体育教学策略、体育教学技术和体育教学手段。其中，我们通常说的体育教学方法多是指体育教学技术，即狭义的“体育教学方法（技术）”，它是广义体育教学方法 3 个层次中最核心的部分，也是体育教学方法分类问题中最重要的部分。

关于体育教学方法的分类，依据不同，分出的类别也不同。例如，依据体育教学目标的要求，体育教学方法分为 4 类：一是体育教学中的教育方法；二是掌握体育知识、技能的教学方法；三是体育教学的身体练习方法；四是体育教学中发展学生个性的方法。依据体育教学方法在不同教材内容中的普适性分为普通体育教学方法（讲解法、动作示范法、练习法、程序教学法等）、各项教材的具体教学方法（短跑教学法、跳高教学法、游戏教学法等）。除此之外，还有依据教学活动的主体性的分类，依据教学任务的分类，依据师生之间信息传递的信息方式的分类等。

经过对各种体育教学方法分类进行比较和分析后，按照现代体育教学理论对教学方法的界定，教学方法既包括教师教的方法，也包括学生学的方法。我们将体育教学方法按照其外部形态特征或信息传递途径和这种形态下的学生认识活动进行分类，这样分类的具体原因如下。

（1）在体育教学中使用的各类教学手段和信息途径本身就是教学方法的重要构成因素。

（2）这种方法可以把各种体育教学方法进行充分的分类和整理，常用的一些教学方法都包括在内，更加有利于广大教师选择和运用。

（3）这种分类同时关注教学方法的外部特征和学生学习活动的内部过程，有利于在体育教学过程中充分发挥学生的主体性。

（4）对信息传递途径的分析有利于揭示教和学之间的联系。有利于教师充分发挥主导性，在体育教学实践中有针对性地选用教学方法。

（5）在体育教学实践中，各类教学方法是相互联系，紧密配合，整体发挥效能的。教学方法的优劣都是相对而言的，只是依据教学目的与任务的不同有所侧重而已。因此，在表述教学方法的类别时，采用“以……为主”来表示。

出于以上这些问题的考虑，我们把我国学校体育教学中比较常用的体育教学方法分为：（1）以语言传递信息为主的体育教学方法；（2）以直接感知为主的体育教学方法；（3）以身体练习为主的体育教学方法；（4）以情景和竞赛活动为主的体育教学方法；（5）以探究性活动为主的体育教学方法等5类。

二、体育教学方法发展趋势

1. 体育教学方法的运用多样化

随着我国体育教学改革的不断深入，体育教学也在不断发生变化：教学目标的不断拓展，师生关系的重新界定，教学内容的不断充实，教学条件的不断改进，教学评价更加科学化，等等。体育教学方法作为体育教学过程重要的构成因素，由于其他要素的不断改变，也相应地逐渐走向多样化。随着新兴的教学内容出现，相应地会有新的教学方法进入体育课堂；场地设施、器材等教学条件的改变，使教学方法也有了更多的选择。除此之外，整个教育教学论的发展，也对体育教学方法的多样化发展产生了重要的影响。因此，当前体育教学方法改革与发展的趋势之一就是多样化。

2. 体育教学方法向主体化方向发展

体育教学改革以来，倡导以学生为主体、以教师为主导的体育教学实践，体育教学方法不再单单是教师教的方法，也应包括学生学的方法。体育教学方法的概念有了新的内涵。体育教学方法逐渐向主体化方向发展，即在体育教学过程中，教师的教是为了学生的学，不但要教会学生知识技能，更要教会学生如何学习。在教学过程中，还要通过教师的教充分调动学生的学习主动性，发挥其主体作用，让学生从“要我学”转化成“我要学”。因而，新课标提出来要“教会学生学习”和“使学生学会学习”。新课标强调学生在教学活动中的重要作用，强调教师通过有效的方法培养学生的积极思维和主动性、独立性、创造性，使学生主体作用得到最大限度发挥。

3. 体育教学方法向心理化方向发展

现代体育教学过程，不仅是学生学习和掌握知识技能的过程，也是一个心理发展逐渐成熟和完善的过程。新课标对体育教学的重新定位是既要有运动方面的内容，也要有健康方面的内容。健康方面很重要的一个方面就是心理健康与社会适应。在体育教学过程中，要实现学生心理健康发展，就需要有相应的体育教学方法。而且，科学实践证明：在愉快的情绪中，学生感知比较灵敏，记忆比较牢固，想象比较活跃，学习效果好。反之，消沉的情绪和不良的心理定式，则会引起学生紧张、苦闷，影响动作技能和条件反射的形成和建立，会延缓教学过程，影响教学质量的提高。因此，现代体育教学法强调激发、利用和发展学生的情感，要求教学方法为教学创造一种健康、良好的课堂气氛，如暗示教学法就很注意情感因素的体育教学效果，要求在轻松愉快的气氛中学习，消除紧张和精神压力，以达到可能的预期效果。

4. 现代教学手段和方法不断增多

现代教育教学手段的发展，也丰富了体育教学方法和手段，如幻灯、投影、录像、电影、电视、电脑等现代教学手段。这些新的教学手段的使用，推动了教学方法的革命，特别是现代化教学手段的视听设备日益自动化、微型化、智能化、综合化，教学手段的使用范围日趋广泛。现代教学手段的应用，可以在保证教学质量条件下，更节约教学时间，提高教学效率，如通过观看教学录像电视、多媒体，使学生对技术动作有一定直观的认识。教师可以运用体育课备课软件，节省更多时间；教师运用运动会编排软件，不仅可以省时省力，还可以从繁重的任务中摆脱出来等。

【本章总结】

体育教学方法是指在体育教学过程中，教师指导学生为达到一定的教学目标所进行的一系列活动方式、途径和手段的总和。它具有实践性、双边性、整体性、继承性、发展性等基本特性。常用的体育教学方法有以语言传递信息为主的、以直接感知为主的、以身体练习为主的、以情景和竞赛活动为主的、以探究活动为主的等5种体育教学方法。每种体育教学方法在其应用时都有基本要求，依据一定的要求进行选择运用，才能达到很好的教学效果。

【思考题】

1. 简述体育教学方法与教学内容的关系。
2. 简述当代体育教学方法发展的主要特点。
3. 我们应如何对待新的教学方法?
4. 体育教师应如何根据自己的特点运用教学方法?

【参考文献】

[1] 樊临虎. 体育教学论 [M]. 北京：人民体育出版社，2002.

[2] 毛振明. 体育教学论 [M]. 北京：高等教育出版社，2011.

[3] 刘海元. 学校体育教程 [M]. 北京：北京体育大学出版社，2011.

[4] 邵伟德. 学校体育学理论与教改探索 [M]. 北京：北京体育大学出版社，2002.

第九章　体育教学模式

【内容提要】

近年来，体育教学模式的研究很是繁荣，研究者们都在寻找一种适合当前体育教学改革的教学模式。本章在介绍体育教学模式概念、性质以及构成要素等基本理论的基础上，对当前几种比较成熟的体育教学模式进行了详细介绍，了解过去，展望未来。在自学内容部分，主要介绍了我国体育教学模式的发展历史，以及体育教学模式的改革与发展动向。通过本章的学习，应该对体育教学模式研究有一个整体的了解，掌握了研究框架，才能对体育教学模式进行更深入的研究。

【面授内容】

一、体育教学模式概述

1. 教学模式与体育教学模式

“模式”（Model）一词的汉语解释是：指某种事物的标准或使人可以照着做的标准样式。关于教学模式的定义较多，我国《教育大辞典》中的定义是：“教学模式是反映特定教学理论逻辑轮廓的、为保持某种教学任务的相对稳定而具体的教学活动结构。具有直观性、假设性、近似性和完整性。”教学模式的概念，因为不同教育家阐述的角度不同而有不同的界定。美国教育家乔依斯和韦尔首次提出教学模式的定义：教学模式是构成课程和课业、选择教材、提示教师活动的一种范型或计划。国内关于教学模式的定义，概括起来大致有以下几种。第一种，强调教学模式是一种教学理论，认为：“教学模式是在教学实践中形成的一种设计和组织教学的理论，这种理论是以简化的形式表达出来的。”第二种，强调教学模式是教学实践的结构，认为：“教学模式是在一定教学思想或理论指导下建立起来的各种类型教学活动的基本结构或框架。”第三种，强调教学模式是一种教学程序，认为：“教学模式是在一定教学思想指导下建立起来的完成所提出教学任务的比较稳固的教学程序及其实施办法的策略体系。”第四种，强调教学模式是教学方法，认为：“常规的教学方法俗称小方法，教学模式俗称大方法。它不仅是一种教学手段，而且是从教学原理、教学内容、教学目标和任务、教学过程直至教学组织形式的整体、系统的操作样式，这种操作样式是加以理论化的。”

上述关于教学模式的概念界定，都有一定的侧重。从总体上来考虑，一个完整的教学模式框架应该包括“教学目标、理论假设、操作程序和操作策略”4 个部分内容。教学模式作为理论和实践之间承上启下的“中介”，一方面它能对教学活动进行理论指导，使人们在深远的背景中思考教学；另一方面，它又要为教学实践提供具体操作程序和策略，方便教师教学。

关于体育教学模式概念的专门探讨起步较晚，虽然在 20 世纪 80 年代以后，体育教学实践中显现出多种教学模式，但那时很少有人涉及体育教学模式概念。90 年代初期，我国有些学者借鉴外国的成果，开始探讨体育教学模式问题。我国学者对体育教学模式进行了研究，并在教学实践的基础上，产生了各种体育教学模式。虽然体育教学模式的理论与实践研究取得了一些成果，但每位研究者对什么是体育教学模式则众说纷纭，没有取得一致的意见。有的认为：“体育教学模式是在一定的体育教学思想指导下，围绕体育教学中的某一主题，形成的相对稳定的、系统化的和理论化的教学范型或模型。”（吴涛，1994）有的认为：“体育教学模式是蕴含特定的教学思想，针对特定的教学目标，在特定教学环境下实现其特定功能的有效教学活动与框架，是以简洁形式表达的体育教学思想理论和教学组织策略，是练习体育理论与体育教学实践的纽带。”（李杰凯，1995）有的认为：“体育教学模式是在某种体育教学思想和理论指导下建立起来的体育教学程序，它包括相对稳定的教学过程结构和相应的教学方法体系，主要体现在教学单元和教学课的设计和实施上。”（毛振明，2005）有的认为：“体育教学模式是指具有特定的体育教学思想，用以完成体育教学单元目标而设计的相对稳定的教学程序。”（邵伟德，2005）有的认为：“体育教学模式是体现某种教学思想或规律的体育教学活动的策略和方式。它包括相对稳定的教学群体和教材、相对独特的教学过程和相应的教学方法体系。”（杨楠，2000）

在对以上各种概念进行分析后，本教材将体育教学模式定义为：体育教学模式是指在某种体育教学思想或理论指导下，用以完成体育教学目标而设计的相对稳定的教学过程结构和相应的教学方法体系。

2. 体育教学模式的性质

（1）理论概括性

一个比较成熟的体育教学模式都是以明确的教学指导思想和理论为基础的，也体现了某个教学过程理论的教学程序。教学模式是在一定的教学思想指导下，对教学过程的各要素进行的主次顺序的重新排列，是对某种理论的浓缩，对教学实践的提炼，具有概括性。教学模式不是对某种教学活动的简单记录，而是在理论指导下的教学程序和教学方法体系的概括。因此，体育教学模式与教学思想及理论的依存关系，形成了教学模式的理论概括性属性。

（2）稳定性

任何一种体育教学模式形成后都具有相对的稳定性。因为任何一种教学模式都是在多次的教学实践活动中逐渐概括出来的，带有一定的普遍性，反映了一定的体育教学规律。同时，体育教学模式一旦确定，就代表了一定的教学思想和理念，也表示了某一特定的条件下的具体操作的稳定性和可模仿性，具体相同的理念和外在条件，便可以容易地被体育教师所模仿，这也是体育教学模式稳定性的表现。当然，随着时代变迁，指导思想与外在条件等发生质的变化，体育教学模式也会相应地加以调整、变更，因此体育教学模式的稳定性是相对的。

（3）直观性

直观性也可称为可操作性，任何体育教学模式都是某一种教学理论的具体化，即具有便于操作的形式。不同的体育教学模式之间应该有明显的区别和独特的教学效果，这使得观摩教学的人能够根据某种教学模式的特征，准确地判断出体育教学过程中用的是哪一种教学模式，即教学模式的直观性。由于每一种教学模式都有独特的教学程序和方法体系等，其他人也可以通过设置相同的教学模式构成要素来重现该教学模式，即教学模式的可操作性或可重复性。

（4）整体优效性

任何一种体育教学模式都需要从整体上处理教学活动，包括体育教学过程的各个要素，都要进行规定。比如教学群体、学生合作、师生互动关系、教学场地器材设施、教学组织形式、教学时间或空间等。这几乎涉及体育教学论体系中的全部内容，所以在认识和运用体育教学模式时，必须全面、整体地把握和确定体育教学模式的主要要素，例如体育教师的教学风格、学生的年龄特点、体育基础特点、课程内容特点等。同时还要兼顾它的一些次要要素，并把它们之间的关系认识清楚，注重各环节的相互配合、相互衔接，使之成为一定的教学程序。这种多部分、多要素、多环节的有机组合就体现了体育教学整体性，也说明了体育教学模式并非多环节、多要素的简单堆积，而是具有一定科学性的。体育教学模式具有整体性，也必须具有优效性。一般来说，体育教学模式都是从众多体育教学活动方式中提炼出来的，是经过优选出来的一种模式。应该具有诸如便于操作、有利于提高教学效率等特有的优势。体育教学模式只有具有优效性，才能在体育教学实践中长期存在下去，否则将被淘汰或取消。

（5）具体针对性

任何一种教学模式都是针对教学实践的某个问题或问题的某个方面而建立的，具有很强的针对性。体育教学模式有自己特定教学目标和使用范围，而不能用于所有教学活动。例如，情景教学模式是针对小学生理解能力较差、体育基础不够的特点，而以体育故事形式把各种简单的体育活动动作组合起来进行教学，但这种教学形式是不适合中学高年级的学生的。再比如，快乐体育教学模式是针对传统体育教学中的强制性教学、学生在体育教学中体验不到快乐而设计的，它适合于学练一些简单的体育活动动作，但不适合复杂体育动作的教学。从这一意义上讲，世界上不存在普遍有效的可能模式，也不存在最优的模式。然而教学模式与目标又绝非一对一的关系，而往往是一对多或多对一的关系。一般而言，一种模式具有多种目标，而多种目标又有主次之分，其中主要的目标便是此模式与彼模式相区别的特征之一，也是人们有针对性地选用模式的重要依据之一。

（6）可评价性

一个相对成熟的教学模式，应具有与其整个过程相应的评价方法体系。评价主要从教学思想、教学过程结构、相应的教学方法体系、教学模式的整体评价等方面进行。既评价教学模式的教学价值观，也评价教学组织过程的可行性，因此，对一种教学模式评价，应可以对实施这种教学模式的教师做出明确的教学评价，评价从教师对教学模式的理解程度、教师参与、认识和学习能力等方面进行，从而使体育教学模式的形成过程更符合其自身的规律性。

3. 体育教学模式的构成要素

任何一种体育教学模式都是由相应的体育教学指导思想、教学策略及教学程序等要素组成的。这些要素的不同就构成了不同的体育教学模式。一个完整的体育教学模式应包含以下 5 个要素。

（1）教学指导思想

教学指导思想是一个体育教学模式的灵魂所在，任何一种体育教学模式都是建立在一定的理论基础上形成的特有的教学行为模式。因此，不同的教学指导思想会产生不同的教学模式。例如，技能掌握式体育教学模式是以技能教学理论为指导思想的；快乐体育教学模式是以快乐体育教学理论为指导思想的；成功体育教学模式是以成功体育教学理论为指导思想的。

（2）教学目标

教学目标是体育教学过程中要达到的预期结果和标准。任意一种体育教学模式的实施都是需要完成一定的教学目标的。教学目标是体育教学模式的重要构成因素，它决定着教学模式的操作程序以及师生在教学活动中的组合关系，同时也是教学评价的标准和尺度。不同的教学模式都是为完成一定的教学目标服务的。例如，传授体育知识技术的教学目标，增强学生体质的教学目标，发展学生身体素质及心理素质的教学目标等。

（3）操作程序

体育教学操作程序是指体育教学活动开展的先后顺序、步骤及方法等。不同的体育教学模式都有与之相对应的独特的操作程序和活动步骤。它包括课前的教学准备工作、课中的合理操作过程和课后的总结工作。

（4）实现条件（手段与策略）

任何一种体育教学模式的顺利实施都需要相应的教学条件做保障，这些教学条件包括教师、学生、教学内容、手段、时间、空间等。这些教学条件通过合理配合能发挥最大的功能，从而实现教学模式的最佳效力。不同的体育教学模式对教学对象也有特定的要求，比如教学对象的数量和基础水平等。同时，具体实施一种体育教学模式还要保证模式的操作程序是可靠的，提出的策略必须是清晰的、确切的。

（5）教学评价

教学评价是衡量各种体育教学模式是否完成教学任务、达到教学目标的标准和评价方法。由于不同的体育教学模式在教学目标、教学任务、操作程序和条件上都不同，其评价的方法和标准也有所不同。现阶段，只有少数比较成熟的体育教学模式已经形成了一套相应的评价方法和标准，其他很多体育教学模式还未形成自己独特的评价方法和标准。

综上所述，体育教学模式是由以上诸要素组成的，这些要素之间相互联系、相互制约，共同发挥作用。体育教学模式中各要素的具体内容，则因模式的不同都会有所差异。

二、对几种成熟体育教学模式的介绍

多年以来，随着体育教学研究的不断发展，在国内外的体育教学实践中已经形成了一些比较成熟的体育教学模式，这里对几种成熟的体育教学模式进行介绍。

1. 技能掌握式的体育教学模式

（1）指导思想

技能掌握式的体育教学模式通常被认为是“传统的体育教学模式”，这种模式主要是依据运动技能的形成规律而设计的，是以系统地传授运动技能为主要目的的体育教学过程。运动技术，也称动作技术，是指“符合人体运动科学原理，充分发挥人的机能潜力，有效地完成动作的方法”。学习运动技术，掌握运动技能是该模式的指导思想，它的主要理念是通过运动技术的分段和完整学习，使学生掌握运动技能，并达到自动化的程度。故运动项目的技术结构、过程及其规律便成了该教学模式的理论依据，其中体育教学的单元设计、细化的课次设计均需按运动技术的结构来设计与安排。该模式的优点在于：能充分发挥教师的主导作用；能使学生系统地掌握体育技术技能；节约时间，能保持较高的教学效率。其缺点是：较难发挥学生的主动性和创造性；不易做到区别对待，容易出现“注入式”教学。

（2）操作程序

该教学模式的操作程序是：激发动机——明确目标——讲解示范——练习指导——总结评价，即学生经过教师引导后，明确了学习目标，通过一些以直观感知为主的教学方法和手段，使学生对运动知识技术产生感性认识，形成视觉表象，然后在教师的指导下进行模仿练习，再经过完整的实际练习，建立动作表象和正确的肌肉感觉，形成动作技能，最后对学习效果进行总结评价，找出存在的问题，形成教学反馈。

（3）实现条件

该模式强调在体育教学过程中教师的主导和支配作用，对整个教学活动的严密组织指导和控制。教师需要明确规定教学目的、任务、要求等，学生需按要求去做，在教师指导帮助下进行学习。该模式的运用效果主要取决于教师的技能水平、组织管理能力、教学的方法手段，以及学生学习的自觉性、体育基础、身体条件等因素。

2. 启发式（发现式）的体育教学模式

（1）指导思想

启发式（发现式）教学模式是指教师为了使学生学习一些概念和原理，给学生一些事实（或事例）和问题，让学生通过自己的思考、探究，自行发现并掌握相应的原理和结论。美国心理学家布鲁纳对该教学模式的形成有很大的贡献。布鲁纳认为：发现或发明不仅仅是科学家的专利，学生亦可以进行发现，所不同的是科学家发现的是人类未知事情，而学生的发现或发明是人类已知而学生未知的事情。他指出："发现不限于寻求人类尚未知晓的事物，确切地说，它包括用自己的头脑亲自获得知识的一切方法。"启发式（发现式）教学的特点，在于它不是把现成的结论提供给学习者，而是从青少年好奇、好问、好动的心理特点出发，在教师引导下，依靠教师和教材所提供的材料，让学习者自己去发现问题，回答和解决问题，使他们成为知识的发现者，而不是消极的接受者。

启发式（发现式）体育教学模式的指导思想主要表现在：①体现以学生为主体、以学生的发展为中心的思想；②开发学生的智力，充分调动学生思维的主动性、积极性；③提出问题，让学生自己去探索问题的答案；④强调设置问题情境，做到使学生比较自然地进入情境，激发学生的学习热情；⑤增加学生学习的趣味性，使学生积极参与，提高学生学习的有效性；⑥提高运动技能学习的效率。

（2）操作程序

①设置教学情境。教学情境须紧密结合动作技术的关键环节。

②提出问题，创设情境，激发学生兴趣，形成探究动机，并积极引导学生根据在练习实践中的体验，思考与比较不同的练习方法和手段对完成动作的效果。

③进行初步的尝试性练习。学生可以自由发挥自己的想象力，选用不同的练习手段来完成技术动作。

④洞察、展望、分析、比较，提出假说，进行选择思维。学生利用所给定的材料，在教师的指导下，通过相互讨论，运用已学的科学知识与原理，找出它们之间的关系。在寻求答案的过程中，充分利用直觉思维提出各种有益于问题解决的可能性等。在这里教师是支持者，学生是分析者和假设提出者。

⑤从事操作，验证假说，得出结论。在这个环节中，通过分析对各种可能性进行反复求证、讨论以寻求答案。这里的求证过程有利于提高学生运用知识、分析问题和解决问题的能力。在整个过程中，教师是顾问，学生是分析者和探究者。

⑥进行正常的运动技术教学。

⑦结束单元教学活动。

（3）实现条件

①学生具有一定的理解能力，有一定的知识储备，如运动力学知识、运动解剖学知识等，并应具备一定的运动能力与经验。

②有充足的教学时间，可在大单元教学或选项课教学中采用。

③体育教师应具有较高的教学水平与经验，能够运用灵活的教学方法、教学组织形式等来设置问题情境，并有效解决教学问题。

3. 快乐体育教学模式

（1）指导思想

快乐体育，也称“运动目的论”，指体育的根本目的在于通过合理的运动实践，使学生充分体会运动中的乐趣与意义，培养他们的体育兴趣和快乐地从事体育运动的本领，进而养成终身体育的习惯。快乐体育教学模式是一种体育教学思想，它主张体育进行“愉快”教育和“成功”教育，以育人为出发点和归宿，身心发展并举，以情感驱动着眼，强调兴趣、情趣、乐学的作用，建立认知情感、身体发展为一体的主动体育教学模式，该模式的教学设计中要充分挖掘教材内容中的“情趣”因素，改造教材，精心巧妙地设计教学组织形式和教学方法。尽量创设有利于学生学习的激情环境，如场地的布置、器材的摆放，使体育教学由被动学习向主动学习转变，从而产生寓教于乐，达到愉悦身心、锻炼身体、掌握技能、全面发展的教学效果。

（2）操作程序

快乐体育教学模式关注学生的个人情感体验，以运动为基本手段并采用适宜的教法，增强学生体能，使学生得到理性的快乐体验。它能够较好地提高学生体育学习的兴趣，它需要通过教师的指导，使学生在“乐”中学，在学中“乐”，主要适用于初中及小学学生。其操作程序为：结合具体内容，进行低要求的游戏，享受乐趣——让学生挑战新技术（低难度教学活动）——学生结合教学活动，自定目标，以创造活动乐趣——竞赛、评比。

（3）实现条件

快乐体育教学模式的教学目标是使学生自发、自主地学习，并能充分体验到运动内在乐趣，创造一个充满趣味性、挑战性、创造性的学习过程。实践这种教学模式，需要具备以下条件。

①体育教师具有较为丰富的教学实践经验，善于开发运动项目的独特灵活的教

学方法。

②比较适合初中及小学学生。

③学生有一定的运动基础，能够进行一些基本的运动练习，并有一定的组织创新能力。

④教学内容的难度较低，或在教学过程中降低技术难度。

⑤教学场地、器材相对充足，能够满足学生的教学与练习活动。

4. 小群体体育教学模式

（1）指导思想

小群体体育教学模式也称为小集团教学模式，是以发挥学生的学习自主性、促进学生之间交往和提高学生社会适应性为目的，主要是依据体育学习集体发展和发挥教育作用的规律而设计的。其指导思想具体表现在以下几个方面：①强调组内学生的团结协作精神，提高组内整体竞争力。②在条件基本均等的情况下，组间学生进行合理竞技，激发学生的学习兴趣，提高学习的效果。③培养学生正确的成败观，做到胜不骄、败不馁。④通过互帮互助、公平竞争，发展学生的社会适应能力，提高学生的心理健康水平。

（2）操作程序

小群体体育教学模式的教学程序为：教师提出要求——小群体形成——小群体组内学习——小群体组间活动——总结评价——小群体解散。

（3）实现条件

①教师在分组时必须使各小组的素质大致相等，对每个合作小组的成员作较为严格的配置，在学生的性别、身体素质、技能、技术、学生干部、差生等方面尽量做到各组平均分配。

②教学条件比较好，特别是教学器材充分，能满足教学分组的需要。

③做好教学前后的测试工作，并记录下来作为教学参考的依据，做好教学的评价工作。

④分组后，各组学生在教学中需要搞好合作关系。

5. 情景式体育教学模式

（1）指导思想

情景式体育教学模式是教师为了提高学生的学习兴趣和参与体育活动的积极性，在体育教学过程中设置相关的故事情节，并布置相关的场地器材，创造相应的情感氛围的一种教学形式。该教学模式的指导思想是：注重学生的情感体验，体育教学不仅是学生获取体育基本知识和基本技能的过程，更应该是学生获得生活体验和培养生存能力的过程；增强教学内容的趣味性，针对学生的年龄特点，在体育教学中配合教学情境，提高学生参与学习的兴趣和积极性。此模式强调为学生创设一个愉快而不紧张的情境，充分调动学生学习的兴趣，使他们在愉快和充满期望的氛围中完成体育学习。

（2）操作程序

情景式体育教学模式的作用是能够有效提高学生学习的兴趣，其特点是可以使学生的身体在“不知不觉中”得到发展，情操得到陶冶。其操作程序是：创设情景——引发运动兴趣——情境体验——运动乐趣——总结评价。

（3）实现条件

①此模式适合在小学中、低年级采用，且有适宜的教材。

②教师应具备较强的表演、语言表达和组织控制等能力。

③学校具备必要的专门设备，如教具或教学场所等。

6. 成功体育教学模式

（1）指导思想

成功体育教学模式是在体育教学过程中，教师通过运用合理的教学手段和组织措施，使学生树立个体目标，并通过自身努力获得运动成功感的一种体育教学形式。成功体育是面向包括困难学生在内的全体学生的教育，最终目标是培养全体学生不断进取的精神和能力，尽力使每一个学生都体验到运动学习的乐趣和目标实现的成功感，从而促使学生形成从事体育活动的志向与学习体育的自信心。

成功体育教学模式的指导思想具体表现在以下几个方面：①主张让学生多体验成功，但也要正确看待学习过程中的失败。②既强调相互竞争，也重视团结协作。③相对评价与绝对评价结合起来使用。④注重良好的集体学习氛围。

（2）操作程序

在运用成功体育教学模式进行的教学的过程中，为了给学生设立目标和评价目标达成情况，一般会在单元的前期和后期安排一个练习或比赛，这种练习或比赛是经过改造的。这种练习或比赛面向全体学生的，每个人都可以参加并能享受到成功的乐趣。改造的方法可采用“让位”“相对评价”等。改造后的练习或比赛有利于帮助学生建立起学习自信心，从而最大限度地激发学生的学习积极性。

实施成功体育教学模式，教师应注意根据学生的具体情况进行区别对待，如可以根据学生个体差异选择和设定场地、器材、规则等。这种教学模式的适应条件广泛，其基本教学程序是：教学诊断——设立自我目标——完成自我目标——超越自我目标——教学评价——体验成功。

（3）实现条件

①主要用于初中及小学学生。

②教学场地和器材条件要充足，能够满足每个学生的运动需要。

③体育教师对学生要有爱心，不歧视有一定困难的学生，对学生的成功要一视同仁。

④制定相对评价中的“让位政策”、自我评价比较体系，并对学生的竞赛活动进行必要的改造。

⑤制定切合实际的评价标准，太高或太低的评价标准都不能起到应有的作用，标准太高容易使学生因反复失败而丧失信心，标准太低又会因起不到激励作用而失去评价的意义。

【自学内容】

一、我国体育教学模式的发展历史

1. 教学模式的历史发展

教学模式是在教学实践过程中逐渐发展的，一种教学模式的出现、确定、保持或被淘汰，都是在教学实践中进行的。当某一种教学模式能够在长期的教学实践中运用，并被证明是可行的和有效的，这种教学模式就会被确定和保持下来。而经不起时间考验的教学模式最终会被淘汰而逐渐消亡。

最早运用教学模式的是古希腊的哲学家苏格拉底，他提出了“产婆术”，即谈话法，主要的指导思想是通过启发式谈话，引导学生思考并自己得出结论。这就是现代启发式教学模式的最早理论。此外，还有古罗马的昆体良，他在自己的著作《演说术原理》中，通过总结他在修辞学校长期任教培养演说家的经验，提出了“模仿、理论、练习”3个循序渐进的学习过程理论。这一学习过程理论，重视直观、重视知识的掌握和技能的训练，对体育教学模式的形成来说是很有意义的。

在近代，对教学模式的尝试和探索，主要集中在教学过程的结构划分上。德国教育家赫尔巴特以心理学为依据，提出了教学过程的明了、联想、系统和方法4个阶段，揭示了课堂教学的一些规律性。后来，他的弟子又将其修改为五段教学法，即预备、提示、联系、总结、应用5个阶段。19世纪末20世纪初，美国实用主义教育家杜威主张以学生活动和直接经验为中心，将教学过程中分为5个步骤，即困难、问题、假设、验证、结论，人称五步教学法。而前苏联教育家凯洛夫认为，教学过程是传授知识，发展技能、技巧的过程，应该遵循认识原理，教学应当遵循由具体直观的形象思维向抽象的逻辑思维发展的规律，因此，他提出教学过程应分为感知、理解、巩固和应用4个阶段。

不同的教育家由于分析教学过程的角度不同，产生了不同的教学阶段分法。直到20世纪50年代，美国教育家布鲁姆、布鲁纳提出了他们自己的教学模式理论，之后乔伊斯等人又综合和发展了教学模式理论，使教学模式的理论体系逐渐走向科学化、普及化的道路。

2. 我国体育教学模式的发展历史

我国传统的体育教学模式是以掌握“三基”（基本知识、基本技术、基本技能）为主的教学模式，在体育教学实践中用得最为普遍。这种教学模式的指导思想主要来源于苏联凯洛夫的教学思想，其理论依据主要是根据学生认识规律和动作技能形成规律，将教学过程分为感知、理解、巩固、应用等阶段。在教学实践中，十分强调发挥教师的主导作用，学生以学习“三基”为中心，全面完成体育教学任务。

传统的体育教学模式的教学程序是：教师教——学生对所学内容感知、理解、领会——学生模仿练习和表象练习——学生形成动作技能。最后，教师对学习内容进行总结评价，检查学习效果，作为教师进一步搞好教学的依据。

这种体育教学模式之所以在我国普遍采用并成为我国体育教学的基本模式，是因为它具有以下优点：（1）节约时间，教学效率高；（2）它能有效地发挥教师的主导作用，易于达到预期教学目标，有利于学生尽快掌握体育基础知识、基本技术和基本技能。但这种模式对学生主体性的忽略，使学生处于被动接受教师提供信息的地位，会出现教师讲得多而学生活动少的现象，易出现注入式教学，有其局限性。当然，如果教师注意调动学生学习的积极性，发挥学生的聪明才智，学生采取相应的学习策略，该模式在掌握体育知识、技能中的作用是无法否定的。

20世纪80年代，素质教育改革促进了体育教学模式的改革与创新。随着教育改革的不断深化，广大体育教师对教学思想、教材、教法、组织、评价等理论系统的认识越来越深刻。很多人开始尝试着依据先进的教学思想或教学规律，结合体育教学的实际，寻求教材、教法、组织等教学要素的最优化组合，形成一种体育教学模式。各种体育教学模式在经历了不断的实践验证后，逐渐形成了一些比较成熟的体育教学模式，如快乐体育教学模式、启发式体育教学模式、情景式体育教学模式和小群体体育教学模式等。多样化的体育教学模式，极大地促进了体育教学实践的发展，体育教师有了更多的教学选择，极大地调动了他们的教学积极性。同时，体育教学模式的多样化，也提高了学生参与体育学习的兴趣和积极性，使体育教学实践焕发了新的生机。

二、体育教学模式发展动向

1. 强调学生在体育教学中的主体地位，由以“教”为主转向以重“学”为主

重视学生的主体地位是当代体育教学模式的共同特征。新的教育理念使得“教师中心论”已不合时宜，取而代之的是新的“教师主导，学生主体论”，相应的教学模式也发生了变化，由教师中心教学模式逐渐向师生合作、学生主体地位的教学模式的发展。教学观念也发生了转变，由重知识轻智能和重教轻学转向知识与智能统一和教会学生学习。在传统体育教学模式中，教学以教师为中心，学生始终处于被动学习状态，教师制定教学目标，设计组织教法，学生只需按教师的指令运作，无法发挥主观能动性。当代体育教学模式针对上述弊端进行改革，激发学生的学习兴趣，调动学生的学习积极性和主动性，突出了对学生体育能力的发展，引导学生遵循科学规律，培养终身体育的意识，形成终身体育的习惯。

2. 体育教学模式理论基础趋向多元化

当代国内外体育教学模式的理论基础趋向多元化，包括认识论、教育学、生理学、心理学等。特别是心理学，随着现代心理学的迅速发展，教学模式的心理学色彩越来越浓厚，国内外许多教学模式都是现代心理学的产物。除此之外，当代教学的理论基础，如系统科学、社会学、管理学等呈现出多元化和交叉趋势，对增强教学模式的科学性带来深远影响。

3. 体育教学模式从单一化向多样化发展

在以往的体育教学中，教学模式多以技能掌握式为主，比较单一。随着教育科学的发展，出现了新的教育观念、教育理论和教育思想，教学模式也跟着有了新的发展和创新。纵观国内外关于教学模式的研究，也呈现出多样化趋势。不同的教学模式有各自特有的功能，在体育教学实践中，各种教学模式可以相互借鉴、相互促

进，实现最佳的教学效果。

4. 向适应个性模式发展

现代教育教学指导思想重视学生的个性发展，教学模式应该为发展学生良好的个性服务。现代教育倡导为了一切学生，教学要面向所有学生，通过一定的教学模式应该使每个人的个性都得到充分的发展。因此，体育教学个性模式，要求在体育教学过程中，能够调动每个学生的兴趣，使学生经过努力可以实现预期目标，并在这个过程中产生愉快的情感体验，提高其参与体育学习的自信心。

【本章总结】

体育教学模式是指具有特定的体育教学思想，用以完成体育教学单元目标而设计的相对稳定的教学程序。它具有理论概括性、稳定性、直观性、整体优效性、具体针对性、可评价性等性质。每一种教学模式都有指导思想、教学目标、操作程序、实现条件、教学评价等5个要素构成。目前比较成熟的体育教学模式有技能掌握式、启发式（发现式）、快乐体育、小群体、情景式、成功体育教学模式等。体育教学模式的研究在我国的发展历史虽然不长，但发展很迅速，其改革与发展动向与当前的体育教学改革发展一致。

【思考题】

1. 什么是模式？为什么要研究模式？为什么要研究体育教学模式？
2. 试谈体育教学模式与体育教师的教学风格的关系。
3. 试谈体育教学模式与体育教学方法的关系。
4. 谈一谈如何创新体育教学模式。
5. 试述我国几种体育教学模式的构成要素及各自的优缺点。

【参考文献】

［1］邵伟德．体育教学模式论［M］．北京：北京体育大学出版社，2005.
［2］樊临虎．体育教学论［M］．北京：人民体育出版社，2002.
［3］曲宗湖．体育教学模式问答［M］．北京：人民体育出版社，2003.

［4］毛振明．体育教学论［M］．北京：高等教育出版社，2005.

［5］吴涛，胡利军．中、美、日、前民德中小学体育教学模式的比较研究［J］．天津体育学院学报，1994（1）：51－56.

［6］李杰凯．关于体育教学模式一般理论的研究［J］．沈阳体育学院学报，1995（2）：1－8.

［7］杨楠．体育教学模式与主体教学浅论［J］．北京体育师范学院学报，2000，12（1）：1－11.

第十章 体育教学设计与计划

【内容提要】

本章在介绍体育教学设计、体育教学计划的基础上，进一步阐述体育教学的工作内容与步骤，让教师可以根据本校、本学期的实际情况，制订教学方案，也可以让学生更加了解教学的相关过程。

【面授内容】

一、体育教学设计

1. 体育教学设计的含义

体育教学设计是以体育学科的特点为根据，从整体的体育教学系统出发，综合考虑教学目标以及体育教学环境、体育教师与学生、场地器材等各方面的因素，根据在体育教学中可能出现的问题进行综合分析，有针对性地提出解决该问题的教学方案，并在实施体育教学的过程中对行动方案的可靠性进行评估与修正，从而取得体育教学活动最优的教学效果。上述这种针对体育教学的特点而进行的一系列教学设计与评估的过程就是体育教学设计。它既要遵循教学设计的一般规律，又必须遵循体育教学的特殊规律；它不仅有教学设计的普遍性，还有其特殊性。

2. 体育教学设计的工作内容

（1）制定体育教学的目标

制定体育教学的目标即通过教学活动的开展，确定学生了解哪些体育与健康知识，掌握哪些运动技能，形成怎样的体育态度和认识，在身心健康方面达到什么状态，还需培养与增强哪些方面的能力等，并用具体的、可测量的术语精确表达学习目标。

（2）选择体育教学的内容

分析与研究《体育与健康课程标准》，结合学校体育工作实际情况，选出适合本校实际的体育教学水平的内容，设计出学期体育教学工作计划、单元体育教学工作计划、学时体育教学计划（教案）等体育教学指导性工作方案。

（3）进行体育教学的任务分析

进行体育教学的任务分析即确定学生从现有水平到达到教学目标所要求获得的能力和子能力及其层次关系。

（4）选择体育教学的策略

选择体育教学的策略包括教学的组织形式、方法与手段的选择、场地与器材的应用、多媒体教学等多方面的综合设计。

（5）体育教学场地的设计

体育教学的实施是在场地条件的基础下进行的。体育教学内容与教材各异，所需的体育场地与器材也各不相同。同一内容的体育教学，在不同的场地设计进行，也会收到不同的教学效果。

（6）开展体育教学的评价

了解并掌握教学目标达成的状态，为教学系统设计的修正提供真实有效的依据。

二、体育教学计划

1. 体育教学计划的概念

体育教学计划是体育教学设计的表现形式，以国家颁发的体育教学指导文件为依据，参照学校所选用的体育教科书，结合学校的体育教学实际而制订的体育教学指导方案和教学过程实施方案。体育教学计划包括学段体育教学计划、学年体育教学计划、学期体育教学计划、单元体育教学计划和学时体育教学计划（教案）等。

体育教学计划是体育教学设计的具体表现形式，将上述要素综合起来，按照体育教学的规律，提出并制订一套切实可行的方案，即为体育教学计划。体育教学设计是形成体育教学计划的工作程序，而体育教学计划则是体育教学设计的成果形式。与教学设计不同的是，教学计划是研究的成果，完成的主要标志是方案的形成，而且教学计划往往需要具体和细致。

2. 体育教学计划的层次

为了更好地认识并制订好体育教学计划，本书根据体育教学过程的 6 个层次（超学段体育教学过程、学段体育教学过程、学年体育教学过程、学期体育教学过程、单元体育教学过程、课堂体育教学过程），将体育教学计划分成超学段体育教学计划、学段体育教学计划、学年体育教学计划、学期体育教学计划、单元体育教学计划和学时体育教学计划 6 个层次的教学计划。

（1）超学段体育教学计划

超学段体育教学过程是学生在其学业生涯中所接受的国家规定的体育教育过程，这一过程包含初级教育、中级教育和高等教育等阶段，是体育教学的总过程。因此超学段的体育教学计划是整个体育教学过程的指导方案，其一般是由国家教育行政领导部门来制订，如现在的《体育与健康课程标准》就属于超学段的教学计划。

（2）学段体育教学计划

学段体育教学计划是指以年级为单位，依据超学段的体育教学计划及所选用的体育教科书，并结合本学校开展体育教学的实际情况，根据教学时数将选定的学段的体育教学内容合理地分配到各个年级中，并制订相应的体育教学指导方案。学段教学计划一般由各个学校具体制订。

（3）学年体育教学计划

学年体育教学计划是以年级为单位，依据学段体育教学计划实施中某个年级学生的身心特点和发展需要以及 2 个学期的气候条件，将学段规定的年度教学内容分配到 2 个学期中并确定每学期的考核项目与标准的教学文件。学年教学计划一般由各个学校的体育部门来制订。

（4）学期体育教学计划

学期体育教学计划又称体育教学进度，是依据学年体育教学计划在本学期开展的气候条件，将学年体育教学计划所规定的本学期的各项教学内容，按照教学时数组成规模和目标不同的教学单元，制定出单元评价项目的教学文件。学期教学计划一般由各个学校的体育部门和体育教师共同来制订。

（5）单元体育教学计划

单元体育教学计划也称单项体育教学计划，是根据学期教学计划对各个单元的设计，把某个教学内容按照某种教学模式体例安排各个课次的教学文件。单元计划一般由体育教师来设计和制订。

（6）学时体育教学计划

学时体育教学计划又称教案，是根据单元计划的整体安排，在某一节课中进行教学过程设计的教学文件，是一节课的教学方案。学时教学计划由体育教师设计和制订。

这6个层次的体育教学计划相互联系，相互依托。每个上位计划都是下位计划制订的依据，计划逐步详尽而具体，直至具体的教学情境。

三、学时体育教学计划（体育教案）的制订及案例

1. 制订体育教案的基本内容和步骤

（1）确定学时教学目标

制订教案首先要依据单元教学目标和单元的教学设计来确定学时的教学目标。要针对本课教材所要解决的主要问题，要符合大多数学生的发展需要。制定体育课目标时必须符合全面、明确、具体、可行等基本要求。

（2）排列教学内容

排列课的内容首先应考虑基本部分的教材，如果本节课有2个以上教材，则应先确定其先后顺序，排列内容要符合运动负荷先小后大的基本要求，特殊的教学目的和设计除外。然后根据各项内容的重点、难点再排列内容的练习顺序。基本部分构思成熟后，再根据需要准备部分的练习内容及结束部分的放松练习等。

（3）针对各教学内容组织教法

排列完教学内容以后，要根据各个教学内容重点、难点考虑必要的教法，如提问、讨论、演示等，和诱导性练习、辅助性练习等。教法的设计比较复杂，一般来说应考虑以下10个方面的问题。

①教法的选择及运用：选择什么教法？哪些教法？有什么样的顺序？

②教具的选择：选用什么样的教具？如何利用教具达到演示效果？

③安全预防措施：各个教学环节有哪些安全隐患？如何消除？万一出现危险时的措施。

④分组及轮换方法：按什么分组？如何安排分组轮换？

⑤学生积极性的调动：如何在最短的时间调动学生的积极性？

⑥场地与器材的使用：如何合理利用场地和器材来达到最佳的教学目的？

⑦学生自主练习：给学生多少时间？出现问题时如何集中？

⑧集体性活动安排：如何有效地组织集体活动？怎样激发学生在集体活动中的

集体意识？

⑨学生干部：如何让学生干部起辅助监督作用？

⑩交流与反馈：在教学中该使用何种语言与学生交流？怎样反馈学生的状态？

（4）教学时间与练习的次数

①“课的各主要部分”的时间

“课的各主要部分”包括：开始及活动准备部分、教学部分、总结部分。各个部分的时间分配主要是根据各部分在全课所起的作用来决定。以典型体育课（45 分钟一节课）为例，通常为：活动准备部分 8 ~ 10 分钟，教学部分 30 分钟，总结部分 3 ~ 5 分钟。

②“各项教学内容”的时间

各项内容的总教学时间应小于或等于课的总时长，若时间充裕，还可加入辅助项目增加课堂的趣味性。

③“练习次数”的确定

练习次数是一个学生在该课程中练习次数的总和。练习次数的确定应根据各项内容的教学时数和学生掌握的熟练程度决定，选择的练习次数要有一定余量。

（5）学生的运动负荷与练习密度的选择

为了更好地实现体育的教学目标，教师应以该班中等水平的学生为依据，根据教学内容、气候等综合条件，设计课的运动负荷量，预测出课中最高心率、全课的平均心率，以保证课程的顺利进行。还要根据教学人数和人均场地器材的使用情况设计课的练习密度。

（6）合理安排场地器材和用具

安排场地时要根据实际参加课程的人数来确定，找到相对集中的场地以便于指导，还要尽可能充分利用学校现有的体育器材以增加学生的练习量。

（7）课后总结

每位体育教师应在课后，在“课后总结”的栏目中写下本次课教学目标的完成情况、主要优缺点及改进的方面，以便在今后的备课和教学检查提供参考和依据。

2. 案例（摘自《体育教学论》）

水平四学年体育教学计划

学期	教材类型	教学内容	安排学时																		总计学时	备注
上学期	教材类型	教学内容	1	2	3	4	5	6	7	8	9	10	11	12	13	14	15	16	17	18	总计学时	备注
	精学教材	篮球	1	3	3	3	3	2													15	1—18为周次，每周3课时
		武术											3	3	3	3	3				15	
	简学教材	羽毛球							3	3	2	2									10	
		毽球																3	2		5	
	介绍性教材	介绍体育运动文化项目知识，每学期2~3学时																				
	锻炼类教材	各种专项练习和基本素质练习，融于实践课中经常练习																				
	体育与健康知识	知识类教学内容	1									1								1	3	
下学期	教材类型	教学内容	19	20	21	22	23	24	25	26	27	28	29	30	31	32	33	34	35	36	总计学时	备注
	精学教材	篮球	1	3	3	3	3	2													15	19—36为周次，每周3课时
		武术									3	3	3	3	3						15	
	简学教材	毽球							3	2											10	
		单双杠														3	3	2	2		5	
	介绍性教材	介绍体育运动文化项目知识，每学期2~3学时																				
	锻炼类教材	各种专项练习和基本素质练习，融于实践课中经常练习																				
	体育与健康知识	知识类教学内容	1							1								1			3	

水平四第一学期体育教学计划

	教材类型	教学内容	安排学时																		总计学时	备注
			1	2	3	4	5	6	7	8	9	10	11	12	13	14	15	16	17	18		
上学期	精学教材	篮球	1	3	3	3	3	2													15	1—18为周次，每周3课时
		武术											3	3	3	3	3				15	
	简学教材	羽毛球							3	3	2	2									10	
		毽球																3	2		5	
	介绍性教材	介绍体育运动文化项目知识，每学期 2 ~ 3 学时																				
	锻炼类教材	各种专项练习和基本素质练习，融于实践课中经常练习																				
	体育与健康知识	知识类教学内容	1									1								1	3	

水平四排球单元体育教学计划设计方案示例

题目	进入排球的世界	学时预计	15 ~ 20	辅助学习	发展速度和灵敏性
单元学习目标		激发学生对排球运动的学习兴趣，在排球文化氛围中使学生积极地学会排球战术，在比赛中培养学生合作与竞争的精神，在向自我挑战的过程中体验到克服困难达到目标的欢乐，结合排球运动的特点发展学生速度、灵敏素质			
课次	学习内容	学时学习目标	学习策略	辅助内容	对规则的改造
1	熟悉环境	在多种游戏中，熟悉球性，感受到排球运动的无穷乐趣，充分发挥自己的应变能力。体验到个人与集体的关系，对排球运动基本知识有所了解	排球游戏 简单地介绍排球的基本知识、排球趣味比赛	排球的基本规则简单介绍（一）：起源、特性、价值等	不计击球手法的比赛

续表

课次	学习内容	学时学习目标	学习策略	辅助内容	对规则的改造
2	正面双手垫球	在熟悉球性的基础上，初步掌握正面双手垫球技术，在研究性的学习中明确正面双手垫球的击球部位，提高分析问题解决问题的能力	排球游戏 各种玩球 模仿垫球练习、垫击固定球练习、自抛自垫球练习 研究问题：正面双手垫球的准确部位在哪里？ 垫球比赛	学习准备姿势及移动方法	以垫球为击球手法，降低球网高度、每个回合中，一方最多可击球4次，先得15分为胜
3	正面双手垫球的练习（一）	在研究性的学习中明确正面双手垫球的击球要求的基础上，进一步掌握正面双手垫球技术	排球游戏 各种玩球的练习：对墙垫球练习、一抛一垫练习、两人对垫练习 研究问题：垫球的稳定性是进攻的基础，那么垫球者在完成垫球的运动后排球以什么样的运动轨迹更为平稳，更有利于本方人员组织有效进攻？ 垫球比赛	排球的基本规则简单介绍（一）：持球、个人及集体的击球次数	以垫球为击球手法，降低球网高度、每个回合中，一方最多可击球3次，先得15分为胜
4～5	正面双手垫球的练习（二）	巩固掌握正面双手垫球技术，在一定心理压力下，能表现出自己应有技术水平，逐步增强自信心	排球游戏 各种玩球的练习：两组垫球换位练习、多人垫球练习、垫准练习 垫球比赛	排球的基本规则简单介绍（二）：触网、过中线	以垫球为击球手法，每个回合中，一方最多可击球3次，先得15分为胜
6	正面下手发球	记住正面下手发球的技术要领，初步掌握正面下手发球的技术	排球游戏 各种玩球的练习：徒手模仿、固定球练习、对墙发球练习	排球的基本规则简单介绍（二）：场地、网高等	在排球场内离底线1米处发球，并降低网高

续表

课次	学习内容	学时学习目标	学习策略	辅助内容	对规则的改造
7	正面下手发球练习	进一步掌握正面下手发球的技术，在一定心理压力下，能表现出自己应有的技术水平，逐步增强自信心	排球游戏 各种玩球的练习：两人对发球、发球过网、发准游戏	发球战术介绍	在排球场内离底线 1 米处发球
8	侧面下手发球	熟练掌握侧面下手发球的技术要领，掌握侧面下手发球的技术	排球游戏 各种玩球的练习：徒手模仿、固定球练习、对墙发球练习	灵敏素质练习	在排球场内离底线 1 米处发球，并降低网高
9	侧面下手发球练习	进一步掌握侧面下手发球的技术，在一定心理压力下，能表现出自己应有的技术水平，逐步增强自信心	排球游戏 各种玩球的练习：两人对发球、发球过网、发准游戏	灵敏素质练习	在排球场内离底线 1 米处发球
10～13	发垫组合练习	巩固垫球及发球技术，并能在实战中运用	排球游戏 各种发垫组合练习：6 人对抗赛、8 人对抗赛、12 人对抗赛	速度素质练习	降低网高
14～15	玩中练的游戏及教学比赛	体验排球运动的欢乐，明确排球的基本规则，在实战中检验自己的运动技能，在比赛中和同伴建立良好的合作关系	排球游戏 教学比赛 给自己和他人的场上表现评分	发展体能 怎样欣赏体育比赛	以手球的形式进行比赛

四、体育课

1. 体育课的概念与特点

体育课是体育教师根据体育教育计划和教学大纲，在规定的时间内，对相对固定的学生所实施的体育课堂教学活动。其目的是使学生学会体育教学大纲所规定的教学内容，达到教学目标。其是实现学校体育目标的基本组织形式，是对学生进行有目的、有组织的教育过程。

2. 体育课的类型与结构

（1）体育课的类型

①理论课

理论课主要指在教室里讲授体育与卫生保健基础理论知识的课。

②实践课

实践课是指在操场上（体育馆等）实际从事运动训练和动作练习的课。根据课程不同的教学目标，其通常分为新授课、复习课、综合课、考核课。

目前，我国各级各类学校中，根据学生的个体差异，一般开设有普通体育课、专项提高课、保健体育课等。

A. 普通体育课

普通体育课是为体育基础、身体状况等较为一般的学生开设的，教学内容以教育部门颁发的体育教学大纲或纲要为依据。

B. 专项提高课

专项提高课是针对体育基础相对较好，并对某一专项有一定基础与爱好的学生。在起到锻炼身体的基础上，根据其身体素质进行特定的专项训练，以便更好地提高运动成绩。

C. 保健体育课

保健体育课是为身体较弱或存在某些缺陷的学生开设的，主要是通过适当的体育锻炼来改善身体状况。

（2）体育课的结构

①准备部分

任务：明确本节课的教学目标、内容与要求，在短时间内把学生的注意力集中在课堂上，调动学生的积极性。

内容：通过各种走跑练习和徒手操等运动，或针对本节课的内容做一些专项性的练习，让学生的身体机能进入工作状态，提高机体的活动能力。

组织与时间安排：通常采用集体形式，充分考虑学生特点与本节课的任务完成，合理安排时间，一般占到总时间的10%～15%。

②基本部分

任务：复习上节课的动作练习，学习新的动作技术，同时在学习动作技术中加强合作，增进交流，不仅锻炼身体，也培养良好的道德品质。

内容：完成教学大纲所规定的教学内容与目标，从学生的实际出发，合理安排内容进度，在发展学生身体素质时一般按照速度、力量、耐力的顺序，也可以让基本练习与诱导性练习和辅助性练习交替进行，还可以针对学生的兴趣设置一些比赛和游戏形式的练习。基本部分的结构是多变而复杂的。

组织与时间安排：根据教学目标、学生特点、客观条件等采取相应的组织形式。基本部分时间一般占总课的80% ~85%。

③结束部分

任务：让学生的身体机能逐渐放松、恢复到安静状态，有序地结束教学活动。

内容：根据学生负荷大小等的情况，选择适合的放松形式（慢跑、走步、徒手练习、呼吸练习等)，对本节课进行小结，让学生明确教学内容的完成情况。

组织与时间安排：采用集体形式，通常占课总时的5%左右。

【自学内容】

一、学年体育教学计划的制订

1. 制订学年体育教学目标

根据学段的体育教学目标，学校年度各项工作以及本年级教材与学生的特点，结合学校的场地器材条件确定本学年体育教学目标。

2. 分配本学年教学时数与教学内容

根据体育教材的排列理论将全年的教学内容合理分配到2个学期中，并确定各个教材的教学时数。

3. 制定年度的考核与评价内容

根据预测出的全年的教学效果，制定出年度以及每学期的体能和技能考核标准与方案。

4. 提出相应的教学要求

根据年度教学目标，针对实际的教学内容状况，提出相应的教学要求。

二、学期体育教学计划的制订

（1）根据学年教学目标、本学期教学内容，结合学生实际，以及学校各项工作安排，来确定本学期的体育教学目标。

（2）整理各项教材在该学期出现的次数。该教材出现的课次 = 该教材的时数 ×2

（3）以教材性质和教学目标为依据，确定各个教材的单元规模。

（4）将本学期各个教材的出现次数通过组合，成为规模不同的单元，从而形成“单一教材单元”（只有一个教材的单元）和“组合教材单元”（2 ~ 3 个教材的单元）。

（5）将本学期的各主要单元，考虑上季节因素安排在学期的各周。

（6）将介绍性和锻炼性教材等小单元穿插在各个大单元中。

三、单元体育教学计划的制订

（1）以教材和教学目标作为依据，明确单元的性质。

（2）根据单元的性质调整单元的规模（教学时数的确定）

（3）根据学时数，制定出课的任务与目标。

（4）根据课程的需求选择适当的教学方法。

（5）确定考核方法与评价方法。

【本章总结】

本章主要讲解了体育教学设计和体育教学计划的概念和两者之间的联系与区别，通过掌握国家制定的教学方针，并依据各个学校的实际情况，制订学年体育教学计划、学期体育教学计划、单元体育教学计划、学时体育教学计划，以便更好地指导体育课的方案制订与实施，了解了体育课的概念、特点及类型与结构。

【思考题】

1. 体育教学设计与体育教学计划有什么区别？
2. 体育教学计划有哪些层次？
3. 体育课有哪些结构？分别有什么作用？

【参考文献】

［1］毛振明．体育教学模式论［J］．体育科学，1998，18（6）：5－8.

［2］毛振明．体育教学改革新视野［M］．北京：北京体育大学出版社，2003.

［3］邵伟德．当代体育教学模式内在理论结构探讨［J］．首都体育学院学报，2003（3）：49－52.

［4］邵伟德，尚志强．论体育教学模式研究的现状与未来发展［J］．北京体育大学学报，2005，28（1）：85－87.

［5］邵伟德．体育教学模式论［M］．北京：北京体育大学出版社，2005.

［6］顾明远．教育大词典简编本［M］．上海：上海教育出版社，1999.

［7］杨楠．体育教学模式与主体教学浅论［J］．北京体育师范学院学报，2000，12（1）：1－11.

［8］王华倬．浅析当前我国体育教学实践中的几种体育教学模式［J］．北京体育师范学院学报，1999，11（6）：18－21.

［9］杨建生，乔志，张瑜军．体育教学模式的研究与探索［J］．西安体育学院学报，1999，16（2）：64－66.

［10］聂东风，林华，杭兰平，等．普通高校体育教学模式研究现状与趋向分析［J］．西安体育学院学报，2005，22（2）：101－103.

［11］赵立．体育教学模式问答［M］．北京：人民体育出版社，2003.

［12］毛振明，吴健，马铮．体育教学模式论［J］．体育科学，1998，18（6）：5－8.

［13］肖焕禹，周莉，罗海涛．体育教学模式的结构、类型及应用条件［J］．上海体育学院学报，2002，26（2）：76－81.

［14］邹师．体育教学模式分类及其应用研究［J］．成都体育学院学报，2001，27（3）：29－32.

［15］董胜利，林克明，徐虎波，等．普通高校体育教学模式改革和发展对策的研究与实践［J］．中国体育科技，2001，37（11）：17－20.

［16］曲宗湖，杨文轩．学校体育教学探索［M］．北京：人民体育出版社，2001.

［17］李福菊．体育教学模式研究具体化趋势反思［EB/OL］．［2006－03－05］，

http：//www. ziyuan. com. cn/SoftView. asp？SoftID = 3899921K.

［18］汪金德，胡文昕．试论体育教学的结构协调［J］．沈阳建筑大学学报（社会科学版），2005，7（3）：237 – 240.

［19］庞元正．系统论、控制论、信息论经典文献选编［C］．北京：求实出版社，1989，241.

第十一章　体育教学评价

【内容提要】

本章首先对体育教学评价进行了概述，其次介绍了体育教学评价的相关原则、结构与评价内容，最后讲述了体育教学评价的技术与方法；学生自学内容，包括体育教学评价的功能和体育教学评价的发展趋势。

【面授内容】

一、体育教学评价概述

1. 体育教学评价的概念与特点

（1）体育教学评价的概念

体育教学评价就是依据教学规律，以教学目标为向导，通过相应科学手段对体育教学成效进行评判，并根据客观得出的结果，对受测的整个体育教学活动提出建议和完善方法的过程，也就是一种反馈过程。

（2）体育教学评价的特点

①体育教学评价测量结果是客观的，但其价值判断过程是主客观的统一

吴志超在其《现代教学论与体育教学》一书中指出："教学评价是把教学工作作为客观存在的对象予以测量、分析和判定。"体育教学评价是教学评价的分支，一般采用定性研究、定量研究和混合研究方法（定性研究和定量研究）3 种研究方法，得到的结果是客观的，是不以人的意志为转移的。评判一项体育教学活动的价值，对比体育教学目标，评判体育教学活动是否有成效，或者说是对体育教学活动是否有影响，从而改进体育教学活动，更加地靠近体育教学目标，这里面尊重了教育发展的客观规律，发挥了人的主观能动性，所以体育教学评价结果是客观的，但

价值判断过程是主客观的统一。

②体育教学评价并不是单方面的评价，而是多维度构建评价体系

体育教学评价过程的参与者包括教师、学生、家长、学校和社会等，虽然教师和学生作为教学活动的主要组成部分，但家长、学校和社会等也是不可或缺的参与对象，也能够做出相应的评价反馈。评价并不是单方面能够完成的，作为对体育教学活动的一种反馈，每一个参与对象都可以做出相应的评价，这样才能展现出一项体育活动的完整性，是对这个体育活动进行的整体衡量、多维度互评，是体育教学不断发展、不断进步的源泉。

③体育教学评价是为改进体育教学活动服务的，是完整体育教学过程的一部分

体育教学评价是体育教学过程的一个组成部分，是为调整体育教学目标、计划、手段等过程的一种检验手段，是为了改进体育教学活动应运而生的，这样才能检测到一项体育教学活动的成效和意义，从而促进体育教学活动的进一步发展。

2. 体育教学评价的原则

（1）客观性原则

客观性原则是指体育教学评价作为一个有事实依据的评价过程，是根据实际情况，采用公正合理的科学手段收集需要评价的体育教学活动的信息，排除个人主观臆断的客观性存在。

首先，公正合理要求评价过程严谨、客观，不随意地改变评价规则，不以个人意志为转移，实事求是。其次，采用科学手段，具有明确、具体的评价标准，有严密、合理的评价程序，能够保证体育教学评价的客观性。再次，体育教学评价排除个人臆断或者个人感情色彩，在高职业道德的评价者参与下保证了体育教学评价的实事求是，其结果是客观真实可靠的。体育教学评价根据真实资料得出的结果，能够让被评价者认可；对被评价者的建议是明确、中肯、客观的。

（2）整体性原则

整体性原则是指体育教学评价是多维度进行评价，不能只是面面俱到，不具体详细地进行评价。要构建起体育教学评价的体系，就不能在平面上构建，也不是在空间里面构建，而是多维度构建，一点点串起来，点成线，线成面，面成空间，这样才能形成体育教学评价空间，也就是体育教学评价体系。因为体育教学本身以及教学目标本来就是一个复杂的体系，要对其进行精准评价，就必须多方位深入考究，根据实际情况，分清主次，既要分析评价主要方面，也不能忽视次要方面。评价方法更是不能单一，一般采用混合型评价更佳，也就是定性评价和定量评价相结合，

这样更能保证体育教学评价的完整性。

（3）指导性原则

马克思主义哲学里面说：一切事物都处在永不停息的运动、变化、发展的过程中，整个世界就是一个无限变化和永恒发展着的物质世界。我们应该坚持用发展的观点看问题，坚持用发展的观点看体育教学评价过程，特别是对体育教学评价结果的审视，要把体育教学评价结果作为下一步进行体育教学活动的依据、改进和制定下一步体育教学目标的依据，优化教学过程，最终更好地实现教学目标，使体育教学活动成效根据否定之否定定理呈螺旋式上升趋势。

实现体育教学评价的指导性原则，不能把根据体育教学评价结果提出来的建议，当作死命令执行，应该根据实际情况具体指导，作为一种启发性的引导。

（4）科学性原则

从体育教学评价的整个过程来看，保持其科学性主要有以下 4 个方面：第一，进行体育教学评价的评价标准体系必须经过多种方法验证，确实客观可靠；第二，体育教学评价过程必须实事求是，采用科学的手段进行评价；第三，评价者和被评价者有科学的参与态度，实事求是地应用科学的评价标准和评价方法，不掺杂个人的臆断或者个人感情色彩，得出科学的结论；第四，对评价结果的分析要充分保证其科学性，要让最后结合结果产生的建议具有科学性，对以后的教学活动具有指导意义，就必须用科学的观点去分析，得出切合实际的指导性建议。

总体来说，客观性原则是保证体育教学评价结果有效的基础；整体性原则是进行体育教学评价的必须遵守的过程，要从整体划分到部分进行多方位的整体评价，这才能使得体育教学评价不会以偏概全，才能面面俱到；指导性原则是体育教学评价的实际意义，说明体育教学评价的产生本来就是为了体育教学活动更好地展开而进行的，是为了体育教学活动的完善和改进应运而生的，实践才是检验真理的唯一标准，是为了更好地进行体育教学活动而服务的；科学性原则是其他 3 个原则的基础，不科学就无法做到客观，无法从整体上对体育教学活动进行有效评价，从而导致无法得出有实际指导意义的建议和结论，所以科学性原则是体育教学评价的重中之重。体育教学评价的原则在别的教材上可能划分得更细，但大体都差不多，这些原则相互之间是相辅相成的、缺一不可。

二、体育教学评价的结构与评价内容

1. 体育教学评价结构

体育教学评价结构主要由体育教学评价目的、评价者、评价对象以及评价的技术与手段4个方面构成，也就是“为什么评”“谁来评”“评什么”“怎么评”这4个问题的答案。

（1）体育教学评价目的

①体育教学评价的目的非常明确，就是为整个体育教学活动服务，能够改进和完善体育教学过程，促使其科学化和最优化，调整教学目标，从而更好地实现教学目标。其中最主要的就是甄别学生的学习情况，作为给出体育成绩的依据，这样做虽然目的性太强，但在一段时期内也是不可或缺的评价手段，随着社会的进步与发展，体育成绩并非评判一项体育教学活动或者过程的唯一标准，所以这种体育教学评价的目的性，有其减弱的趋势。

②能调动教师和学生，以及其他各方面参与者在体育教学活动中的积极性，促进体育教学活动不断地发展与进步，根据现实情况，发现体育教学过程中学生或者教师的问题，加以改进，让体育教学更好地进行。

③体育教学目标不断地达成，这样就能提高教学水平，不单纯地以体育成绩论成败，尊重学生发展的一般规律，评测体育教学目标达成的程度，能够挖掘出学生的潜力，帮助学生获得学习的成就感和自豪感，从而能够以人为本，更好地实现学生的个人价值，这是体育教学评价的一个发展趋势。

④值得注意的是，体育教学评价在体育竞赛、选拔体育优秀学生方面，是具有特殊性的，很可能不是以教学目标作为评价依据，所以这种目的的体育教学评价并不是主体评价。

（2）体育教学评价者

体育教学主要是指教与学的过程，一般都是体育教师教，学生学习，所以体育教师和学生就是体育教学的主体，这个里面包括教师对学生的评价，学生对教师的评价，教师间的互评，学生间的互评，其中学生间的互评是可信度最低的，其客观性难以保障。最主要的主体还是教师，因为体育教学活动的展开，主要是在体育教师的指引和讲解下进行的，教学目标也只有这个主体最清楚，因此体育教学评价者一般都是体育教师来担任的，但学生作为教学活动的参与者，或者说是教学活动的感受者，是具有话语权的，是可以进行自我评价和相互评价的。

但体育教学评价者并不一定是指这两方，也有可能有学校、家庭以及社会这些参与方，但因为这些主体并不一定参与整个体育教学过程，缺乏准确性和科学性，因此这些主体对体育教学活动的评价只能作为参考依据，但也不能缺少评价体系构建环节。

（3）体育教学评价对象

周登嵩在其《学校体育学》中对体育教学评价如此下定义：体育教学评价主要是针对学生从事体育学习的具体情况而对其学习过程、学习效果所做的一种评判。这说明体育教学评价对象主要是对体育教学的过程和效果进行的评价。

体育教学评价的对象包括教师对学习过程的评价、学生对学习过程的评价、学生对教授过程的评价、教师对教授过程的评价、教师对学习结果的评价、学生对学习结果的评价等方面。

在此，学生是被评价核心对象，体育教学活动的展开，目的都是针对学生来设置的，教师应该根据实际情况，有规律地监测反馈学生学习情况，找出学习过程中的问题，为改善学生学习效果提供事实依据和帮助。教师自身不断完善自己的教学计划，学会总结学生和自己的不足，从而做到更好地为体育教学目标服务。

（4）体育教学评价的技术与手段

体育教学评价体系的构建是多维构建，因此不能用单一技术和手法来进行评价系统的构建，体育教学评价的形式具有多样性导致需要针对不同内容的体育教学产生相应评价方法，做到具体问题具体对待。

2. 体育教学评价具体内容

布卢姆对教学评价根据评价发挥的作用分类，分为总结性评价、形成性评价和诊断性评价，根据教学评价范围划分为相对评价和绝对评价。针对体育教学活动的特殊性，我们把它具体划分为教师对学习过程的评价、学生对学习过程的评价、学生对教授过程的评价、教师对教授过程的评价以及其他形式的评价内容。下面对这5个方面进行具体介绍。

（1）教师对学习过程的评价

教师对学习过程的评价是体育教学评价手段中最常见的评价方式，是最主要的手段，由经验丰富的教师对学生的学习过程和效果进行评价，是最能获得反馈结果的手段，因此一直是最受重视的评价形式。

（2）学生对学习过程的评价

学生对学习过程的评价主要是指学生对体育教学活动过程和教学效果的评价，

也包括学生与学生之间的相互评价，这种手段有利于学生的自我反馈与自我审视，以及对别人进行客观公正的审视，提高自身明辨是非的能力。也能让学生在自我反省中得到更多的进步，从发展心理学的角度来说，年龄太小的学生是不能对同伴做出正确客观评价的，这种手法适应于有一定认知和评价能力的学生，使用范围具有一定的局限。

（3）学生对教授过程的评价

学生对教授过程的评价，是体育教学评价体系构建的一个重要组成部分，它包括在授课过程中的反馈，也包括参与正规的学生针对教授过程的评教活动。这是根据当今以人为本的观念，是当代教学理念尊重学生个体非常重要的评价方式。

（4）教师对教授过程的评价

教师对教授过程的评价包括教师本身对教授过程的评价，也包括别的教师对教授过程的评价，即教师之间的相互评价，是不断提高教学质量，达到教学目标的评价方式。这 2 个方面的评价手段都是反馈体育教学成果的重要手段。

（5）其他形式

其他评价形式一般都只是做辅助性和参考性的评价，是指除了教师和学生之外的评价主体。例如，家长对学生的体育学习做出评价。因为家长并没有参与整个教学活动，因此评价主体可能会带一些主观臆断和个人感情色彩，因此相对于科学性来说，其评价在一定程度上缺乏全面性和客观性，不能作为对体育教学活动的主要评价手段，只能算辅助手段之一。（表 11－1）

表 11－1　常用的评价类型

评价种类	总结性	形成性	诊断性
作用	评定学业成绩	确定学习效果	查明学习准备和不利因素
主要目的	证明学生已达到的水平，预言在后续教程中成功的可能性	改进学习过程，调整教学方案	合理安置学生，考虑区别对待，采取补救措施
评优重点	结果	过程	素质、过程
手段	考试	经常性测验、作业、日常观察	特殊编制的测验、学籍档案和观察记录分析
测试内容	课程和教程目标的广泛样本	课题和单元目标样本	必要的预备性知识、技能的特定样本，与学生行为有关的生理、心理、环境的样本
试题难度	中等	依教学任务而定	较低

续表

评价种类	总结性	形成性	诊断性
分数解释	常模参照	目标参照	常模参照、目标参照
实施时间	课程或一段教程结束后，一般每学期 1 ~ 2 次	课题或单元教学结束后，经常进行	课程或学期、学年开始时，教学进程中需要时
主要特点	“回顾式”	“前瞻式”	

（备注：引自李秉德，李定仁编著，2000）

三、体育教学评价的技术与手段

体育教学评价的技术与手段是评价体育教学的重要部分，没有技术与手段支撑，体育教学评价基本无法展开，特别是评价过程需要科学性与客观性，需要从不同侧面进行评价的全面性，不仅需要从结果中体现，还要在实施过程中的技术与手段中体现，因此，体育评价的技术与手段需要不断发展变化，改进与创新。

1. 教师对学生学习效果的评价方法

（1）教师对学生学习效果的定性评价

教师对学生学习效果进行定性评价，一般也就是指不采用数学的数据分析方法，通常采用观察法，根据体育教师平时对学生学习情况的观察，对学生平时的表现或者现状，或者根据各种可靠资料分析，相对客观地对学生做出定性评价的有效结论，这种手段只适合有经验的教师使用，教师对学生学习效果的定性评价需要教师拥有渊博的知识、充足的教学经验和准确的判断力，并不适合学生采用。例如：评出等级、写出评语等。通过这种手段对学生学习效果进行评价，重视对整个体育教学活动的描述，对整个体育教学学习效果的分析与归纳和描述。这也是定性研究适用于体育教学研究的一个重要方面，它关注体育教学结果与教学目标是否一致，重视对学生本身的学习效果的评价，能够更好地明确学生的优缺点，更好地明确学生个体的特殊性，并对其进行分析和解释，因此教师对学生学习效果的定性评价是一种有真实效果的评价机制。但定性研究也有其局限性，因为其评价结果不固定性较大，所以采用这种方法需要谨慎。

（2）教师对学生学习效果的定量评价

教师对学生学习效果的定量评价是指使用相应的数据统计方法，得到量化的数据资料，并用统计手段对数据进行分析和整合，从而让教师能够对学生的学习效果做出评判。例如，采用问卷法、测验法等统计手段辅助教师得到客观具体的数据，然后再对学生的学习效果进行有组织、有计划、有针对性的量化描述，从而让教师对学生学习效果做出更精确的评价判断。体育教学过程中，缺少不了对优秀体育学生的选拔，以教育测量为基础的定量评价满足了对选拔过程的体育教学评判要求。

一般从体育理论知识的测验、运动技术的测验、身体素质测验、体育情感行为测验等方面，通过量表来进行量化测验。

（3）教师对学生学习效果的混合性评价

教师对学生学习效果的评价，现在普遍采用混合性评价，也就是定性评价和定量评价的结合。因为定性评价过度注重“本质”的研究，虽然深刻地理解了教学目标及学习结果，注重观察过程和各种专业判断，能够对学生的学习效果从教育学以及心理学等各方面做出评定，但它的评价标准有时不够客观可靠，模糊概念比较多，缺乏数据精准性，因此需要定量评价来帮助量化评价。然而，定量评价的缺陷是只能量化可量化的学习行为，过分侧重于测验形式结果，对于一些学习效果勉强的量化，并不能得到相应的意义，难以做出符合本质的评价。它很有可能完全忽视那些不能量化的学习效果，如一项体育运动对另一项体育运动的迁移学习，都不能用量化来评判，太强调统一标准，忽视了个体的特殊性。可见，定性评价和定量评价都有其不足之处，因此把定性评价和定量评价结合起来就更能完善地描述一项体育教学活动，并对此做出具体而且切实可靠的评价出来，定性评价和定量评价的结合，能够更好地体现当今以人为本的整体教育理念。

2. 学生对学习评价的方法

（1）学生对学习的“自我评价”方法

学生对学习的“自我评价”方法，是学生进行自我学习效果认识的重要手段，能够帮助学生更好地达到教学目标。这种评价没有固定的评价标准，可以根据个体情况制定自己的标准，也可以以学校的教学目标为标准，来自我评定自己的优势和进步。

毛振明在其《体育教学论》一书中，把学生“自我评价”的内容分为“学习目标、参与程度、拼搏精神和学习效果等，方法课采用自省、自评、自我反馈、自我暗示等，手段包括目标回顾、学习卡片、成绩前后对比、行为检点等”。学生对学习的“自我评价”包括的主要方面基本如此。

在现实情况中，通常说学生对学习的“自我评价”可靠性不高，原因在于学生本身对自己的评价并不总是客观的，多少都会带一定的主观色彩，假如一个学生经常有习得性无助感，那么他（她）就会对自己的认识评价过低，如果一个学生自尊心、自信心特别强烈，那么他（她）就会过高地估计自己的学习效果。所以，针对这些情况，教师就需要在学生自我评价过程中，做好更多的支援与监督，完善评价结果。

（2）学生对体育学习的“相互评价”

学生对学习的“相互评价”，是一种集体意识的形成过程，能够促进学生客观地认识和评价别人，从而相互学习、取长补短、共同进步。互评的方法很多，可以根据具体实际情况而定，学生之间的相互评价也只能作为评价体系的一种辅助性评价方法，因为学生与学生之间不确定因素太多，但这样能锻炼学生的集体意识，也是促进学生团结互助进步的有效手段。

3. 教师对教学质量进行评价的方法

教师对教学质量进行的评价方法，包括教师对自身教学质量的评价，教师对别的教师教学质量的评价 2 种形式。教师对自身教学质量的评价，有利于教师对自身教学活动的总结，得出相应的结果，从而更好地指导以后的教学活动。教师通过自己反思、学生的反馈，以及别的教师对自己教学活动的建议，这样几方面结合起来，从而能够更好地掌握自己的教学趋势，有利于达到教学目标。教师对别的教师教学质量的评价，一定要保证公平公正，依据事实客观评价，这样才能给别的教师建设性的建议，才会有帮助；从另一个方面来说，别的教师对自己教学活动的评价和建议，也需要正确对待，认真参考，然后对自己的教学活动加以反思和改进。

4. 学生对教师教学质量进行评价的方法

在当今以人为本的教学理念下，充分尊重学生本身是发展趋势，学生对教师教学质量进行评价，是不可少的环节，也是可以认可的环节，因为学生是教学活动直接参与者，是教学的直接对象，学生的反馈能够直接体现教师的教学水平和教学效果。这种反馈评价过程包括 2 个方面：一是对体育教师教学过程的反馈，这样能让教师直接了解教学环节对学生的即时影响；二是对体育教师教学结果的反馈，这样相当于学生参与教学评教活动。当然这些评价手段，在以教师对教学效果的评价为传统评价方式的当下来说，还是存在不少争议。持反对观点的人认为不能过度重视学生的评价地位；支持者认为学生参与评价体现尊重了学生，彰显了民主教育，有利于人本教育的发展。但不管怎样，这是一个极其有价值的评价方式之一。

在体育教学评价过程中，除了这几种主要的评价方式外，还有其他的评价方式，如家长对教学活动的评价等，也都是可以考虑的评价方式。

【自学内容】

一、体育教学评价的功能

1. 体育教学评价的信息反馈功能

张志勇在其《体育教学论》一书中提出："从信息论的角度来看，教学过程是一个信息输入、变换、输出、反馈和调节的过程。其中，反馈和调节环节实际上也就是评价的过程。"体育教学评价的信息反馈功能是其存在的最基础的作用，任何评价手段都是为了更真实客观地反映体育教学活动，更科学地反馈体育教学活动。

2. 体育教学评价的动机强化功能

体育教学评价的动机强化功能，在体育教学过程中是显而易见的，通过体育教学评价，教师和学生都能够知道自己的具体不足之处，科学合理的教学评价标准，是能够强化教师和学生的积极性的。对教师而言，客观可靠的教学评价能够让教师明确教学方向；对学生而言，客观可靠的教学评价能够激发学生的学习动机，从而使学生能够更好地进行体育学习，提高了他（她）们的主观能动性。

3. 体育教学评价的考察、鉴定功能

体育教学评价的考察、鉴定功能，可以对教师教学水平进行考察和鉴定，帮助教师提高自己的教学水平；可以对学生的体育教学活动学习情况进行分辨，为选拔优秀的体育学生提供参考。

4. 体育教学评价的教学功能

体育教学评价的教学功能，也可以叫作诊断功能，教师通过体育教学评价，了解和掌握学生在某一阶段的具体学习情况，分析相应原因，能够更好地从个体出发，为学生设置更合理的教学方案。教师也可以通过体育教学评价的结果，完善自己教学活动。

二、体育教学评价的发展趋势

随着学校体育教学的不断发展，体育教学评价也得到了相应的发展，其发展趋势可以从以下方面进行了解。

1. 评价理念的不断更新

根据哲学的观点来看，任何事物都是变化发展的，随着学校体育教学的发展，新的教学活动的出现，就需要新的评价理念，旧的教学理念的改进也促使新的评价理念的更新，事物的发展就是新事物代替旧事物。评价理念的不断更新是体育教学不断发展的必然趋势。

在当今教学环节中，素质教育被提上日程，这更要求体育教学评价理念的多维度发展，这样才能更好地评价整个体育教学活动。既要评价教学活动，又要评价教学结果；既要评价学生，又要评价教师；既要考查学生的学习情况，又要注重学生的全面发展，所以评价理念的更新刻不容缓。

2. 评价内容不断扩展

体育教学评价是为体育教学目标的实现应运而生的。体育教学目标的多样性，引起体育教学活动的多样性，而体育教学活动的多样性引起了体育教学评价的多样性。多样性的形成促使评价内容不断增加，从而使评价内容不断扩展，这也是个必然趋势。

3. 体育评价主体多元化

第一，参评对象的多元化，传统的体育教学评价对象主要是教师和学生，如今的评价主体是所有体育教学活动的参与者，或者可以说只是一个观察者也可以，不考虑每个实际的评价主体所产生的评价意义到底谁大谁小，单从评价主体的数量来说，是呈多元化发展的。

第二，评价方法的多元化引起评价内容的多元化，由于评价方法的改进，评价手段的不同，因而有了针对不同的内容进行评价的方法，从而引起多元化的发展。

4. 更加关注体育教学过程评价

当今体育教学评价更加关注体育教学过程的评价，毕竟体育教学结果是一个客观的结果，不会有什么大的改变。而体育教学过程的复杂性和多维性，需要投入更多的评价手段，才能得到能够进行评价的资料分析。随着体育教学的发展，体育教学评价手段的改进，有能力对烦冗复杂的体育过程进行有效评价了，因此开始更加注重体育教学过程的评价。

5. 多种评价方式综合运用

（1）总结性评价、形成性评价、诊断性评价相互结合

李德仁在其《教学论》一书中提出，教学评价方法包括总结性评价、诊断性评

价和形成性评价。其中，总结性评价是以成绩作为展现评价结果的方式，是传统体育教学评价活动中比较重要的评价方式。由于这种方式是在教学活动的最后阶段进行评价总结，对改进教学过程的意义并不是很大，有了相应的形成性评价，形成性评价就是对教学过程进行评价，及时反馈，具有时效性，但无法对整个体育教学活动进行整合性评价。诊断性评价主要解决在教学过程中了解学生个体的情况，根据具体情况给予帮助。这 3 种评价方法相互结合是体育教学评价发展的趋势，其相互影响、相互协调，完善了整个体育教学评价过程。

（2）混合型评价成发展趋势

混合型评价包括定性评价和定量评价，有利于构成评价体系的客观性、完整性、指导性和科学性。定性评价和定量评价的有效结合，本来就是教育科研手段的发展趋势，把这些研究方法运用到体育教学过程中，是体育教学活动发展的必然趋势，也是改进体育教学评价方法的必然趋势。

（3）重视学生的反馈

“坚持以人为本”，是中国共产党十六届三中全会《决定》提出的一个新要求。以人为本，是科学发展观的核心，坚持以人为本，就是以实现人的全面发展为目标，在当今教育理念下，以人为本就要求充分尊重学生，充分重视学生对教学活动的反馈。不仅要求为了教学目标而教学，还要求知道学生愿意学什么、想学什么、怎么学最好。这样才能充分调动学生的主观能动性，促使教学目标更好地实现，也是体育教学评价的一个重要方面。

（4）自评与他评相结合

随着评价体系的完善，自我评价受到了一定的重视，因为传统体育教学评价比较重视他人评价，而忽视了学生和教师的自我评价。教师的自我评价，有利于深刻地认识自身，加上别人对教师教学活动的评价，就能够客观公正地对待自己的教学活动，从主客观方面统一认识教学活动。学生的自我评价，加上同学相互之间的评价，也同样从主客观上进行了统一，能够使体育教学活动的效果得到最大化的反馈，是评价体系不断完善的象征。

三、体育教学评价存在的难题

体育教学评价的发展过程是呈螺旋式前进的，因此体育教学评价过程并不是完善的。首先，评价系统的多维性难以确定，评价空间难以构建。虽然对于一个教学过程，可能知道要从某些方面进行评价，但是却没有有效手段能够进行合理评价，从而导致系统的评价空间难以构建。其次，更加重视总结性评价，过程评价重视度不够。就体育教学活动来说，作为对学生学习结果的最重要体现就是成绩，忽视了过程学习中，学生和教师所遇到的问题，以及对教学方式的反馈，这是体育教学评价在现实操作中的难点。

【本章总结】

本章从对体育教学评价进行了概述，介绍了体育教学评价的概念与特点，介绍了体育教学评价的原则，包括客观性原则、整体性原则、指导性原则、科学性原则。从整体上阐述了体育教学评价的结构与评价内容、体育教学评价的技术与手段、体育教学评价功能、体育教学评价的发展趋势等内容。让读者既能够全面具体地了解体育教学评价，又能够带着思考问题结束本章的学习。

【思考题】

1. 什么是体育教学评价？体育教学评价有哪些特点？
2. 体育教学评价有哪些结构和内容？你认为哪几种最为重要？
3. 如何使用学生的自我评价？
4. 体育教学评价有哪些功能？在教师实践中如何发挥评价的功能？
5. 结合体育教学改革的形式谈谈体育教学评价的发展趋势。

【参考文献】

［1］毛振明．体育教学论［M］．北京：高等教育出版社，2005.
［2］张志勇．体育教学论［M］．北京：科学出版社，2005.
［3］周登嵩．学校体育学［M］．北京：人民体育出版社，2004.
［4］姚蕾．体育教学论学程［M］．北京：北京体育大学出版社，2005.
［5］樊临湖．体育教学论［M］．北京：人民体育出版社，2001.
［6］夏思永．学校体育学［M］．重庆：西南师范大学出版社，2003.
［7］李秉德，李定仁．教学论［M］．北京：人民教育出版社，2000.

第十二章　体育教学环境

【内容提要】

体育教学活动不可能孤立于其他社会活动和社会关系之外独立进行，体育教学活动必须存在于一定的社会关系和环境因素中。而这些对体育教学活动产生一定影响的环境因素就是体育教学环境。

体育教学环境是科学的、可调控的，但同时它又是开放的和复杂的，它渗透在整个体育教学过程之中，影响着整个体育教学过程。从一定程度上可以说，体育教学环境不仅影响着体育教学过程的设计与组织，也影响着体育教学的质量，甚至还决定着学生未来的身体发展和身体健康，更是安全、愉快地进行体育学习的保证。所以，设计和优化体育教学环境就成为保证体育教学活动顺利进行的一项重要工作。

【面授内容】

一、体育教学环境概述

1. 体育教学环境的含义

教学环境的概念，有广义和狭义之分。

广义的教学环境，是指所有可能对教学产生影响的环境因素，小到家庭关系、邻里关系，大到国际局势；从社会科技发展水平，到社会政治经济制度；这些都可以对教学活动产生影响，也都可以被认为是广义的教学环境。

狭义的教学环境，相对广义的教学环境，主要局限于教学活动开展的地点，也就是学校这个范围中，主要是指能够直接对学校教学活动产生影响的各种环境因素，比如学校的地理位置、气候条件、教学条件、师生关系等。我们通常所说的教学环境，主要是指狭义的教学环境。

所以，根据教学环境的概念，我们可以给出体育教学环境的概念。体育教学环境，就是指在学校体育教学过程中可能对教学活动产生影响的所有条件。

2. 体育教学环境的特点

教学环境之所以越来越受重视，是因为它在教学活动中具有重要的意义。而体育教学环境相对于其他学科教学环境而言，价值尤为突出，体育教学环境比其他学科教学环境对教学产生的影响更加直接、显著。体育教学环境之所以有如此重要的作用，主要是由其自身的特点所决定的。

（1）体育教学环境的科学性和可调控性

体育教学环境的设计不是随意进行的，而是有目的、有计划的。换句话说，体育教学过程中的体育教学环境并不是自发形成的，可以科学地设计，而体育教学环境的设计原则就是要有利于体育教学目标的实现，适应学生的身心发展特征和兴趣爱好，并且要遵循体育教学的基本规律。也正是从这个角度来说，体育教学环境是科学的。

在体育教学过程中，体育教师可以根据体育教学活动的需要以及相关条件的变化，随时对体育教学环境进行必要的调节和控制，发挥体育教学环境对学生身心发展的积极作用，消除不利因素影响，从而使体育教学环境朝着有利于教学活动的方向发展。所以说，体育教学环境是可以调控的。

（2）体育教学环境的开放性

与其他学科的教学大不相同，体育教学活动很少在室内进行，大多数情况下，体育教学活动是在室外进行。与室内相对封闭的教学环境相比，体育教学活动要更大程度地受外界环境的影响，同时，能对体育教学活动产生影响的环境因素也比其他教学活动要多。例如，对于其他学科的教学活动来说，室外突然下起大雨基本上不会影响到正在进行的教学活动，最多只要打开电灯就可以了；而正在室外进行的体育教学活动可能会因为突如其来的大雨而完全终止，预定的教学计划也就无法顺利完成。所以，相对于其他学科来说，体育教学环境的开放性为体育教学的顺利进行带来了一定的变数，这也凸显了体育教学环境的重要价值。

（3）体育教学环境的复杂性

相对于其他学科教学环境来说，体育教学环境是比较复杂的。一方面，体育教学环境可能比其他学科教学环境受到更多因素的影响，外界的风雨雷电、气温等都会对体育教学活动产生影响；另一方面，体育教学环境的变化速度比较快，变化的情况也比较不容易控制。所以说，体育教学环境是相当复杂的。

（4）体育教学环境对学生影响的潜在性

体育教学环境对学生而言，犹如空气和水一样，无时无刻不存在着，无时无刻不在影响着体育教学活动。正是由于前面提及的那些体育教学环境的特征，体育教学活动中能够对教学过程产生影响的环境因素太多也太复杂，学生们很难全面、准确地注意到所有的教学环境因素。也可以说，体育教学环境几乎都是用一种比较弱的刺激潜移默化地对学生产生影响。所以说，体育教学环境对学生的影响具有一定的潜在性。

（5）体育教学环境的教育性

与其他学科教育环境一样，体育教学环境是教育活动发生的场所，是被专门设计出来的进行教学活动的场所，这样设计的目的就是实现体育教学的教养、教育和发展目标，这也就决定了体育教学环境必须有其教育价值。所以，体育教学环境是有教育性的。

3. 体育教学环境的功能

体育教学环境的功能一般表现在以下 4 个方面。

（1）导向功能

体育教学环境是根据体育教学目标设计出来的，因此能够对学生产生一定程度的导向作用，帮助学生通过体育学习养成对体育运动的兴趣、爱好，培养学生的体育锻炼习惯，并且树立起终身体育的观念，形成文明和健康向上的生活方式。

（2）陶冶功能

体育教学环境因素的表现形式各不相同，它可以是有形的，也可以是无形的；它可以是物质环境，也可以是精神环境；它可以是相对稳定的，也可以是变化很大的。这些因素综合起来，就会从各个侧面影响学生，有时候甚至是在不经意间就起到了良好的教育效果。准确地、恰当地运用体育教学环境的陶冶功能，可以帮助教师更好地实现体育教学活动的目标，更好地增强学生体质健康水平，对培养学生的终身体育观念具有深远的意义。

（3）激励功能

每个人都希望在优美宜人的环境中生活和工作，沐浴在温暖的阳光里，呼吸着清新的空气，仿佛能够让人精神百倍，工作效率也似乎提高了。体育教学活动也是如此，在良好的体育教学环境里，教师的工作积极性和工作热情都会明显地提高；当然，良好的体育教学环境也可以激发学生的学习积极性，增强他们参与体育锻炼的动力。

（4）健康功能

一方面，体育教学环境不仅存在于学校体育教学过程中，它还存在于整个学校教学过程中，是全体教师和学生生活、学习的地方，清洁的校舍、安静的校园、充足的教学设施和良好的教学氛围不仅有利于体育教学的顺利进行，还有利于生活在其中的师生身心健康；另一方面，在一个优美整洁的环境中学习，可以塑造师生积极的心理环境，而积极的心理环境又可以使学生在教学过程中保持积极的情绪、乐观的心态，不仅有利于促进学生的身体健康，还有利于促进学生的心理健康，从长远来看，良好的体育教学环境对学生的身心健康和全面发展都有着积极的作用。

二、体育教学环境的要素

体育教学环境并不是单独由某一类因素构成的，它是一个由多种不同类型的环境因素构成的比较复杂的环境体系。所以，体育教学环境的表现形式各不相同，它可以是有形的，也可以是无形的；它可以是物质环境，也可以是精神环境；它可以是相对稳定的，也可以是变化很大的；等等。基本上，体育教学环境的构成要素可以划分为2类：一类是体育教学的物理环境，一类是体育教学的心理环境。

1．体育教学的物理环境

任何一个活动都需要在一定的物理环境中进行，物理环境或多或少地都会在活动中起到一定的作用，毕竟所有的人类活动都必须发生在一个时间和空间环境中。对于体育教学来说，物理环境是体育教学环境中有形的因素，也是一个非常重要的因素，从体育器材设施到地理地貌，从季节气候到温度湿度，等等，这些物理环境因素无一不对体育教学的效果产生着重要的影响。通常，体育教学的物理环境由各种物资和物理要素构成，主要包括体育教学的自然环境、体育教学的设施环境、体育教学的时空环境、体育教学的信息环境等。

2．体育教学的心理环境

相对于体育教学的物理环境，体育教学的心理环境并不那么明显，它是体育教学中无形的和动态的环境因素。但是，体育教学的心理因素直接关系到体育教学的效果如何，影响着体育教学的成败。我们所说的体育教学的心理环境，主要包括学校体育传统与风气、体育教学的组织环境、体育教学中的人际关系和体育课堂气氛等。

【自学内容】

体育教学环境对体育教学活动有着重要的作用，它或直接或间接、或明显或隐性、或长期或暂时地对体育教学活动产生着影响，尤其是对实现体育教学的目标有着重要的意义。甚至可以说，在一定程度上体育教学环境决定着体育教学活动的成败，对实现体育教学的目标具有非常重要的意义。当然，这也不是说体育教学环境对体育教学活动只有正面的促进作用，它有时候也会阻碍体育教学活动的顺利进行。所以，为了体育教学活动的顺利进行，为了实现体育教学的目标，为了最大限度地发挥体育教学环境的正面功能，降低负面功能，我们必须从实际需要和实际条件出发。既然如此，我们就必须对体育教学环境进行必要的设计与优化，即对体育教学环境的各种因素进行必要的选择、组合、控制和改善，充分发挥体育教学环境中有利因素的作用，控制甚至消除体育教学环境中不利因素的影响，进而最大限度地发挥体育教学环境的良性作用，促进体育教学活动的顺利进行和体育教学目标的实现。

一、设计与优化体育教学环境的原则

1. 教育性原则

体育教学环境设计与优化的教育性原则，就是要求关于体育教学环境的一切设计和布置都必须有利于启迪学生的思想，陶冶学生的情操，激励学生积极努力，激发学生的创造性，所有的体育教学环境因素必须体现出积极向上的教育意义。

教学环境与其他环境不同，它之所以存在就是为了教学活动的顺利进行。体育教学环境也是如此，作为一种为体育教学服务的环境，它必须是一个简化、净化、平衡化、精神化的环境，必须是一个以学生为中心、以教师为主导的环境，必须是一个以培养人为首要目的的环境。因此，在体育教学环境的设计和优化过程中，无论是大型的体育场馆，还是一个小小的体育宣传橱窗，都必须慎重，都必须充分挖掘其对学生身心全面发展的教育价值，以期使置身于其中的学生无时无刻不受到熏陶和教化。

2. 科学性原则

体育教学环境设计与优化的科学性原则，就是要求无论如何设计体育教学环境首先要遵循2个规律，即学生身心发展的规律和体育教学的基本规律；其次，遵循体育教学相关的基本原理，比较常见的有教育学、生理学、心理学、社会学、美学、建筑学等相关学科的基本原理。具体来说，科学性原则主要有3层含义。

（1）它要求体育教学环境的设计与优化必须从体育教学目标、体育教学内容的实际和特点出发，尽可能地满足体育教学活动的实际需要。

（2）体育教学环境要素的选择、规划、调控、建设、美化等过程均要符合运动学、生态学、教育学、生理学等方面的基本原理，如田径场跑道的方向一般要与子午线相一致。

（3）不同年龄、不同性别的学生身心发展的基本规律是体育教学环境设计和优化工作必须首先考虑的因素，设计者应当尽量满足大多数学生体育学习的需求，并适当考虑特殊学生群体的发展要求。就像大多数人不喜欢在冷色调的环境中就餐一样，大多数学生也不喜欢在阴暗偏冷色调的环境中进行体育学习和锻炼，所以，我们通常所见到的体育场馆都是暖色调设计，跑道通常也都是红色系的。这样设计是有着科学依据的，因为暖色调的颜色比较有利于提高人的神经兴奋性，更有利于学生们集中注意力，尤其是对那些低年级、不太能控制自己注意力的学生更有效果。

3. 人文性原则

体育教学环境设计与优化的人文性原则，就是指在体育教学环境的设计与优化过程中，必须始终坚持“以人为本”，以学生为中心，时时处处为学生着想。具体来说，其中又包括2个方面的含义。

（1）体育教学物理环境的设置要体现出对学生的人文关怀，比如，合格的体育教学环境的首要标准就是安全，只有保证了学生的安全和健康才能顺利地完成体育教学；此外，场地的布置、颜色的使用都要适应该年龄段学生的实际特征，满足他们的需要。

（2）要通过设计和优化体育教学的心理环境，营造一个团结友爱、和谐健康、民主平等、积极向上的体育教学氛围。

4. 实用性原则

体育教学环境设计与优化的实用性原则，就是指体育教学环境的设计和优化应当以学校的实际情况为依据，用最经济的方法设计出最理想的体育教学环境，最大限度地利用现有条件，努力取得更好的体育教学效果。我国幅员辽阔，各个地区经济、社会和教育的发展水平不平衡，各个学校在体育教学环境的设计、建设和优化中所表现出来的特点也是不尽相同的，特别是体育教学物理环境的建设，如果不因地制宜、从本学校的实际出发，难免会陷入只重形式和外表而轻内涵和特色的误区。

二、设计与优化体育教学环境的策略

体育教学环境设计是为了创造或改善教学条件，对学校体育教学环境进行的整体或局部的规划、组织、协调和安排。它既包括学校体育教学物理环境的设计，也包括体育教学心理环境的设计，具体来说有以下策略。

1. 体育教学物理环境的设计与优化策略

在现代学校中，体育教学的物理环境（特别是体育教学的设施环境），往往要发挥多方面的作用，它不仅要满足体育教学的需要，还要满足师生开展各种课余体育活动的需要。因此，体育教学物理环境的设计与优化必须从学校教育和学校体育的整体需求出发，以最大限度地发挥其教学、休闲、娱乐、审美等方面的综合功能。设计与优化体育教学物理环境主要有以下策略。

（1）因地制宜，突出特色，为体育教学营造良好的物理环境

首先，中小学体育场地、设施存在严重不足的现象，这已是长期困扰我们的事实。在目前教育经费短缺的状况下，我们只有采取因地制宜、自力更生、就地取材、充分利用各校各自的环境条件，发挥各自校园的优势，科学地设计、巧妙地布置各种器材设施，这才是摆脱困境的唯一出路。校园无论大小，里面都有各自不同的地形地物，可以将本校的地形、地物、地貌，学校房前屋后的空地、小山包、树木、废弃物品，改造成学校体育理想的场地和设施，如土墩、斜坡、树木、场地、水泥地面等。例如，可以在水泥地板上画各种各样进行跑、跳等活动的图形；校园内的围墙上可以设置攀爬墙；还可以利用学校自然优势，发动学生和家长、社会和学校群策群力协同制作水泥乒乓球台、沙坑等；利用河边的沙子可制作小沙包、沙袋作为投掷物；利用废弃的编织袋自制体操垫；用废旧汽车外轮胎安装成各种健身器（如简易跑步器、轮胎群、钻圈、吊桥等）。

其次，在体育教学过程中，所处的自然环境是无法改变的。一般来说，不同地域、不同条件的学校在环境条件上是有差异的，它们所拥有的环境资源的数量、质量和类型也是不同的。同时，各个学校在环境方面也都有自己的特点和优势。例如，经济条件较差的农村学校，虽然不像经济条件较好的城市学校那样有着比较标准的体育场馆和充足的运动器械，但是它们却拥有丰富的自然环境资源，体育教学场所

的空间也比较开阔，因此，如果能够因地制宜、挖掘自己的优势，进而利用自身已有自然环境的优势，最大限度地减少和弥补已有自然环境的不足，最终实现体育教学环境的整体改观。不仅如此，校园内有池塘或者湖泊的学校，可以围绕着“水”来设计体育教学的环境；而看见相对狭窄的城市学校，在进行体育教学环境建设时，则可以考虑如何尽可能地利用有限的看见，围绕着体育教学场所和设施的“多功能”来做文章，等等。又如，我国东北地区的学校在冬季可以充分利用大自然提供的冰雪资源开展滑冰、雪橇等能调动学生积极性的冬季运动项目；而南方地区气候温暖、水资源丰富，学校可以开展游泳、龙舟等水上运动项目。

最后，体育教学中的班级规模也是一个无法改变或者暂时无法改变的环境要素。但是，为了提高体育教学的效果和质量，也可以采用变通的方法，如进行分组教学，或采用全年级学生统一编班上体育课的形式等，只要设计科学、组织得当，完全可以取得不逊色于小班教学的教学效果。

（2）加强管理，消除隐患，创设安全、卫生的体育教学环境

在体育教学的设施环境、自然环境以及队列队形等物理环境的布置、选择和安排中，要体现“安全第一”和“卫生清洁”的要求，并注意加强对相关场地设施的管理，以期最大限度避免地体育教学环境对学生身体和健康的伤害。

安全的体育教学环境表现在2个方面：第一，所有体育教学的场所和设施都不应该存在安全隐患，使用这些设施前，要对其进行必要的检查和清理。如开始体育教学之前，将运动场上的砖头、石块捡干净；在使用运动器械之前，检查运动器械是否有松动、零件是否有损坏等，最大限度地避免发生各类伤害事故。第二，体育教学中，队列队形的设计、编排、变换、调动等也必须注意安全，例如，学生在学习推铅球等投掷内容的时候，就不应该采用面对面站立的队形，而是应该采用所有同学面向同一方向站立的队形，等等。

很长时间以来，体育教学环境的卫生问题都没有受到足够的重视，而从保证并促进学生健康的角度出发，在体育教学设施环境的设计和规划中，必须考虑到卫生问题。如体育教学场所和设施应打扫干净；室内体育场所的采光要充足、温度要适宜、通风要良好；游泳池要经常换水和消毒；等等。另外，在选择体育教学的自然环境时，应尽量避开风沙，并尽量选择无空气、水和噪声污染的环境。

（3）筛选提炼，去粗取精，科学使用各类信息资源

所谓的筛选提炼，是指在调节和控制体育教学环境的过程中，要对存在于体育教学环境中的各种信息进行一定的选择、加工和提炼处理，以实现体育教学信息的

最优化控制，使体育教学信息成为促进学生健康发展的积极因素。

当今信息时代，广播、电视、书籍、报刊等大众传媒和计算机网络构成了体育教学的重要信息源，特别是电视、报刊和计算机网络中体育方面的信息，对体育教学活动有非常大的影响。例如，美国的 NBA 球星就往往是学生追捧的对象，无形之中影响着学生对体育的态度、兴趣以及情感等。

但是，在享受现代信息资源的丰富、便捷之时，有一点是需要特别注意的。这些信息本身是良莠混杂的，其中不乏有许多消极的信息，并可能会对体育教学产生负面的影响。而青少年学生往往缺乏正确识别各种信息的能力。因此，如何将繁杂的信息中不利于学生健康成长的部分剔除出去，而将对体育教学和学生成长发展产生积极影响的部分保留并发扬光大，就成了体育教师所面对的一个新课题。在此基础上，体育教师还应该注意指导学生识别和处理各种信息，提高他们自觉抵制不良信息的意识和能力。

（4）整体布局，科学规划，建设和谐美观的教学环境

建设和谐美观的教学环境，就是要在体育教学场所和设施的创设中，从整体上进行规划，不仅要求每个场馆、设施都美观简练，还要注意使整个体育教学环境乃至整个校园环境的各个组成部分之间都协调一致、浑然一体。

①体育教学的场所和设施与学校其他建筑和设施之间要协调一致，保持学校的整体一致性，使之能够成为一个有机整体。

②体育教学的场所和设施之间要协调一致、美观简练。各种运动场馆之间、各种运动器械之间的布局和间隔距离布置都要尽量做到合理、协调。此外，各种体育教学场所和设施的颜色搭配既要美观，也要合理，更要考虑学生的心理特征，选择较容易为学生所接受的搭配方案。

③体育教学场所和设施与所在学校的自然环境也应该协调一致。这样一来，既充分利用了环境资源，又起到了美化环境的作用。除此之外，还要注意运动场馆和器械周围的绿化，尽量营造出生机盎然、景色宜人的体育教学环境。

④规划和建设体育教学环境时，要加强周边环境的绿化。

2. 体育教学心理环境的设计与优化策略

体育教学心理环境的设计与优化过程具有其自身的特点，与体育教学物理环境的差别比较大。体育教学心理环境的设计与优化要面对林林总总相对琐碎的问题，涉及的内容相当丰富，当然相对应的设计难度也更大。此外，体育教学心理环境的设计与优化是一个长期的过程，短时间之内成效可能并不明显，所以需要持续、不

间断的努力。体育教学心理环境设计与优化的常见策略主要有：

（1）培养、建立正确的舆论与规范

正确的舆论与规范促使人积极向上并做出对群体有益的行为，与之相反，不正确或不健康的舆论与规范则诱迫人做出对群体有害的言行。因此，良好的体育教学心理环境的构建过程中，需要体育教师注意在班级乃至学校内培养良好的舆论与规范。具体来说，要培养、建立正确的群体舆论与规范，应该做到以下几点。

①要争取和依靠学校领导的支持。而之所以要争取学校领导的支持，是因为，学校领导办学的指导思想、行政决策风格等直接关系到学校体育工作的开展，关系到一个学校的校风、体育传统与风气的营建，在学校舆论与规范的形成过程中有着举足轻重的地位。实践也已表明，凡是一些体育工作开展得较好，并形成良好体育舆论与规范的学校，无一例外都是学校领导高度重视体育、在认识上到位、在制度措施上落实。反之，在一个学校领导只关心学生的应试成绩、忽视体育教学的重要作用的学校里，是不可能形成良好的体育舆论与规范的。

②要加强舆论宣传，培养学生对体育的自觉意识。如果要培养学生的体育兴趣和参与意识，要让学生把锻炼身体作为日常生活的一种习惯，就必须加强对体育的正面宣传和引导，营造一种良好的舆论、氛围，以培养、强化学生的自我体育意识，使之形成一种自觉的、内在的驱动力，促进学生锻炼习惯的养成。

③一方面体育教师要考虑体育舆论与规范对群体成员的适应性，争取班级中大多数成员的支持；另一方面，体育教师还要考虑群体舆论与规范和社会规范的一致性，使每个学生都能正确处理自己与群体的关系；此外，在教学中体育教师还要注意结合体育教学内容的特点，随时对群体舆论与规范进行正确的引导。

④要努力建立起一套联系起“学校—家庭—社会”的全方位、立体化的教育网络。在学校体育舆论与规范的形成过程中，虽然学校体育教育是主体，但社会是学校体育教育的外部环境，家庭则是学校体育教育的基础，这二者的作用绝对不能忽视。所以说，要想取得良好的体育教学效果仅仅靠学校的努力是不够的，还必须得到家庭和社会的支持和协助，在终身体育的方面更是如此。

（2）建设和谐的人际关系

在体育教学中，一个平等、友爱、积极、和谐的人际关系对形成良好的体育教学心理环境具有极其重要的意义。而这里所说的人际关系不仅包括平等、和睦的师生之间的关系，还包括友爱、互助的学生之间的关系。要建设和谐的人际关系，具体来说就是要完成以下任务。

① 建立和谐、融洽的师生关系

体育教学中要形成和谐的人际关系，必须开辟多种渠道，建立融洽的师生关系。而能否建立良好的师生关系，主要取决于体育教师的行为。在体育教学中，体育教师应该努力做到：

第一，挚爱。挚爱是构建良好师生关系的基础，教师要爱学生、尊重学生、真正关心学生，以一颗爱心去包容学生。曾经有媒体报道中提及某某学校的体育教师让初一学生去清理游泳池，结果发生意外导致学生溺水身亡，除去物质条件的限制和制度的缺失，最让人叹息的就是这位教师缺少对学生最起码的爱与关怀，如果他真正爱这些孩子又怎么可能让那么小的孩子去做那么危险的工作？所以，缺少了挚爱的师生关系永远都不可能和谐、融洽。

第二，平等和尊重。教师要把尊重学生的人格和权益、相信每一个学生都能成才作为教育的基本信条；要注意保护学生的自尊心，对学生要有耐心，语言要把握分寸，避免伤害学生，要尊重所有的学生，对每一个学生都充满信心、满怀期望，而不是偏爱一部分，嫌弃一部分。每一个孩子都是独一无二的，他们可能在某一方面有所欠缺，但是他们身上一定有别人所不具备的闪光点。一名优秀的教师要做的是帮助学生充分发挥自己的优点，努力改善自己的不足，让每一个学生都绽放出自己耀眼的光芒。

第三，真诚。只有充满真诚的体育教学才能感染学生、激励学生。教师的每一个举动，都应该是发自内心的；教师的每一句话，都应该是肺腑之言，不做作，不矫情。只有真心以对，学生才会从心底愿意听从教师的教诲，尤其是在迷茫的时候，才会愿意完全相信教师的指引。

② 学生与学生之间的人际关系也不可忽视

良好的人际关系是建立在平等互爱的基础之上的，教学中师生之间是这样，学生与学生之间也是如此。每个学生都有积极上进心，有着获得成功的高度愿望。因而，教师要对学生进行必要的心理品质训练和培养，强化集体意识，培养团结合作的精神。

（3）加强体育课堂教学管理

实践证明，严格的课堂教学管理可以对学生产生一种潜移默化的影响，对体育教心理环境的形成有积极的促进作用。特别是如果体育教师能长期坚持不懈地贯彻课堂常规并能以身作则，就会对学生的体育态度与行为乃至思想品德产生长期甚至是终生的影响。而强化课堂教学管理要从最基本的行为规范开始，从这一点上来说，贯彻体育课堂常规不失为一个行之有效的方法。

此外，体育教师还要善于处理突发事件，如学生在教学过程中出现争执甚至打架的情况等。这些事件在体育教学过程中经常发生，如果体育事件不能及时、灵活处理，不仅会影响正常的教学秩序，而且可能会对已经形成的体育教学课堂氛围产生消极的影响；反之，突发事件如果处理得当，又会对体育教学心理环境的优化起到非常显著的积极作用。所以，体育教师必须以冷静的头脑、得当的处理措施来应对随时可能出现的各类突发事件，力求将其消极影响控制在最小的范围内。

（4）营造宽松、和谐、民主的体育课堂气氛

体育课堂气氛是体育教学心理环境的重要组成部分，学生对体育的兴趣、爱好、动机等总是在一定的体育课堂情景和气氛中产生的，良好的体育课堂气氛一旦形成，往往具有很强的感染力，可以催人奋进。因此，营造宽松、和谐、民主的体育课堂氛围对实现体育教学目标具有非常重要的意义。要营造良好的体育课堂氛围，可以采用以下对策。

①要注意培养学生主动参与体育学习的态度和习惯，学生只有主动参与课堂学习，才有可能营造出积极的课堂氛围。

②教师在体育课堂教学过程中要能够做到“眼观六路，耳听八方”，善于把握各种稍纵即逝的即时情境，并能够充分利用他们来调节和改善体育课堂教学气氛，提高体育教学的环境质量。

③要注重课堂教学活动中的人际感情交流，使教师与学生、学生与学生之间能够产生情感的共鸣，即教学中教师要关爱学生、主动帮助学生，以激发学生积极主动的学习热情，形成教师与学生互相激励、互相鼓舞的良好情感氛围。

④教师要改变过去那种居高临下式的角色，鼓励学生大胆质疑、大胆求异、大胆创新，积极创设一种“不唯上、只唯真”的平等、民主的课堂学习气氛。

（5）充分发挥榜样和典型的作用

在优化体育教学心理环境的过程中，榜样的力量往往是无穷的。这种榜样主要表现在2个方面：一方面，“身教”重于“言传”，体育教师的人格魅力对学生的影响是巨大的，因此要充分利用教师积极的个性品质和教学风格去创造良好的班集体气氛。另一方面，体育教师要善于从小事入手，强调学生积极的个性行为，如刻苦学习、乐于助人等，这些良好的个性行为常常会在教师的鼓励与赞扬中成为全体学生的榜样，从而形成积极的集体氛围。

（6）培养学生的自控自理意识

这一策略主要是指教育者不仅自己要重视调节控制教学环境，而且要重视学生在调节控制教学环境方面的作用，培养学生自控自理环境的意识能力，使学生自己学会控制和管理教学环境。

★设计与优化体育教学环境的案例★

“小青蛙学本领”—— 生动有趣的跳跃教学

常州市局前街小学的潘雪锋教师和同事们曾经做过优化体育环境的尝试，取得了很好的效果，以下是潘教师的教学记录。

我们在进行低年级体育课组织形式的研究时，通过反复研究和修改，通过多次试教，最终设计了一份主题情境为“小青蛙学本领”的跳跃教学方案。

执教中，体育教师通过生动的语言、形象的肢体动作和引人入胜的情境设置，把学生带入了一个小青蛙学本领的故事中，他们个个头戴小青蛙头饰，跟着青蛙妈妈学习跳跃的本领、游泳的姿势和欢快的韵律舞，整节课学习气氛浓厚，充分体验了自主性、参与性和探究性的新课程理念。

「点评」“小青蛙学本领”的成功之处主要可以归纳为 2 点：第一，潘雪锋教师和同事们经过精心准备，把握住了小学低年级学生的生理、心理特征，整堂课既有趣味性，又有教育性，既传授了跳跃技术，又起到了锻炼身体的作用；第二，教师用生动的语言传递了本节课的信息情境，他们还设计了小青蛙头饰等器材，这些环境要素结合各位教师课前对教学目标、教学内容的悉心钻研，最终构建了一个趣味盎然、目标明确又组织有序的体育教学环境。

【本章总结】

体育教学环境是体育教学活动的基本因素之一，由体育教学的物理环境和体育教学的心理环境构成，具有导向功能、激励功能、陶冶功能和健康功能。体育教学环境对体育教学活动有着重要的作用，它或直接或间接、或明显或隐性、或长期或暂时地对体育教学活动产生着影响，尤其是对实现体育教学的目标有着重要的意义。甚至可以说，在一定程度上体育教学环境决定着体育教学活动的成败，对实现体育教学的目标具有非常重要的意义。

为了实现体育教学的目标，我们必须从实际需要和实际条件出发，为了最大限度地发挥体育教学环境的正面功能，降低负面功能，本着教育性、科学性、人文性、实用性的原则，对体育教学环境进行必要的设计与优化，即对体育教学环境的各种因素进行必要的选择、组合、控制和改善，根据实际条件最大限度地创造一个良好的体育教学环境，撷取环境中各种有利因素，抑制、改变或消除各种不利的环境因素，以达到体育教学环境的最佳状态，使教学环境有利于学生身心的健康发展和教学活动的顺利进行。

【思考题】

1. 什么是体育教学环境？体育教学环境具有什么特点？
2. 良好的体育教学环境有哪些功能？
3. 体育教学的物理环境和心理环境各由哪些要素构成？
4. 结合实际，简述体育教学环境的设计与优化原则。
5. 列举设计与优化体育物理教学环境的策略。
6. 举例说明如何设计与优化体课堂教学气氛。

【参考文献】

［1］毛振明．体育教学论［M］．北京：高等教育出版社，2005.

［2］季浏，等．体育教育展望［M］．上海：华东师范大学出版社，2002.

［3］刘清黎．学校体育学［M］．北京：人民教育出版社，2007.

［4］龚正伟．体育教学论［M］．北京：北京体育大学出版社，2008.

［5］毛振明．体育科学化探索［M］．北京：高等教育出版社，1999.

［6］皇甫金，王华陆．现代教学论学程［M］．北京：北京教育科学出版社，1998.

［7］曲宗湖，杨文轩．学校体育教学探索（丛书）［M］．北京：人民体育出版社，2001.

［8］刘清黎．体育教育学［M］．北京：高等教育出版社，1994.

［9］姚蕾．体育隐蔽课程的基本理论与实践［M］．北京：人民体育出版社，2002.

［10］周登嵩，李林，陆作生，等．体育教学人文性的思考［J］．体育科学，2002，22（5）：10－13.

第十三章　体育说课

【内容提要】

体育说课就是体育教师在备课的基础上，在没有学生参与的情况下，面对同行、专家，以语言为主要表述工具系统而概括地讲述某一教学内容的课堂教学设计及其理论依据。说课因其操作便捷与制约较少而在体育学科竞赛与教师招聘中经常用到，就结果反馈来看，不少体育教师还存在着认识误区，对说课与备课、上课的区分不够，对说课的程式缺乏了解，没有掌握说课技巧，等等，为此，我们就说课是什么、为什么要说课、怎样说课等问题进行探索。

【面授内容】

一、说课的概念与体育说课

1．说课与体育说课的概念

（1）什么是说课

通常情况下，说课是教师以语言表达为主要方式，辅助以相关媒介如挂图、黑板、白板、视频等手段面向同行、专家在备课的基础上，系统而概括性地解说自己对课程的理解，阐述自己的教学设计及为什么这样设计——理论、思想与理念。说课，亦即对课的解说和评说，解说是重点，是教师面向同行专家的口头表达，阐明教什么、怎样教和为什么要这样教及其理论依据；而评说则是同行、专家对解说效果的评议、交流和研讨。

（2）说课与备课、上课的关系

①说课与备课的关系

说课与备课既有相同点，又存在不同。相同点体现在课的主要教材基本相同，说课和备课都是围绕主要教材展开叙说的；说课与备课都是课前的准备工作；说课与备课都要研究课程标准、吃透教材，了解学情，选择教法与学法，设计教学过程等。

不同点表现在两者的内涵不同，备课侧重于教什么、怎样教的操作层面，属于教学活动，而说课侧重于为什么教这些内容以及为什么这样教，属于教研活动；两者面向对象不同，备课是面向学生，准备如何把备课内容传授给学生；而说课多是面向专家、同行，说明为什么要这样备课；两者目的不同，备课是面向学生实施以促进学生发展为直接目的的教学设计活动，而说课是面向专家、同行以提升教师自己的备课能力、全面认识教育教学原理为目的的活动；两者活动形式不同，备课是教师个体进行的静态的教学活动，而说课是一种集体进行的动态的教学备课活动；两者基本要求不同，备课强调教学活动的安排，只需要写出做什么、怎么做就行了，特点是在于实用，而说课教师不仅要说出做什么、怎么做，而且还要说出为什么要这样做。

②说课与上课的关系

两者的共同点表现在：说课与上课都围绕着某一教材（或课题）展开，在说课和上课过程中都可以展示教师的教学艺术的一面，教师的身体语言、表达能力、教态、使用现代教育技术的能力、板书等基本功展露无遗。一般说来，教师说课的效果能大致反映教师的上课效果，说好课可为上好课服务。这是由于说课不仅说出了课堂教学的全过程，而且说出了为什么这样设计的教学过程；说课所表露出的神情和艺术性也是上课艺术性的基础。好的说课能使课上得更具有科学性、针对性、艺术性。当然，随着上课经验的日积月累，又为提高说课水平奠定了基础，这些都反映了说课与上课的共性和联系。

两者的不同点表现在：说课与上课的要求不同，说课不仅要说教什么、怎么教，而且还要说出为什么这样教；而上课主要解决教什么、怎么教的问题。两者对象不同，上课的对象是学生，说课的对象是具有一定教学研究水平的领导和同行，说课不受教材、年级的限制，也不受人员的限制，大可到学校，小可到教研组；而上课是课堂上教师与学生间的双边教学活动。显然，说课比上课更具有灵活性，它不受空间限制，不受教学进度的影响，不会干扰正常的教学。两者评价标准不同，说课重在评价教师掌握教材、设计教学方案、应用教学理论以及展示教学基本功等方面；而上课的评价标准虽也看重教师的课堂教学方案的实施能力，但更着重课堂教学的效果，着重学生实际接受新知、发展智能的情况。

（3）体育说课是什么

说课是由“说”和“课”组成，“说”是教师的主观活动，而“课”则是一种客观存在；“说”是形式，而“课”及“课理”是内容，因此体育说课的“说”与“课”之间的关系就是主观与客观、形式与内容的辩证统一的关系。体育说课不仅说教什么、怎么教与学，而且要说为什么这样教与学（课理），使人不仅知其然还能知其所以然。

放眼说课实践不难发现，有相当一部分毕业生和在职体育教师是按照预先完成的教案来详细解说自己的教学设计的，甚至也有随手拈来一份教案就“夸夸其谈”的。而合理处理好“说”与“课”之间关系的较少。首先，对于“怎么样”与“为什么”的关系没处理好。说课者只说出按照教材及教参说教什么、怎么教与学，而没有说清为什么这样教与学。譬如说“教法”，就只说：我这堂课将采用游戏法、竞赛法、领会式教学法，蜻蜓点水，一笔带过。不说怎么使用游戏法、竞赛法、领会式教学法，不说为什么选择游戏法、竞赛法、领会式教学法，不说采用游戏法、竞赛法、领会式教学法的根据。甚者连自己本身都没有理解为何采用游戏法、竞赛法、领会式教学法。

其次，没有处理好“实”与“虚”的关系。说“实”，即说客观存在的教什么、学什么、怎么教、怎么学的问题；说“虚”，即说出为什么教这些、为什么学这些、为什么这样教、为什么这样学。然而在体育说课实践活动中，其经常给人以复述教案或再现上课过程或听教育理论报告会的印象和感觉。体育说课“实”与“虚”需要统筹兼顾，需要视教材内容和学生情况而合理搭配，而不能顾此失彼。

2. 体育说课的作用

（1）有利于促进体育教师专业化发展

体育说课不仅是一项技术性活动，还是一项理论研究活动，说课者不仅要说清体育教学内容、教学目标、教学方法、教学过程、学情、预期效果等，还要说清这些要素背后的理论依据。因此，要想说好课，体育教师需要学习《体育与健康课程标准》《学校体育学》《体育教学论》以及其他教育理论知识，钻研教材，学习现代教育教学理论，反复推敲琢磨自己的教学设计是否可进行优化。因此，通过坚持体育说课实践，体育教师必然要坚持学习、不断反思、不断更新自己的教学观念，充实理论知识，从而促进体育教师业务素质产生质的飞跃，由“教书匠”成长为“专家型”教师。最终实现全面提高体育教学质量的目的。

（2）有利于推动体育教研活动向深层次发展

总体来说，过去体育教研活动形式还是比较丰富的，比如集体备课、上公开课、展示课、观摩课、集体评课、课题研究小组等，这些教研活动在推动体育教师成长尤其是年轻教师专业成长方面发挥着至关重要的作用。近年来，体育说课开始流行起来，在体育教研活动中的地位日益突出。其原因在于：传统的体育教研活动多注重的是一种技术展示或教学“艺术”展现，对理论要求并不高，属于熟能生巧型的技术性活动；而新课程改革赋予体育教师极大的课程自主权，单单按照“照本宣科”的方式上体育课已经落伍了，体育教师需要加强理论学习，不仅知其然还要知其所以然，体育说课就很好地解决了这一问题。在体育说课中，说课者不仅要知道体育课怎样上，还要知道为什么要这样上；评课者也要努力寻求说课教师的特色与成功经验的理论依据，说评双方围绕着共同的课题形成共识，达到取长补短、优势互补的效果，说课者得到反馈，进而改进、提高和完善自己的教学方案。在电脑普及的今天，体育教师甚至可以面对电脑上的摄像头去说课，说课的内容保存下来后，再和其他教师一起探讨交流。体育说课变得更容易实施，突破了时间空间的限制，提升了教研的效率。而且，这种面对摄像头的说课还可以对体育教师的教态、教学语言等做出更细致的考察，有利于从全方位提升体育教师的教育能力。

二、新课程理念下的体育说课

1. 体育说课的内容

目前，关于“体育说课内容”并没有统一的规定，说课者可以根据具体情境选择主要内容进行有重点的说课。随着对说课研究成果的增多以及部分教师招聘对说课要求的变化，说课的内容呈现增多的趋势。较具代表性的观点有黄小平（1995）较早提出的“说教材、说教法、说程序”三要素；王红霞（1999）提出的“说教材、说学情、说教学过程、说教学方法”四要素；安斗（2008）提出的“说教材、说教学目标、说学情、说教法、说教学流程、说教学改革与创新、说预计教学效果”七要素，反映出体育说课内容不断拓展和全面的变化趋势。最近，王南童提出体育说课应围绕“教什么、怎么教和为什么这样教”3个核心问题，突出重点、主次分明地来说课；赵志荣（2012）在对前人研究成果归纳基础上提出体育说课内容包括“课堂设计（为什么这么教）”和“课堂教学（教学方法和时间安排）”两部分（表13－1）。笔者认为，体育说课的内容一般包括说课标（重点说明有关课堂教学目标、教学内容及教学操作等在课程标准中的原则性要求，从而为自己的教学设计寻找到有力的依据）、说教材、说学法、说教法和说教学过程5个方面。

表13-1 关于体育说课的内容

类别	代表性作者（年份）	说课内容
三要素	黄小平（1995）	说教材、说教法、说程序
	王南童（2010）	说教什么、说怎样教、说为什么这样教
四要素	王红霞（1999）	说教材、说学情、说教学过程、说教学方法
五要素	宋学光（2008）	说教材、说学生、说教学方法、说课的安排、说教学效果
六要素	党炳康（2005）	说学生、说教材、说教法、说学法、说教学程序、说教学效果
七要素	安斗（2008）	说教材、说教学目标、说学情、说教法、说教学流程、说教学改革与创新、说预计教学效果

以上关于体育说课内容的论述，只是为体育说课提供一个大致的范围，并不意味着具体说课时都要面面俱到，逐项说来，应该突出重点，抓住关键，根据说课类型（课前说课、课后说课、评比型说课、研讨型说课、示范型说课和汇报型说课）的不同，在有限时间内进行有效的陈述，该展开的内容充分地展开（如学生学习中可能碰到的困难、教师的教学策略等），该说透的道理尽量去说透，这样才能取得良好的效果。

2. 体育说课的基本要求

（1）分清主次，突破难关

从体育说课的概念可知，体育说课不等于备课，不等于上课，也不等于宣读和背诵教案或专家讲座，说课也不能拿事先写好的说课稿去读、去背。由于说课时间有限，通常10～15分钟，这就要求说课者不能面面俱到、说得太细、太深，但要说清教什么、怎样教、为什么这样教。通过说课者10～15分钟的展示，要使评课者能了解说课者对教材的理解程度、吃透的程度，以及所具备的理论功底和体育实践教学经验，因此，说课者应该在保证教学流程清晰、重点突出的基础上，把关键问题交代清楚，如教材、教学指导思想、学情分析、学法等。说课者切忌把45分钟整堂课全盘说出，不仅时间不允许，其结果只能是给评课者一种轻描淡写、蜻蜓点水的感觉。

（2）从实际出发，明确说课目的

体育说课是为了讲好课、上好课，是为体育教学实践服务的。体育说课者一定要从体育教学的实际出发，从学情出发、从课型出发、从教材出发，不是随便堆砌一篇说课稿甚至从互联网复制粘贴一篇说课稿，并且说课中的教法、学法一定要是可操作、可实现的。据此，体育说课者在体育教材的选择、安排、设计上要有一定的依据，选用《体育与健康课程标准》中与学生水平相适应的课时教学计划内容，并用合适、恰当的语言表述自己的设计意图，不要用太多的夸大、浮虚的词语美言自己，以免“画蛇添足”，适得其反。因此，说课者在说课时力求避免空泛，既要有明确教学要求，又要有落实的措施，使人看得清、抓得住，发挥好说课的交流作用。

（3）不拘一格，讲究特色

“教学有法，教无定法，贵在得法”同样适用于体育说课，说课者应该发挥自己的主观能动性、创造性，因地制宜，灵活选取说法，在说课格式、顺序安排上，不拘一格；把课说活，发挥个人的特长，说出该课的特色，说出个人的风格；把课说得有条有理、有理有法、有法有效，说得生动有趣；说课还要留有弹性，如教学在目标达成、教学时间分配、练习密度安排等方面给自己留一个台阶。

（4）语言流利，语气亲切，姿态自然

无论是面向学生还是面向专家同行，说课与讲课一样都要求语言流利、语气亲切，教态自然大方。说课者应该保持语速适当、声音洪亮、节奏分明，生动风趣；辅助说课手段幻灯片制作要精美、图文并茂、重点突出，擅长书法的教师借助黑板板书，增加评课者对自己的印象。说课要富有激情和个性，最好能说得神采飞扬，激情澎湃感染听众。说课者能否通过其表情、手势、姿态、语速、音调等外部动作传递思想感情，表述意见和要求，不仅关系到此时述说效果的优劣，而且能使听者对其平时课堂教学中非语言表达能力的功底有所评价。

3. 新课程理念下体育说课的技巧与方法

（1）“说学法”与“说教法”

现代教学论提出以学生学习目标的实现为评价尺度。当前基础教育体育课程改革倡导自主学习、合作学习、探究式学习方式，特别强调学生学习主体地位的体现，以充分发挥学生的学习积极性和学习潜能，激发学习兴趣，引导学生自主学习与探究，从而提高学生的体育学习能力。目前看来，还有不少说课者在说“教学设计和学法指导”环节中多一言以蔽之：“我运用了启发式、直观式等教学法，学生运用自主探究法、合作讨论法等。”至于教师如何启发学生，怎样操作，却不见了下文。甚至有的教师把“学法指导”误解为：解答学生疑问、学生习惯养成、简单的技能训练；部分教师大量出现“让学生”“使学生”等词语，没有突出学生的主体地位；

亦有部分教师只说教法，忽略了学法指导；等等。在体育新课程改革情境的说课中，说课者不仅要重视说教法，更要关注学法指导。

在教法上要体现在新课程背景下的新思路，教法做到灵活多样、有实效性。说课时说清在哪些教学环节及内容中采用哪种教法，说出对不同层次的学生采用哪些不同的教法，说明采用的教法将达成的目标，如何在教学手段方面有所创新。说学法时，要体现转变学生的学习方式，把学法指导与选择的教法相对应，说课时说清侧重指导学生掌握何种方法，让学生学会学习和练习；说出如何激发学生的体育学习兴趣，让学生较好地掌握技能；说清如何沟通师生之间的感情，如何引导学生心理健康发展，如何创设课堂氛围；等等。

以说学法指导为例，体育说课活动中虽然没有学生，看不到师生之间和学生之间的多边活动，但在教师的说课过程中要体现以学生为主体，充分发挥学生在学习活动中的作用、调动学生的学习积极性。在最大程度上体现教师是课堂教学的诱导者、领导者和指导者的新课改精神。具体要说清两大问题：①针对本节教材特点、学生实际和教学目的，学生宜采用怎样的学习方法来学习它、这种学法的特点怎样、如何在课堂上操作。②在本节课中，教师要做怎样的学法指导、怎样使学生在学会过程中达到会学、怎样在教学过程中恰到好处地融进学法指导。

（2）说教学过程的“预设性”与“生成性”

说教学过程是体育说课的重点部分，因为通过这一过程的分析才能看到说课者独具匠心的教学安排，它反映着体育教师的教学思想，教学个性与风格。也只有通过对教学过程设计的阐述，才能看到其教学安排是否合理、科学，是否具有艺术性。目前看来，绝大多数体育说课者在说教学过程环节只注重了“预设性”而忽略了“生成性”。

事实上，与其他课程相比，体育教学过程更具有动态生成性特征，说课者如果把体育教学环节说得环环相扣、层层递进，就忽略了课堂教学中的“非预设”的不确定性因素。体育说课者要注重课堂教学中的“非预设”，充分考虑教学中的不确定性因素，考虑学生在场时的多种可能性，例如，如何激发学生学习兴趣，如何组织分组练习，如何设计有启发性的问题，如何处理教学中的“突发事件”，学生在哪些地方可能会提出疑问，会提出什么样的问题，教学中可能遇到的问题与困难，如何照顾学生之间的差异等，这样的说课才能变静态的说课为动态的探究，才更富针对性和实效性。具体来讲，说教学过程要做到以下几点。

①说出教学全程的总体结构设计，即准备——基本——结束的内容安排。说教

学程序要把教学过程所设计的基本环节说清楚。但具体内容只需概括介绍，只要听课者能听清楚“教的是什么”“怎样教的”就行了，不能按教案像给学生上课那样讲。但要说清“为什么这样教”。②重点说明教材展开的逻辑顺序、主要环节、过渡衔接及时间安排，应预留 2 ~3 分钟用于生成性教学。③说明如何针对课型特点及教学法要求，在不同教学阶段师与生、教与学、讲与练、练与赛是怎样协调统一的。④要对教学过程做出动态性预测，考虑到可能发生的变化及其调整对策。

【自学内容】

体育教师说课评分标准示例见表 13 －2。

表 13 －2　体育教师说课评分标准示例

评价指标	评分标准	单项得分					
说教材 20 分	能阐明课程标准对本课的教学要求，正确分析本课教学在课程中的地位和作用	5	4	3	2	1	
	能正确梳理教材中的知识结构，确定的重点、难点符合学生实际	5	4	3	2	1	
	注重教材的前后联系，能够将前面学过的技能运用到本课的学习中	5	4	3	2	1	
	能准确分析教材中的德育教育点、能力训练点	5	4	3	2	1	
说教法 20 分	所选教法符合学生的年龄特点和认知水平，具有科学性和启发性	5	4	3	2	1	
	采用的教学手段（含直观教具、教学设备、多媒体技术等）恰当、高效	5	4	3	2	1	
	对场地的布置有科学而独特的想法	5	4	3	2	1	
	对自己采用的教学模式能从教育学、心理学方面进行论证	5	4	3	2	1	
说学法 20 分	准确把握学情特点，有针对性设计教学活动	5	4	3	2	1	
	所设计的活动学生参与面广，富有情趣，利于营造适宜的教学氛围	5	4	3	2	1	
	教学设计体现分层、分体质、分性别因人而异	5	4	3	2	1	
	知识与技能的训练符合课程标准中相应的水平目标，符合学生实际，学科特点明显	5	4	3	2	1	

续表

评价指标	评分标准	单项得分					
说学生 15 分	了解相关年级学生的年龄、体质、心理特点	5	4	3	2	1	
	对学生运动技能掌握情况比较熟悉	5	4	3	2	1	
	了解学生运动技能储备和运动习惯的养成情况	5	4	3	2	1	
说程序 15 分	紧扣教学要求，设计合理，内容正确，突出重点，突破难点	5	4	3	2	1	
	能说出各环节的时间分配，有合理性	5	4	3	2	1	
	能体现教法的改革和学法的指导	5	4	3	2	1	
综合表现 10 分	口齿清楚、语言规范、富有激情，富有感染力	5	4	3	2	1	
	教态自然大方，有得体的肢体语言，富有亲和力	5	4	3	2	1	
备注							

【本章总结】

说课作为一种教研教改的载体、途径和新的方式，是当今教学改革的新课题，受到广泛重视和关注。虽说体育说课没有“标准”的模式去照搬，但有些认识上的误区需要避免和克服。我们只有在认识和实践上走出误区，准确把握体育说课的基本内涵与本质、内容与形式，方法与技巧，才能对体育说课有更清晰的认识，才能充分发挥说课的教研教改功能，说课才能成为教师在教学实践中密切联系教育理论提高自身业务能力的一种踏踏实实的教研活动，成为教师提高教学质量的简便易行的活动形式。

【思考题】

1. 简述体育说课的内涵及作用。
2. 新课程理念如何进行体育说课？
3. 如何评价体育说课的好坏？

【参考文献】

［1］王信忠．说课的误区［J］．数学通讯，2005（9）：6－8.

［2］王南童．说课纳入学校体育学教材体系的可行性研究［J］．体育学刊，2010，17（8）：60－63.

［3］赵志荣．体育课程说课的多元定位［J］．体育学刊，2012，19（5）：102－103.

［4］新课程理念下的说课［EB/OL］．http：//wenku. baidu. com/view/a5ca2fecb8f67c1cfad6b820. html.

［5］盛昌繁．新课程理念下的“体育说课”及其策略［J］．当代教育科学，2006（5）：62－63.

第十四章　体育课堂教学管理

【内容提要】

体育课堂教学管理是教师引导、维持以及促进学生学习的所有行为，是为了更好地激发学生的积极性，保证正常教学目标的完成和提高教学质量；是师生共同参与、有计划地协调内外各种因素，发掘、利用各种教学资源，全面实现体育课堂教学的价值。教师要善于采用相关策略应对随时发生的各类问题，并预防新问题的发生。用动态的、发展的观点看待体育课堂教学，对体育教学中的各种生成性问题及时做出判断并采取行动，让体育课堂成为师生共同发展的过程。

通过学习本章内容，让学生更好地理解自己在体育课堂上的行为规范，进行自我约束，配合教师完成教学内容与目标。

【面授内容】

一、体育课堂教学管理概述

体育课堂教学管理是指教师为了保证体育课堂教学的秩序和效益，协调课堂中人与事、时间与空间等各种因素及其关系，并促进学生学习的过程。它不仅有助于维持良好的课堂教学秩序，约束和控制有碍学习的问题行为，而且有助于激励学生潜能的释放，引导学生从事积极的学习活动，提高学习效率。

体育课堂教学和体育课堂管理是教师课堂行为的 2 个重要的方面。体育课堂教学是教师的主要行为，保证了教学目标的顺利达成，而体育课堂管理始终围绕着体育课堂教学进行，也是体育课堂教学顺利进行的基本保证和提高体育课堂教学质量的有效途径，二者在同一地点同时发生。其中，体育课堂管理中含有几个重要因素：一是体育课堂管理的目标。体育课堂管理的主要目标是保证课堂顺利进行，教学目标的达成，促进学生知识、运动技能、人格的全面发展，其直接目标就是体育课堂秩序的维护和促进。二是影响体育课堂教学秩序的因素（教师因素、学生因素和其他因素）。纵观三因素之间的关系，着眼点是构建积极的体育课堂环境，其途径是处理好师生关系，最终目的是促进学生主体性的发挥、和谐发展。调控好这些因素及其关系，体育教学活动的顺利展开就有了根本保障。三是体育课堂管理的理念，不仅是教师对学生行为的控制，应当是对学生行为的一种积极促进，关注体育课堂中学生行为积极性是否得到发展，学生自由性和独立性的落实，最终使学生由他律转向自律，从而促进学生的健康成长。

二、体育课堂教学管理的特点

1. 人本性

在体育课堂教学管理中，要以人为本，以学生为本，将外在的体育课堂管理要求转化为学生个人的自觉行为。传统的体育课堂管理总是从上到下逐层布控，遵循统一规范，太具刚性，不再能满足现实提出的需求，因此，在新时代体育课堂管理就要尊重学生的身心发展规律、尊重学生发展的个性差异，从而实现学生的健康全面的发展。首先，学生的身心发展具有一定规律性，拔苗助长，定框制规都不行，要让学生活泼地发展。其次，现代教育要培养各类合格人才，就要对具有不同个性学生有不同的教法，不要当个别的人而特别对待。最后体育课堂应该最大限度地促进学生的全面发展，成为学生获得最大帮助的地方，使学生德、智、体共同发展。同时还要以教师为本，教师在体育教学中的主体地位，鼓励教师探索创新，形成独特的体育教学风格。

2. 教育性

体育课堂教学管理是与体育课堂教学过程紧密结合，不断提高体育课堂管理效率和体育教学质量的过程。包含 2 层含义：第一，体育课堂教学管理行为都要以实现体育教学任务为基本内容，即与体育教学目标相联系或以体育教学计划为核心；第二，体育课堂管理行为本身还发挥教育作用。通过体育课堂教学管理，不仅要使学生学习到体育知识和锻炼技巧等，还要使学生树立正确的人生观和世界观，因此在教学过程中，体育教师的一言一行都应有表率作用。

3. 调适性

体育课堂管理不仅能够解决当下出现的各种问题，还应有效地预防以后出现类似的问题。调适性就是调整师生的思想行为，使师生适应体育课堂教学。通过师生的共同努力使学生尽快调整自己并适应教师和环境，教师也尽快了解学生并掌握他们的个性和特点。

4. 民主性

在体育课堂教学管理中，师生双方都是主体，因此要特别重视并鼓励学生的参与，充分考虑学生的需求和能力，选择适合学生活动的环境，为学生的自主能动性提供更加广泛的发展空间。增加班级所有成员的相互作用，使每个学生都能获得“存在感”。比如，教师和学生共同制定体育课堂秩序和规则，使学生能够自觉履行自己的职责，并愿意承受违纪带来的后果。

5. 系统性

体育课堂是由教师和学生的行为构成的协作系统。是由组织系统、物质系统、人的系统和社会系统构成的集合体。物质系统、人的系统和社会系统通过组织系统的作用而被组织所约束。因此，体育课堂协作又含有组织的意义。

三、体育课堂教学管理的意义

1. 体育课堂教学管理是提高体育教学质量的重要保障

及时预见排除各种干扰事件，有效维持正常的体育课堂秩序对于保障体育教学的顺利进行具有重要意义，有效地确保了体育教学任务的完成和体育教学质量的提高。

2. 有利于减少或清除学生的体育课堂问题行为

体育课堂教学管理促进学生产生有助于体育学习的行为，减少或消除学生的体育课堂问题，使教师顺利进行教学，以达到教学目的。

3. 有助于体育课堂教学的持续性生长

体育课堂教学管理就是调动各种可能的因素，使教师与学生相互影响，促进彼此的进步，发掘课堂的活力，发挥其生长功能。

四、体育课堂教学管理的内容

1. 建立体育课堂常规

体育课堂常规是由教师和学生共同制定的维持课堂秩序，激发学习兴趣，培养、增进师生感情等合适的系统的规则。教师要指导学生共同参与制定体育课堂常规，让学生充分认识、了解和执行体育课堂常规。

2. 处理体育课堂问题行为

体育课堂问题行为，就是学生在上体育课期间违反体育课堂常规所表现出来的行为。教师要及时分析并掌握学生在体育课堂中所表现出来问题的症结所在，运用适当的方法处理这些问题。

3. 创建良好的体育课堂教学情境

体育课堂教学情境是指，影响体育课堂教学活动的多种外部条件的综合。其重要意义在于它既影响体育教学活动的过程，也影响体育教学活动的结果。良好的体育课堂教学情境能有效地促进学生智力、体力等的发展；能使学生在学习过程中产生内在动机，激发其学习的积极性；能对学生的一定行为产生约束的力量。因此，体育课堂教学情境能直接促进学生对体育的热情，使学生积极地学习和运动。

五、体育课堂教学管理基本原则

1. 管理规定要简洁、必要，注重实际

例如，“注重自己的行为”，这种不明确的规定对于学生难以起到约束与指导作用。又如，“上课教师讲解动作时要立正”等，这种古板的规定不符合实际，容易让学生产生逆反心理，不利于学生的学习。有效的规定是必要而且注重实际情况的，应描述清楚、指向明确，还应正面措辞。对于做不到的规定，暂时可以不定，或将其分解成数个次级规则。

2. 课堂规则应以学生为主体，通过教师与学生的协商讨论，共同制定

学生是课堂的主体，教师是起引导辅助作用的。课堂规则不可由教师的个人喜好而设立，而应通过与学生协商讨论。学生通过参与讨论，共同制定体育课堂规则，学生就会自觉遵守并乐于承担责任，教师执行起来就会顺利得多。因此，教师要提供机会让学生参与制定课堂规则，并让学生明白这些规则的必要性和严肃性。

3. 课堂规则应少而精，内容表述以正向引导为主

教师要对所讨论的课堂规则进行归纳总结，去除那些不相关或不必要的规则，制定出简明的、适宜的规则。少而精，一般5～8条为宜。如果不够全面，也应等学生提出一些规则后再逐步增加。如果一次定得太多，反而会适得其反。多用积极的

语言，少用或尽量不用命令及规定性质的语言。

4. 应及时制定与调整课堂规则

教师应抓住学期开始的机会制定课堂规则。确立后要根据实际的开展情况反复自查，并做出相应的调整，具体问题具体分析。若需要调整或修改的规则较多时，应分次分重点进行修改。

六、体育课堂教学管理模式

1. 权威模式

权威模式就是把管理过程视为教师对学生体育课堂行为的控制过程，强调教师对于运用控制策略建立和维持课堂的重要作用的模式。较多地采用主控的方式来控制学生的行为，周密而严谨，约束多而弹性少。

（1）明确提出对学生课堂行为的期望，并建立具体的体育课堂规则，以规范学生的行为。

（2）通过简明的要求，使学生服从课堂纪律。

（3）利用轻度惩罚提醒学生其行为的错误，并使其在认识的基础上加以纠正。

（4）通过显示教师的权威，以走近学生的方式控制学生的不良行为。

（5）将出现严重问题行为的学生实施单独教育。

2. 放任模式

放任模式强调的是个人自由和个人选择，没有过多的体育课堂规则，教师尽可能少地干预学生的行为，作用在于培养学生的自制，让学生拥有较高的自由度，开发其潜能。但它忽略了在课堂中学生同样受社会行为规范制约，学生的学习动机和热情较差。由于教学效果不佳，多不采用。

3. 教导模式

教师的作用在于根据学生的能力和需求来设计教学，给每个学生提供锻炼的机会，激发学生的学习热情。教导模式指南：

（1）根据学生的特点采取不同的课程及教学方式。

（2）建立体育课堂活动的基本秩序，给予学生明确的指导。

（3）教师对于学生的体育活动充满兴趣，认真对待学生的问题并提供帮助。

（4）创立良好的体育课堂环境，吸引学生的注意。

（5）认真设计并不断改变体育课堂环境和活动方式，转换学生的注意重心。

4. 行为矫正模式

行为矫正模式是基于行为心理学原则，教师要掌握和运用行为主义原理，对于学生在体育课堂教学过程中积极强化正确行为，并对出现的问题行为消极强化，积极向正确行为引导。

（1）实行奖励与惩罚制度，鼓励良好行为，抑制不良行为。

（2）树立榜样教学，让学生积极进取。

（3）采用积分制来减少问题行为，增强学习成就感，如学生表现良好即可获得1分，1周或1月结算1次，累计数量达到事先约定的标准可获得学生喜爱的东西或准许参加喜爱的活动，由此来削弱某些不良行为。

（4）教师和学生面对面交谈，使其认识到自己的错误行为并积极商量改正。

5. 人际关系模式

人际关系模式侧重于健康的体育课堂心理气氛，通过建立良好的、积极的师生关系及同伴关系，促成建设性的体育课堂气氛，产生健康的体育课堂，学生就会自觉地控制并产生积极的行为。教师可以站在学生的角度理解学生，真诚地接受、尊重学生；并利用有效的交流倾听学生的真实想法，并做出积极的响应；建立民主的体育课堂，相互沟通、相互尊重、相互支持和配合，教师与学生共同承担责任。

6. 群体过程模式

群体过程模式是建立在社会心理学和群体动力学原则的基础上的课堂管理模式。教师要建立和维持有效的、积极的课堂群体来干预学生的问题行为。建立和维持这些条件就要求教师认清人际期望对群体及每个学生的期望，并根据活动中获得的信息予以修正，进而努力接纳和支持每个学生；鼓励和支持学生的领导活动；理解和接纳每个学生并帮助学生之间相互理解、接纳；帮助学生解决课堂规则和个人态度等之间的冲突，鼓励学生对其自身行为负责；帮助学生发展有效的交流技能，鼓励学生自由和建设性地表达观点和情感；创造有目标、规范、富有凝聚力的体育课堂群体，以实现促进和维持体育课堂教学的优化管理。

七、体育课堂教学管理的方法

1. 自然形成法

将原本存在并适宜于多数学生的常规加以具体化。例如，对多数学生“体育课堂上积极联系”等自然的良好行为加以强化，经由师生共同讨论，便可成为大家共同遵守的课堂规则。这种方式简单易行，也较容易建立。

2. 引导制定法

将原本不存在或没有引起注意的常规引申为课堂规则，让大家共同遵守。它可以分成3种形式。

（1）由上而定。它是由学校或者教师制定法则，并由学生讨论所形成的课堂规则。

（2）由下而定。它是由学生自发讨论出的在教师允许的情况下形成的课堂规则。

（3）实践出真知。它是通过实践的检验不断改正所形成的课堂规则。

3. 参照制定法

树立典型，通过优秀的和不规范的典型例子做比较，可以让学生正确地认识自己的不足，并加以改正。有奖有罚，这样更能提高学生的积极性。

4. 转移替代法

将其他课堂中好的规则作为借鉴，结合自身实际移植进来，作为要求本班学生遵从的课堂规则，或用来替代原有的不合理规则。要选择适合的规则进行改造移植，切莫照搬套用。

【自学内容】

一、自主学习的体育课堂教学管理策略

自主学习的体育课堂教学管理需要学生明确自己的学习任务，自己有序地完成教学目标，这要求学生具备更多的自主性。同时也可以制定一些考核来督促学生自我学习、自我完成。

1. 自主学习体育课堂管理的原则

（1）要有正确而清晰的目标。具有管理的功能，直接影响并制约师生的体育课堂活动，能起到积极的导向作用。给学生自由选择的权利，提供主动探究的空间，只有树立目标意识，师生才能同步提高。

（2）教师必须具有创新意识，全方位确立学生的主体地位，注重学生的个性培养，让学生自主学习。

（3）学生全员参加和全身心投入，只有学生充分投入，积极参与，才能使自主学习成为可能。

（4）体育课堂中通过各种有效手段最大限度地激发学生的内在学习积极性。鼓励学生积极思考、探讨，尽可能地参与教学过程，在活动的参与中发展。

（5）信息反馈，对体育课堂管理进行主动的调节与修正。教师运用各种举措寻求优化的管理措施。关注不同程度学生的自主学习完成情况，准确把握学生学习的反馈信息，增强教师的指导性和有效性。

（6）要求学生自己管理自己的学习，不依赖外界来管理自己的学习活动。教师要强化学生的自我管理意识，引起学生对自我管理的认同，逐步培养锻炼学生的自我调节能力和自我管理能力。

2. 自主学习的课堂管理策略

设置有利于学生自主学的目标任务，引导学生自主确立明确、自主、适度的学习目标，激励学生去探究和发现。教师应尽可能地与学生民主协商学习任务，给学生选择的空间，提高学生学习的兴趣。

进行有利于学生自主学习的教学设计，充分发挥学生个体和集体的学习潜能。

创立有利于学生自主学习的体育课堂环境，营造良好的体育课堂心理氛围。创造平等、尊重的课堂气氛，提高学生的自我效能感。

建立有利于学生自主学习的体育课堂准则。让学生参与课堂准则的制定，建立以自我管理为特征的课堂准则，提高学生的自我控制水平。

把握有利于学生自主学习的指导策略。逐步完善学生的学习能力，引诱和启发学生，减轻学生的依赖性。

要根据社会、教育、体育等事业的发展，规划、制订体育课堂教学管理要实现的战略、目标、计划及工作任务。

建立和健全体育课堂教学管理的各级管理机构和组织，确定相关的管理机构人员及其职责。

组织开展各方面的工作，确保各项工作高效、顺利实施。

发现体育课堂教学管理中存在的问题和困难，并及时提出解决方案。

协调各方面的关系，整合资源，为自主学习的体育课堂教学管理提供必要的技术、信息等基础条件。

制定、评定的标准和方法，客观评价其工作的效果。

二、合作学习的体育课堂教学管理策略

合作学习是当今社会所提倡的，合作学习不仅可以提高自己，也可以在合作过程中更好地发挥自己的能力，更高效率地完成体育课堂所要求的内容。

学生在合作学习中更能牢固掌握动作技术，在提高自己的同时，也充分肯定了学生的能力，也易于接受和增强同学之间的情感交流，增加学习的信息，在互帮互助的氛围中完成教学目标和教学任务。

合作学习能促进全体学生积极参加体育课堂活动，培养合作精神和参加集体思考与运动的能力，同时还可以激发学生的学习兴趣，提高学生的学习情绪。

三、探究学习的体育课堂教学管理策略

1. 探究学习的体育课堂管理的原则

（1）以培养、发展和弘扬学生的主体性为根本目的，保持持久地从事实验探究的兴趣和动力，以实现主体潜能的挖掘和发展，全面提高学生的综合素质。

（2）教师通过设立问题情境、实验探究等多种情境，激励学生思考，加强学生对知识的深层次的理解和对问题的解决能力。

（3）教师在体育课堂管理的过程中不要过度干预学生对于问题的探究过程，而是激励其更充分地发挥主体性，给予自由想象的空间。

（4）探究学习使学生需要依靠集体的力量进行分工合作。形式可采取小组讨论、生生讨论探究等。点拨学生共同解决问题。

2. 探究学习需要更多的创造性，可以更好地发挥学生的想象力和创造力，可以更充分地展示学生的自主性

要开展探究性学习，首先要根据教学要求和内容的特点，结合学生知识、能力水平的实际情况，让学生都能参与教学，才能更好地发挥学生的探究能力。

探究和发现绝非学生的一种自发的、随心所欲的活动，它是在教师悉心的组织和积极引导下进行的。在发现与探究的过程中学生可能会遇到各种各样的障碍，这时教师就起到启发和引导他们的作用，深化学生思维活动。这样可以让学生在探索的过程中少走弯路，尽可能用少的时间获得最佳的学习效果。

开展探究活动需要教师给予各种条件配合。除了在活动场所、教学设备、教学时间等方面给学生创造良好条件外，更重要的是要通过师生的交流，创设一种互尊

互爱、积极向上的心理环境，让学生享受活动的过程。这对学生的探究学习是很有帮助的，也是非常有利的。

【本章总结】

本章主要是体育课堂教学管理，是为了更好地让教师和学生共同完成教学目标和内容，明确管理的重要性和必要性。让学生了解自主学习、合作学习和探究性学习的体育课堂教学管理策略。

【思考题】

1. 简述体育课堂教学管理的作用。

2. 体育课堂教学管理原则制定的意义何在?

3. 谈谈自主学习、合作学习、探究学习的体育课堂教学管理策略的好处有哪些?

第十五章 体育教学艺术

【内容提要】

本章在介绍教学艺术概念的含义与特点的基础上，重点阐述了体育教学艺术的含义与特点、功能与分类，并介绍了体育教学艺术风格的概念、形成阶段，以及体育教学艺术的培养与体现。

【面授内容】

一、体育教学艺术概述

教学是一门科学，又是一门艺术，教学是教学科学和教学艺术的辩证统一，这已成为现代教育界的共识。学校体育是学校教育的重要内容，体育教学是学校教学工作的组成部分之一，是开展学校体育工作的基本途径。“体育教学既是一门科学，又是一门艺术，这已为当代教育理论所确认，亦为人们所共识，更为体育教学实践所证实。”体育教学不仅有其技术性的一面，而且本身也蕴含艺术性的一面，所以，体育教学艺术也是教学艺术的组成部分之一。同时，由于体育教学自身所具有的特点，体育教学艺术除具有教学艺术的共同属性外，也有自身的特殊性。因此，要认识体育教学艺术的含义与特点，首先必须较为全面地认识教学艺术的含义与特点。

1. 教学艺术的概念与特点

（1）教学艺术的概念及含义

在人类教育发展史上，人们把教学作为艺术的思想源远流长。“从古代一直到欧洲的文艺复兴时期，教学总体上来说基本被视为一种艺术。”而首次正式提出“教学艺术”是17世纪的捷克教育家夸美纽斯（1592—1670），他在其所著的《大教学论》一书中说："教学论是指教学的艺术，是把一切事物教给全人类的全部艺术。"国际21世纪教育委员会在向联合国教科文组织提交的报告《教育——财富蕴藏其中》中说："教学是一种艺术，一门科学。"这明确地指出了教学与艺术不仅有着密不可分的联系，而且说明教学本身就是一种艺术。

但教学又是一种特殊的艺术，因为教学艺术的对象是人，而人具有思想、情感、意志等。教学艺术的对象不同于以物为对象的艺术，如建筑艺术、雕刻艺术绘画艺术、影视戏剧表演艺术等，它是人对人的艺术，是一种培养人、塑造人的心灵的复杂艺术，同时教学艺术又是一种交往艺术。因为教学是教师的教和学生的学的双边活动，教学具有双边统一性、互动性、创造性等特点。教学活动是以教师主导、学生为主体的双边交往活动，而在教学过程中要突出学生学的方面则更能够显示出教师的教学艺术水平。要有效指导学生学，教师的示范指导作用是重要的环节，教师要在限定的教学内容上，教会学生基础知识、基本技能，让学生愿学、乐学。而要真正做到这一点，教师就要在教学中根据学生的个性特点，创造性地运用教学的方法与技能技巧、综合的教学手段，给学生以心理上的愉悦和美的享受，这样的教学才称得上是一种艺术。现代教学思想非常重视教育过程中教学民主平等、学生的主体地位、自觉能动性、非智力因素等。充分发挥这些因素的功能与作用，都需要教学工作者具有较高的教学艺术水平。

一般来说，学校教育的实施主要是通过具体的教学过程来完成。而教学过程常常运用艺术的手段，这是因为教学本身兼艺术的含义或相似的特征。关于艺术的含义，在商务印书馆出版的《现代汉语词典》中主要有2种解释：其一是指用形象来反映现实，具有典型性的社会意识形态（观念形态），即艺术是用形象来反映现实但比现实有典型性的社会意识形态，包括文学、绘画、雕塑、建筑、音乐、舞蹈、戏剧、电影、曲艺等。其二是指富有创造性的工作方式、方法，如谈话艺术、领导艺术、管理艺术等。此外，艺术也用来形容形状或方式独特且具有美感。

教学艺术兼有艺术的上述主要含义。它是用形象来表达现实（教学内容）的某种社会意识形态。它以教师个体的形象为主体，如教师的表情、手势、声调、仪表等来传达知识、技能、思想观点等，或者通过形象的语言描述教学内容中所表述的形象，揭示事实形象的意义，或者运用直观教具、挂图等形象的教学手段，明示教学内容的意义，增进学生的理解。它是教师富有独创性的教学方式方法。教学艺术具有很大的魅力吸引学生想学爱学，激发学生乐学的高涨的求知欲望，给他们带来学习成功的愉悦和强烈的艺术享受，从而收到最佳的教学效果。

教学和艺术有许多相同之处或相似性。

①两者所反映的对象和服务的对象都是人。教师和艺术家都要深入学生或有关人群，了解这些人的需求、爱好、情感和态度，然后在自己的工作中有意识、有目的地提高他们的觉悟和适应生活的能力、陶冶他们的情操、培养他们的人格。

②从两者的功能来看，都具有认识功能，即使人们掌握知识技能，认识世界的变化。两者都有教育功能，即发展人的智力，增强道德修养，形成正确的世界观和方法论，使人们成为精神世界充实的人。两者都有审美功能，即使人们受到美的感染，成为具有审美能力的人。

③两者的外部特征相同，即两者都有借助语言、动作、环境、图像等来达到形象性的教育目的的特征；都具有利用情感交流的方式来达到心理感染目的的特征。

④两者的表现手段有相同之处，即它们都要借助语言、动作、音乐、图像和环境等手段达到传递知识技能和思想观念、引人深思的教育目的。

我国教育界学者重视、关注教学艺术问题并专门系统研究教学艺术问题是从20世纪80年代开始的。鉴于教学艺术是一种特殊的艺术，研究者从不同侧面对教学艺术给出了不同的定义或界定，从不同角度探索教学艺术的本质内涵，并提出了不同的看法或观点。归纳起来主要有以下几种代表性观点。

①着重从教学技能技巧方面看教学艺术。例如："教学艺术就是培养人才的能取得最佳教学效果的一整套娴熟的教学的技能技巧。教学艺术是教学方法的升华，是综合运用教学方法体系的出神入化，是解决处理教学问题使教学对学生具有吸引力的心灵契机和巨大魅力。""教学艺术是教师在教学活动中，运用语言、动作、表情、色彩、音乐、图像等手段，创设教学情境，创造性地组织教学，将知识与审美结合起来，使学生在愉快中能高效率地进行学习的精湛的教学技能技巧。"

②着重从教学方法方面看教学艺术。例如："教学艺术就是指创造性教学方法或教学实施过程中的总和。它把高度的科学性和高度的艺术相结合。""教学艺术是指师生紧密合作，充分利用教学情境中的一切条件，遵循教学规律和美的规律，创造性地应用各种教学方法和美的形象，最佳地完成教学任务的活动特征。""教学艺术是对教学的艺术把握，即从艺术角度对教学的艺术属性的理解及据此发展起来的艺术的教学方式、方法、手段、形式等。"该观点强调教学过程中的教学艺术是特定教学价值观与特定的教学操作方式的统一；教学是艺术把握的对象，教学艺术包含在教学中，服务于教学。

③从教学技巧和风格角度看教学艺术。例如："可以把教学艺术作具体的狭义

的理解，即常规教学中所表现出来的技巧和风格，实际上是对普通的教学原理、教学原则和方法的创造性运用，并使其精妙、娴熟，富有个性。”“教学艺术就是受制于个性风格，具有美学价值和创造性运用各种教学方式方法的个人才华。——教学艺术的实质，是教师本人独特的创造力和审美价值定向在教学领域中的结晶。”“教学艺术就是教师在课堂上遵照教学法则和美学尺度的要求，灵活运用语言、表情、图像组织、调控等手段，充分发挥教学情感的功能，为取得最佳教学效果而实施的一套独具风格的创造性教学。”“教学艺术是教师激励学生乐学，为达到最佳效果而采用的手段、方法、技术，富有个性形象的完美综合。”

④从遵循教学规律要求强调教师创造性地开展教学活动方面看教学艺术。例如：“教学艺术，是指教师运用语言、直观形象和教材，创设教学情境，遵循教学规律，灵活运用教法，实现教学任务的各种素养的总和。”“教学艺术乃是教师娴熟地运用综合的教学技能技巧，按照美的规律而进行的独创性的教学实践活动。”“教学艺术（art ofteaching）：是教师达到最佳教学效果的知识、方法、技巧和创造能力的综合表现。是教师运用教育学、社会学、心理学、美学、艺术以及语言艺术的体现。”“教学艺术是教师按照教育教学及美的规律和原则，富有艺术性和创造性地运用各种教学手段、教学方法等教学要素，以获得最优教育效益的教育行为方式，是教育技能的发展达到‘自由化’的理想境界。”

尽管以上有关对教学艺术定义的观点不同，但其共同的认识是将好的教学实践常常赋予“艺术”的称呼，称为教学的艺术。教师与演员的职业性质不同，但他们也有相同之处，就是需要借助自己的形体——言语的和非言语的行为来传递某种影响人的特点内容。综合众多学者对教学艺术的定义及不同理解，我们认为，教学艺术是一种综合性很强的艺术，它与其他艺术形式有着密切的联系。但教学艺术又不同于其他艺术形式而具有其内在的规定性，即始终将教育性作为自己的本质内涵。因此，我们倾向于并持第四种观点，即教学艺术是教师运用言语的和非言语的各种手段，为取得最佳教学效果而采用娴熟的教学方法、技能技巧并按照美的原则进行的创造性的教学实践活动。教学艺术是教师获得最优教育效益的教育行为方式。其基本含义是：教学作为教师的教和学生的学双边统一活动，要遵循一定的规律，要有高超的技能，具有艺术性特点。教学艺术美能够给人以享受，具体表现为语言表达的形象性、信息交流的情感性、教育技能及教育手段运用的娴熟、随机应变的灵活性和别具一格的创造性等。它能让学生在心情愉悦的气氛中有效地学到知识，接受智慧的熏陶，受到能力的培养训练，使教学成为有效的教育和美的教育。

事实上，在教学实践中大多数教育工作者承认教学是艺术或者说教学具有艺术性这一事实存在。客观上讲，长期以来教育界学者有关教学是一门科学还是一门艺术的争论，在一定意义上开阔了我们对“教学”的认识，丰富了对“教学”的理解。认识到教学既是一门科学同时又是一门艺术，也就是承认教学具有科学和艺术的二重性，说明科学性与艺术性是教学活动中2个密切联系的方面，但科学性与艺术性在教学过程中又是不可以互相取代的。因为教学的对象——学生，是活生生的人，教学活动作为人的活动既涉及理性因素，同时又涉及许多非理性因素。教学的科学性在教学活动中主要是回答对教学现象及问题的本质和规律的认识，属于教学中的“真”的问题；而教学的艺术性在教学中主要回答怎样教学、如何教学中的“美”的方面。教学的科学性反映着教学中基本的、必然的共性，而教学艺术则是反映具体的和明显因人而异的个性或风格。从这个意义上说，教学是科学与艺术的综合体，是一种综合科学与艺术为一体的特殊而复杂的创造性劳动。现代教育的教学科学化研究取得了很大的成就，逐渐形成了较为丰富的、系统的理论体系，但在教育教学实践中，许多教师感觉到，教学科学研究的结论是客观的、正确的，但又很难将教学科学研究成果应用于自己的教学实践。要真正使教学科学的成果转化为教学的实践效果，就必须借助于教学艺术。对教师群体来说，教学艺术可以模仿，但不可复制，因为它与每一位教师的教学经验、学识、创造力、个性等都有着密切关系，同样的方法在不同教师那里会产生出不同的效果。教学的艺术性反映了教师专业发展的高水平，也被视为优秀教学经验与科学教学理论结合的产物，高超的教学艺术离不开丰富的教学经验。教学方法和教学技能均是教学艺术的基础，教学艺术又是教学方法的升华和教学技能的自如化后更高层次的教学境界。

（2）教学艺术的特点

教学艺术的特点是指教学艺术区别于教学技能、教学科学及其他艺术的特殊的性质，是教学艺术本质在各个具体方面的表现。教学艺术作为一种培养人的复杂艺术有自身的特点。而对教学艺术特点的认识，有助于我们全面认识教学艺术的外部表现，在教学实践中正确合理地运用教学艺术。教学艺术既具有一般艺术的共性特点，又具有教学艺术的个性特点，它是两者的综合体。

①形象展示性。如果没有形象性为依托，也就没有了艺术。在教学活动中，与教学的科学性相比较，教学艺术更具有形象性特点，它主要运用生动、鲜明、具体的形象为实现教学目标服务。教学艺术以它丰富、灵活的形象表现手段和方法，给学生可听、可视、可感的生动鲜明的美感。教师借助于语言、动作、表情、直观实

物、音响等技能和手段，对教学内容进行形象性描绘及展示，呈现出学生可感知、可观察的知识技能形象，以便于学生理解、接受与掌握。

②情感沟通性。在教学活动中，师生之间的情感沟通是教学艺术的重要特点之一，教师在教学活动中具有积极的情感可唤起学生强烈的求知欲望和学习动力。当前我国施行的中小学新课程标准包括体育与健康课程标准把培养学生积极的情感态度与价值观作为课程目标的重要组成部分，情感因素既是教学的目标，又是教学信息传递的手段，教学过程中的情感性表现在师生情感的相互交流中，使师生不断产生情感上的共鸣，教学活动将会形成一种和谐的、活泼向上的教学气氛或情境，进而提高教学效果。

③独创性。独特的创造性是艺术的生命力，也是教学艺术的突出特点。由于教学活动是师生之间的双边活动，是一种充满生机的人与人之间的相互作用的交往活动，同时影响教学活动的因素众多，所以，教学活动有着很大的不确定性，具有复杂性。教学工作的复杂性决定了教学艺术的创造性。教学艺术的独创性具体地表现为教学方法的艺术创造、教学智慧或机智的灵活展示和教学形象的启迪作用等。教师在吸取教学的科学理论的时候，更多地融入了个人的思想、情感，逐步形成了属于自己的、具有个性色彩的行为方式。

④综合性。教学艺术的这一特点在教学中的主要表现为教学艺术与其他艺术形式不同，它实际上是师生和谐共创的产物，各种教学艺术手段和方法都在教师引导下学生的活动中来体现。因此，教学艺术表现的方式与过程极大地依赖于师生的和谐共创而体现出综合性。

⑤灵活性。由于教学的对象是生动活泼的、有思想、有情感和有价值判断的人，而且人的身心发展是在动态之中。教学对象具有能动性和发展动态性决定了教学艺术的灵活性。教师根据所面对的富于变化和有较大差异的学生，进行独特的灵活的创造活动，体现出教学艺术的创新。

2. 体育教学艺术的含义与特点

（1）体育教学艺术的概念及含义

体育与健康课程是以身体练习为主要手段，以学习体育与健康知识、技能和方法为主要内容，以增进学生健康、培养学生终身体育意识和能力为主要目标的课程。它是指在学校教师指导下，为了使学生能在身体、运动认知、运动技能、情感与社会方面和谐发展的有计划、有组织的活动。体育教学是以体育教学内容为中介，以学生身体参与为特征的师生双边活动，其特点是身体直接参与、体力与智力相结合、活动的交往性明显等，而体育教学具有较强的技术性，这是它区别于其他学科的最为显著的特点之一。但同时，因为体育教学活动面对的主要对象是人，因此，体育教学又不单纯属于技术性学科。体育教学目标不仅要发展学生的身体、学习和掌握运动技术技能，还要发展学生的心理品质与社会性素质，它是集发展学生身体与培养学生心理品质于一体的特殊学科。进一步说，体育教学是以体育科学为基本依据，以语言表达、身体动作形象表达为主的综合性艺术。在体育教学中，体育教师以生动形象的语言表达、美观的动作形象示范和学生富有活力的身体运动、协调优美的动作造型、健美的体魄等，展示出体育教学的艺术性特征。

我国学校体育教学理论界对体育教学艺术问题的有关研究比较少。1994 年 12 月苏德宣、符谦 2 位学者出版了他们主编的《体育教学艺术》一书，该书是我国较早专门论述体育教学艺术问题的研究资料。2000 年 12 月广西师范大学出版社的全国普通高等学校体育教育专业教材《体育教学论体育方法学中学体育教材教法》一书的第一篇《体育教学论》中专列“体育教学艺术”一章，论述体育教学艺术有关基本问题。这是我国有关高等院校体育教学论教材中首次把“体育教学艺术”作为体育教学论的内容。

苏德宣、符谦在他们主编的《体育教学艺术》一书中认为：“体育教学艺术，是教师为了全面育人而追求优化教学效果，在和谐共创而情理交融的教学内容信息传输与反馈的课内外教学活动中，科学地再现与艺术表现完美统一，使师生优化发展的一种综合艺术。简言之，是一种在一定教育理论指导下的艺术化体育教学。”我们在理解有关不同学者对教学艺术及体育教学艺术的界定的基础上，结合体育教学的特点，将体育教学艺术界定如下：体育教学艺术是体育教师运用语言、动作、图像、音响、直观教具等手段，遵循体育教学活动规律，创造教学情境，为取得优良教学效果而组合运用的娴熟的教学方法、技能技巧，以及运用这些技能、技巧进行的具有审美价值的独创性体育教学实践活动。该定义包含如下基本含义。

①体育教学艺术是体育教师的富有创造性或艺术性的教学方法、技能与技巧。

②体育教学艺术具有审美的特点，并体现在体育教师创造性的体育教学活动中，效果优良的体育教学实践就是一种体育教学艺术。

③体育教学艺术是为体育教学服务的，即为实现体育教学目标，取得最佳体育教学效果服务的。

④体育教学艺术要遵循体育教学规律和教学原则，同时也受制于体育教师的个性风格，是教师本人独特的创造力和审美价值定向在体育教学实践领域中的结晶，

是一种综合艺术。

（2）体育教学艺术的特点

体育教学艺术的特点是指体育教学艺术区别于其他学科教学艺术的特殊的性质，是教学艺术本质在体育教学各个具体方面的表现。体育教学艺术作为以科学性为基础的综合艺术，既具有一般教学艺术的特点，又具有不同于其他学科教学艺术的自身特点。体育教学艺术的特点主要表现在以下方面。

①体育教学艺术的实践性

体育教学以学生身体练习活动为主要手段，以学习体育知识、技能和方法为主要内容，以培养学生的体育实践能力为主要目标，突出实践性特征。体育教学艺术追求以发展学生的身体为主，寓教于乐、寓教于动（身体运动）、身心并育的教学目标，整个体育教学艺术过程是与体育教学实践密不可分的。如体育教师的上课是教师教学艺术展现的实践。只有获得了丰富的实践经验，才能使教学艺术既合乎体育教学规律，又合乎师生的个性特长和心理特点。体育教师组织教学与课堂管理、动作技术讲解与示范指导、纠正动作错误等都是教学实践的一部分，因此，体育教学艺术是实践性非常鲜明的教学艺术。同时，体育教师的教学艺术水平也是在教学实践中不断提高的。离开了体育教学实践，体育教学艺术就无法形成与展示。

②体育教学艺术的表演性

体育教师在体育课中的行为如同演员在舞台上的表演，指一切外观行为的综合表演，即教师的衣着打扮、表情态度、身体动作姿态、口语等。教师在课上自我形象塑造得如何，直接影响课堂教学艺术的效果。教师的讲解、示范表演的生动形象，可以丰富学生的感知表象，促进学生的理解和思维。教师的表演重要的是要以情感人，但要表演得适度，因为教学艺术的表演性是服务教学目的的。

③体育教学艺术的审美性

体育教学艺术追求美、创造美，是按照美的规律进行的独创性教学实践活动，审美性是体育教学艺术的又一明显特点。体育教学艺术的审美性是内在的美与外在美的有机统一。内在美是指体育教师所讲授的体育教学内容，特别是体育运动项目类内容本身的结构富有客观存在的美。外在美主要指体育教学所表达的形式美，如体育教师语言表达的准确、精练、富有节奏的教学语言美，优美的动作示范、形象逼真的手势及身体姿态的身体动作造型美等。体育教学艺术的审美性与教育性是紧密结合在一起的。因为体育教学艺术的审美性是充分发挥其教育性的有效手段，只有当体育教学既有审美性又能发挥出更大的教育性，才能称得上是真正的教学艺术。

（3）体育教学艺术的功能与分类

①体育教学艺术的功能

体育教学艺术的功能是指体育教学艺术在体育教学活动中的各种作用，是体育教学艺术存在并得以发展的内在根据。体育教学艺术的功能主要有以下方面。

A. 陶冶功能。体育教学艺术寓教于乐、集情感性和审美性于一体的特点，包含着鲜明的情境性和非理性因素，对学生有着很强的感染力，使它具有全方位的潜在教育陶冶功能，如融洽民主的师生关系、生动活泼的教学气氛、频繁多向的人际交往等，这些都在潜移默化地影响学生，使学生在不知不觉中受到情感、兴趣、意志等精神上的陶冶。高超的教学艺术能直接或间接地促进学生精神整体性的发展。

B. 转化功能。体育教学的实质是体育教师要引导学生把人类创造的体育运动文化转化为自身的科学知识，并把所掌握的体育运动文化知识转化为体育实践能力，促进学生身心发展。这种引导转化的作用就是体育教师主导作用的实质，即体育教师要具有精湛的体育教学艺术，根据学生身心发展特点和规律，可迅速有效地完成知识的传授、运动技能的培养和健全人格品质的形成等教学目标，促进学生身心健康发展。

C. 激励愉悦功能。在体育教学中，学生是学习的主体，培养学生学会学习的能力是教学的重要目标之一。而要使学生学会，就必须把学生“要我学”转变为“我要学”，体育教学艺术在这个转变中能够起到激励学生主动学习的功能。体育教师在教学中运用生动形象的语言、优美准确的动作示范与身体姿态等教学艺术手段，能充分吸引学生的注意力，极大地提高学生的学习兴趣，能有效地激励学生的学习动机和激发学生丰富的想象力，直接促进学生乐于学习。体育教学艺术具有激励愉悦功能是以激发学生积极的情感为中介的。当学生带着积极的情感去学习时，学习兴趣和动机就会增强，思维就会活跃起来。同时学生在积极的情感体验中学习就能更为轻松、更为愉悦、更为主动。体育教学活动的动态性和趣味性是构成体育教学艺术愉悦功能的重要因素，它从多方面影响着学生的体育学习。

②体育教学艺术的分类

探讨教学艺术的分类，在理论上认识各种教学艺术的基本规律及其相互关系，掌握各种教学艺术不同的特点，熟悉它们不同的功能作用及局限性，从而有针对性地使用恰当的教学艺术形式，提高教学艺术效果，具有重要的意义。对于教师而言，教学艺术的分类有助于教师关注各种教学艺术种类的不同特点及作用，根据教学需要和实际条件选用不同的教学艺术形式或方法，提高教学艺术手段使用的效果。而教学艺术的分类是一项在理论上难度很大而在实践中又有很大价值的课题。因教学艺术的分类标准不同，呈现出许多不同的教学艺术种类。我国学者李如密在其《教学艺术论》（1995）一书中尝试采用多种标准，从宏观到微观、从抽象到具体的整体层次序列，对教学艺术种类的大致谱系进行了初步描述。

“教学艺术分类是对构成教学艺术世界的各组成部分之间的联系及其特色规律的研究。”探讨体育教学艺术的分类，对认识各种体育教学艺术的基本规律及其相互关系，掌握各种体育教学艺术手段的不同特点、各自的特长和局限性，从而有针对性地使用恰当的体育教学艺术手段或形式，对提高体育教学艺术效果具有重要的意义。

目前教学艺术分类的标准主要有两种取向：第一，按教学的分类标准，将艺术纳入教学之中；第二，按艺术分类标准，将教学纳入艺术当中。我们认为，体育教学艺术形式在体育教学实践中是多种多样的，它并不在于体育教学艺术是教学还是艺术范畴，而主要是体育教学艺术的媒介物的不同所致。体育教学艺术媒介物形态多样，基于体育教学实践经验的基础，可将其分为3类：语言、人体、教具。本节结合体育课程的性质和体育教学的特点与目标要求，主要介绍与讨论体育教学中经常运用的体育教学艺术的基本类型。我们认为，按照体育教学艺术所依托的媒介物的形态和体育教学实践经验的基础，体育教学艺术的基本类型主要有：教学语言艺术、教学非语言艺术或教学的体态语艺术、直观教学艺术、教学组织与管理的艺术。

A. 教学语言艺术。教学语言艺术是指体育教师创造性地运用语言进行教学的实践活动。语言是人类所特有的用来表达思想、交流思想的工具。教师的职业特点决定了教师职业技能必须把语言表达能力置于本职工作的重要地位。教学语言是一名合格体育教师从事体育教育、教学工作的基本功和必备素养。教学语言是影响教学效果的重要的直接因素，是任何一位教育教学工作者必须掌握的一门研修课。教师在教学中的口头语言表述是教学语言，但只有当教学语言具有一定的艺术特征的时候，或者成为艺术化的教学语言，即教师的教学语言要创造性地为教学服务，就要给学生以美感，让学生感觉到是一种享受，它才成为教学语言艺术。一般来说，教学语言的艺术性要求教师的语言表达要有形象性、启发性、情感性和节奏性。教学语言艺术在具体方法上，包括讲授讲解艺术、提问艺术、谈话艺术、讨论艺术等。

B. 教学非语言艺术。教学非语言艺术，也称为教学的体态语艺术，是指体育教师用手势、眼神、身体姿态、面部表情等非语言形式来表达意思的一种教学语言。非语言行为也称为无声语言，无声语言的艺术是教师在教学中创造性地运用无声语言进行教学表达活动的技巧与才能。它是一种无声的以身体动作来传递知识信息和表达情感的教学语言，能弥补教师有声语言的不足，常常能起到特别好的教学效果。在体育教学中，教学非语言艺术是体育教师教学艺术的有机组成部分，对于体育教学来说有着特殊的作用，因为体育教学的主要内容是体育动作技能，学生学习和掌握运动技术技能，首先主要依靠感觉器官来感知动作形象，所以体育教师创造性地运用非语言因素进行体育教学，非语言因素主要包括手势、表情、眼神、体态等。体态由身体的动作和身体的造型构成，体育教师的教学可以成为一种高超的艺术，可以收到“无声胜有声”的效果。体育教学非语言艺术具有伴随性、示范性、感染性、连续性、动作性等特点，相对于教学语言艺术主要通过学生的听觉系统发挥作用，教学非语言艺术则更多的是通过学生的视觉系统发挥作用，具有形象生动、鲜明真实的特征。

C. 直观教学艺术。直观教学艺术是一种演示艺术。直观教学是体育教师运用直观手段，利用学生多种感觉器官的功能，调动学生已有的知识经验，运用各种形式的感知条件，结合教学内容，来丰富学生的直接经验和感性认识，使学生通过一定的生动形象，较全面地理解知识、掌握知识与技能，发展能力。在体育教学中，特别是教学的初期，学生的直观感受起着重要的作用。在学生的运动技能学习活动中，学生要充分利用自己的感觉器官，通过视、触、神经肌肉活动等活动，去引发和诱导其他方面心理活动的不断加深，理解和掌握教学内容。在教学中，为了实现良好的教学效果，教师还要借助与教学内容密切相关的图像、音响、模型等直观教具，唤起学生对感性材料的兴趣，培养学生的观察力和丰富的想象力，以及创造性的思维能力。在使用过程中，直观教具利用具体的形、像、声、色等来影响学生的情绪，使其产生对直观教具的美的感受，进而对运动技能产生更大的激情，产生学习效果。

D. 体育教学组织与管理的艺术。它指对各种形式的体育教学活动进行组织、安排、实施等方面的艺术。组织开展体育课教学是体育教师的基本工作。组织教学是体育课教学活动的重要环节，它贯穿于一节课的始终，是课堂教学活动得以顺利进行的基本保证。体育课教学中基本上有 2 种活动：一种是教师的教和学生的学即教学活动，一种是教师的管理活动。教学活动是教师按照既定的教学设计与思路向学生传授知识、发展智力、培养能力和陶冶情操的活动。管理活动是指教师组织、指挥学生参与到教学活动中来，为达成教学目标而做出的各种活动。管理活动为教学活动服务，是教学活动顺利有效进行的保证。就一节体育课教学来讲，课堂管理主要体现在课堂教学活动结构的划分与组织安排、教学内容的组织、师生交往方式的组织等方面。

体育教师在开展体育课教学活动中，不仅是把体育运动知识与技术技能“教”或传授给学生，更重要的是组织全体学生的学习与练习活动，掌握和巩固运动技术技能，提高运动技术水平。因此，体育教师要明确认识到，对体育课堂教学进行科学的管理，组织全体学生学习，是达成体育教学目标，达到良好教学效果的重要因素，也是体育教学艺术的重要组成部分之一。组织教学贯穿于体育课堂教学的整个过程中，其作用是使学生始终集中注意力，保持对学习活动的浓厚兴趣。组织教学艺术是教师为了始终保持一节课的良好教学状态，使教师的教和学生的学两者相互协调一致和相互配合，顺利实现教学目标所采用的一系列方法手段、技能、技巧。

二、体育教学艺术风格

1. 体育教学艺术风格的概念与意义

优秀教师包括体育教师在自己长期教学工作实践中逐步形成了富有创造性的特色，并有相对稳定的教学艺术个性，即形成了个性化教学特色。也就是说，教师形成了自己的教学艺术风格，也称教学风格。体育教师在长期的教学工作中，由于自身所承担的体育课程学科性质和体育教学的职业及教学艺术等特点，也体现出教学艺术风格。体育教学艺术风格是体育教师教学艺术实践中的一种客观现象，它是高度个性化的，是通过教师个人的教学行为体现出来的。研究体育教学艺术风格的目的是发挥体育教师自身的个性特长，开展富有个性化的体育教学艺术实践，提高体育教学效果。为了深入认识体育教学艺术风格的意义及特点，应首先理解教学艺术风格的概念及基本含义。

（1）教学艺术风格的概念及含义

一般意义上来说，“风格”一词在《现代汉语词典》中有 2 个方面的基本含义：一是指气度或作风；二是指一个时代、一个民族、一个流派或一个人的文艺作品所表现的主要的思想特点和艺术特点。风格是与艺术活动联系在一起的。《辞海》中解释为：“风格指作家、艺术家在创作中所表现出来的艺术特色和创造个性。”就教学风格而言，它是教师个人的个性与教学规律相互作用的结果。由于对教学艺术的认识存在有不同的看法，所以对教学风格的认识与界定也不一致，学者们从不同角度提出了教学艺术风格的定义。

例如：“教学风格，是教师在长期教学实践中逐步形成的、富有成效的一贯的教学观点、教学技巧和教学作风的独特结合的表现，是教学工作个性化的稳定状态的标志。”“教学风格，是教师有意无意地，在适合自己个性特征、思维方式和审美趣味的教学理论指导下，经过艰苦地反复实践，而最终形成的一种独具个性魅力又具有稳定性的教学风貌。”“教学艺术风格，就是教师在一定的理论指导下和长期的教学实践中逐步形成的独具个性的教学思想、教学技能技巧、教学风度的稳定性表现，是‘三者有机结合的结晶物’。”“教学风格（teaching manner and style）是教学过程中所体现的教师个人特点的风度和格调。”“教学风格是教师以深厚的知识为基础，在长期教学艺术实践中，创造性地运用教学方法、技能技巧而形成高度成熟的、稳定的教学艺术个性化之标志。”

从以上有关教学艺术风格或教学风格的不同认识与界定中，我们得到启发。教学艺术风格是教师在长期的教学艺术实践活动中，在一定的教学理论指导下而逐步形成的独具个性的教学思想、教学技能技巧和教学风度的稳定表现。它是教师教学艺术个性化进入成熟稳定状态的标志。其基本含义是：第一，教学艺术风格是在教师长期的教学工作实践活动中并在一定的教学理论指导下形成发展起来的；第二，教学艺术风格的核心是教学艺术个性化；第三，教师的教学艺术个性化只有进入成熟稳定状态时才能形成教学艺术风格或教学风格。

教学艺术风格是教师的教学思想、教学技能技巧和教学风度三者有机结合的产物。教学思想体现了一个教师的教学理论和教学观念，是教学艺术风格的基础；教学技能技巧是教学风格的组成部分和具体表现，标志着教师教学艺术水平的高低；教学风度也即教学作风，是直观可感知的教师的外在表现，是教师在教学过程中表现出来的对待学生和教学的思想感情及其间的某种联系。

（2）体育教学艺术风格的概念及意义

在理解教学艺术风格含义的基础上，我们对体育教学艺术风格作如下界定：所谓体育教学艺术风格是体育教师在一定的体育教育教学理论指导下，在长期的体育教学实践中逐步形成的独具个性的教学思想、教学技能技巧和教学风度的稳定性表现。体育教学艺术风格具有独特性和稳定性的特点，主要通过体育教师在教学活动中的教学态度、气质等一系列内在的精神活动表现出来。

体育教学艺术风格在体育教学中具有重要的意义，其意义有如下方面。

①体育教学艺术风格是一个体育教师在教学艺术手段达到高度成功时才具备的重要标志，是优秀体育教师所追求的理想境界，目的在于提高体育教学质量。

②体育教学艺术风格是教师教学思想的直接体现，是内容与形式的完善统一。

③体育教学艺术风格的形成是教师在体育教学艺术上成熟的重要标志。评价一个体育教师专业发展是否已经成熟，重要的一个方面就是看他在教学艺术上是否形成了自己独特的教学特色或教学风格。

④体育教学艺术风格的形成直接影响学生的个性发展和学习方式的形成。因为教学艺术风格是教师人格和个性特征在体育教学上的全面反映，体育教学活动直接影响学生的学习效果和身心发展。

2. 体育教学风格的特点

体育教学艺术风格一般具有如下主要特征。

（1）独特性

独特性是体育教学艺术风格的基本标志。因为每个体育教师都有不同的教育经历、个性、习惯以及生活环境等，体育教师自身的独特性决定了体育教学艺术风格的独特性，主要表现在对内容的独特处理、独特的教学方法的运用、独特的表达方式等方面。

（2）稳定性

稳定性是指体育教师在体育教学过程中表现出来的一种相对成熟稳定的教学风格。教学风格一旦形成，就在一个相当长的时期内不会发生大的变化，当然这种稳定性仅仅是相对意义上的。体育教学艺术风格的稳定性表现为体育教师的思想观念基本完善，教学方法富有成效，以及教学个性的定型成熟。

（3）发展性

体育教学艺术风格的发展性主要有 2 层意义：一是指体育教师的教学艺术风格的形成不是在短时间完成的，而是需要经过一个较长时期教学实践中积极探索、创造、积累的不断成熟的过程；二是指体育教学艺术基本形成后并非一成不变，因为教学艺术风格一旦成为固定的模式，不能突破自己反为其所束缚，就会失去生命力。所以，体育教师的教学艺术应注意在相对稳定中求发展。

3. 体育教学艺术风格的形成

（1）体育教学艺术风格的形成因素

教学艺术的形成与发展离不开教师的教学经验。教学经验的价值在于它是局限艺术产生的直接基础。一名体育教师只有经过较长时期的体育教学实践，才能逐步走向成熟，形成自己的教学风格。构成体育教学风格的因素较多，可将众多因素概括为主观和客观 2 方面的因素。

①主观因素。主要包括教师的文化素养、心理品质及在教学艺术上的追求精神。其中，教师的主观追求是形成体育教学艺术风格最为活跃的因素，它带动着其他因素进入积极的教学艺术的创造活动过程中。

②客观因素。它主要包括时代要求、体育教学内容和学生状态等，这些对体育教学艺术风格的形成具有一定的制约作用。

（2）体育教学艺术风格的形成阶段

体育教师从开始从事体育教学工作到专业发展逐渐成熟，进而形成自己个性化特色的教学艺术风格，是一个长期探索、创造和总结积累经验的教学艺术实践过程。一般来说，教学艺术风格的形成要经历“模仿性、独立性、创造性和有风格教学等4个教学阶段”。同样，体育教学艺术风格的形成要以上4个教学阶段。这4个阶段各有自己的特点，从一个阶段发展到下一个阶段都有必要的主客观条件。

①模仿性教学阶段。新任体育教师在开始从事体育教学工作阶段，一般是从模仿其他教师、优秀教师的教学方法手段等教学经验开始的。该阶段突出的特点是，模仿成分多，创造性成分少。在从事体育教学的初始阶段，积极地模仿是必要的，但不能停留在这个阶段上。体育教师对独立进行教学的要求与对别人模仿的相互作用促使教学向下一个阶段发展。

②独立性教学阶段。在这个阶段，体育教师基本上摆脱了模仿其他教师教学的时期，能够独立地组织完成体育教学工作的各个环节，如备课、上课、课中内容提要等，能够将其他体育教师成功的教学经验通过吸收、消化成为自己的经验，并开始树立个人教学形象，意识到要创造适合自己的教学风格。这一阶段是从模仿性教学到创造性教学的过渡阶段。

③创造性教学阶段。在该阶段，体育教师成为教学艺术的自觉追求者，其创造性在教学中不断表现出来，突出表现在体育教学方法手段的改革、教学效果的优化提高方面，这是体育教师形成自己教学艺术风格的关键时期。当独立创造性在体育教学过程中呈现稳定状态时，教师的教学便进入一个新阶段。

④有风格的教学阶段。在这一阶段，体育教师成为体育教学艺术的创造者，教学艺术风格在体育教学各个环节上都具有个性化的、稳定的表现，教学带上了浓厚的个性色彩即具有自己的教学特色，教学内容和教学活动形式协调统一，学生能够在良好的教学氛围环境下愉快地学习，体育教学真正成为促进学生的身心和谐发展和塑造学生灵魂的艺术。至此，体育教师的教学艺术风格已经形成。

三、体育教学艺术的培养与体现

1. 体育教学艺术的培养

随着教学艺术理论研究的不断深入，以及在教学实践中的积极摸索，许多教师深深地认识到，缺乏教学艺术的教学是不会产生良好的教学效果的，这不利于培养当代社会所需要的具有创新精神和实践能力的人才。体育教学作为学校教学工作的一个组成部分，同样要运用教学艺术及其手段来培养具有创新精神和实践能力的人才。体育教学艺术效果必须依靠其教学艺术手段来实现，体育教学艺术手段的正确、准确、生动形象是使体育教学达到艺术性标准的首要条件。因此，体育教师教学艺术的培养必须从教学语言艺术、教学非语言艺术、教学组织与管理艺术和直观教学艺术等方面来进行。

（1）体育教师要学习掌握艺术美学的基本理论和现代教学艺术理论，提高自身的艺术素养

现代教学艺术（包括体育教学艺术）是一门具有特殊性的高层次的艺术，是现代教育发展的必然要求。教师队伍的素质建设是我国目前教育改革发展的关键之一。在当今社会，培养创新性人才已经成为学校教育工作者的首要任务，因此，我们必须充分认识到教学艺术理论研究的重要性。教学是一门科学，也是一门艺术，不仅仅是指教学和艺术的相似性，更重要的是教学与艺术在理论和实践上融为一体，这样才能产生真正的教学艺术。因此，体育教师要学习掌握有关艺术和美学的基本理论、原理和现代教学艺术理论，探讨教学与艺术之间的关系、教学及体育教学的艺术基础，大力提高自身的艺术素养和综合素质，掌握体育教学艺术，进行创造性教学。

（2）掌握体育教学语言艺术，提高教学语言艺术水平

教学艺术的美主要靠教学语言艺术来实现，教师的语言不能只是对知识做一般性介绍和转述，而必须将教学语言艺术化，使教学达到艺术美的效果。为此，体育教师一要提高自身修养，二要在内部语言转化为外部语言的过程中锻炼自身的教学语言表达能力，三要在体育教学语言艺术实践中不断提高教学语言艺术水平。

（3）熟练掌握体育教学非语言艺术，创造性地运用非语言因素进行教学

体育教学中的非语言因素是体育教师在体育教学中多途径、多形式地表达活动的重要组成部分，体育教学非语言艺术是体育教师教学艺术的有机组成部分。相对于其他学科教师的语言表达系统，体育教学非语言表达自成系统，它与语言表达系

统密切相关，辅助教师语言表达，但又有其相对独立性。体育教学非语言表达系统包括身体动作、眼神、手势、身体姿态、面部表情等内容，而这些内容又有各自的表现方式，体育教师必须掌握一些非语言表达的技巧和原则，提高教学水平。

（4）提高体育教学组织与管理的能力，保证教学活动的顺利开展

体育教师在开展体育课教学活动中，非常重要的一个环节是组织全体学生的身体练习活动，加强教学活动管理，保证体育教学活动良好的秩序，使学生更加有效地学习和掌握、巩固运动技术技能，提高运动技术水平。因此，体育教师要明确认识到，对体育课堂教学进行科学的管理，组织全体学生学习，是达成体育教学目标，达到良好教学效果的重要因素，也是体育教学艺术的重要组成部分之一。

2. 体育教学艺术的体现

体育教学艺术是通过体育教师个人的教学行为体现出来的，只有体育教师在体育教学中不断地探索自己独特的表现方式的时候，教学才具有艺术性，体育教学效果才能提高。体育教学艺术主要体现在体育教师的语言艺术、教师的体态语艺术、组织教学的艺术、直观教学艺术等方面。

（1）体育教师语言艺术体现

体育教师在教学中的口头语言表述，是教学语言，但要把教学语言称为艺术，那教师所讲的话，就要创造性地为教学服务。教学语言的艺术性，主要体现在要有节奏性、形象性、情感性和启发性等。

（2）体育教师体态语艺术体现

体育教师在体育教学中，除了口头语言外，主要是教师的体态语或非语言形式。教学体态语是指教师用手势、眼神、姿态、表情等身体动作来表达某种意思的一种无声的教学语言，也称为无声语言。无声语言的艺术是教师在教学中创造性运用无声语言进行教学表达活动的技巧与才能。它往往具有主导性、形象直观性、差异性等特点。是体育教师优美、熟练、高超的技术动作示范等体育教师的体态语艺术的具体体现。

（3）体育教师组织教学艺术体现

组织教学是体育教师的基本工作，是课堂教学艺术的重要组成部分，它贯穿于一节课的始终，是课堂教学得以顺利进行的基本保证。体育教师要想使课堂教学获得良好的效果，实现教书育人的目标，就必须不断提高自己的组织课堂教学的艺术水平。组织教学的艺术是使体育课教学活动形成一定的合理结构，将体育教学系统内部构成要素形成最佳组合并实施优化运行，发挥教学系统的整体功能，增强教学

活动的效果。组织教学的艺术主要体现在组织教学秩序、导入新课、学生练习活动指导、结束课等方面。

【本章总结】

体育教学艺术是体育教师运用语言、动作、图像等手段，遵循体育教学规律，创造教学情境，为取得优良教学效果而组合运用的娴熟的教学方法、技能技巧，以及运用这些技能、技巧进行的具有审美价值的独创性体育教学实践活动。它有实践性、表演性、审美性等特点。体育教学艺术的功能是指体育教学艺术在体育教学活动中的各种作用，是体育教学艺术存在及发展的内在根据，它在体育教学过程中并不是独立地表现出来的，而是融合于体育教学功能的整体作用之中。体育教学艺术的功能主要有陶冶功能、转化功能、激励愉悦功能；体育教学艺术能有效地激励学生的学习动机和激发学生丰富的想象力，直接促进学生乐于学习。体育教学艺术分类是对构成体育教学艺术整体与各组成部分之间的联系及其特殊规律的研究。体育教学艺术媒介物形态多样，根据体育教学工作实践经验的基础，可将体育教学艺术分为4类：教学语言艺术、教学非语言艺术、教学组织与管理艺术、直观教学艺术。体育教学艺术风格是教师在一定的体育教育教学理论指导下，在长期的体育教学实践中逐步形成的独具个性的教学思想、教学技能技巧和教学风度的稳定性表现。体育教学艺术风格一般具有独特性、稳定性、发展性等主要特征；体育教学艺术风格的形成一般要经历模仿性教学阶段、独立性教学阶段、创造性教学阶段、有风格教学阶段等4个阶段。体育教学艺术主要体现在体育教师的语言艺术、教师的体态语艺术、组织教学的艺术、直观教学艺术等方面。

【思考题】

1. 简述体育教学艺术的含义及特点。
2. 请结合自己的体育教学经验，谈谈教学艺术在体育教学中的功能。
3. 简述体育教学艺术风格的形成阶段。

【参考文献】

［1］苏德宣，符谦．体育教学艺术［M］．沈阳：辽宁科学技术出版社，1994.

［2］谢利民．现代教学论纲要［M］．西安：陕西人民出版社，1998.

［3］夸美纽斯．大教学论［M］．傅任敢，译，北京：教育科学出版社，1999.

［4］雅克－德洛尔．国际21世纪教育委员会向联合国教科文组织提交的报告，教育——财富蕴藏其中［M］．北京：教育科学出版社，1997.

［5］现代汉语词典［Z］．第5版．北京：商务印书馆，2005.

［6］关霞．教学论教程［M］．西安：陕西师范大学出版社，1987.

［7］赖志奎．现代教学论［M］．杭州：浙江大学出版社，2001.

［8］胡克英．当代普教改革思潮——兼谈课堂教学艺术［J］．教育研究与实验，1988（2）：1－5.

［9］唐文中．教学论［M］．哈尔滨：黑龙江教育出版社，1990.

［10］黄甫全，王本陆．现代教学论学程［M］．北京：教育科学出版社，1998.

［11］连瑞庆．漫谈教学艺术［J］．教育研究，1990（12）.

［12］吴也显．教学论新编［M］．北京：教育科学出版社，1991.

［13］王北生．教学艺术论［M］．郑州：河南大学出版社，1989.

［14］韦志成．语文教学艺术论［M］．南宁：广西教育出版社，1996.

［15］罗明基．教学论教程［M］．哈尔滨：黑龙江教育出版社，1987.

［16］李如密．教学艺术本质新探［J］．教育评论，1990（1）.

［17］顾明远．教育大辞典（增订合编本）［M］．上海：上海教育出版社，1998.

［18］刘合群．现代教学论新稿［M］．武汉：武汉大学出版社，2004.

［19］李如密．教学艺术论［M］．济南：山东教育出版社，1995.

［20］李如密．教学艺术风格初探［J］．教育研究，1986（9）.

［21］程少堂．教学风格论［J］．教育科学，1988（2）：17－23.

第十六章　体育教学研究

【内容提要】

体育教学研究是以发展和完善体育教学理论、提高体育教学质量为导向，通过研究对体育教学现象进行解释、预测和控制，形成体育教学原理、原则，使其符合时代特征。体育教学研究是提高教师教学能力和提高体育教学质量必不可少的工作，也是现代体育教师的重要工作职责之一。

体育教学研究中最常用的方法有文献资料法、问卷调查法、观察研究法、比较研究法、实验研究法和理论研究法等。

通过本章学习，应该掌握体育科学研究常用的基本方法，学会一般性学术科研论文的撰写。

【面授内容】

一、体育教学研究概述

体育教学研究总是在一定的体育教学经验积累的基础上展开的。通过讨论体育教学本身的原理、原则、方法体系及其发展的内在机制，从而促进体育教学的发展。现代体育教学要求教师不仅要在把握体育教学规律的前提下艺术性地开展体育教学，还要求体育教师树立一定的科研意识，深入研究体育教育教学过程、研究学生在体育教学中的表现、研究体育教学效果，从而促进体育教学原理和实践的发展。现代体育教学一方面要求体育教师通过科研活动，不断学习和充实自己；另一方面，通过科研，加速和深化学校体育教学改革，不断提高教育、教学质量，有效地增进学生健康，增强体质，建立具有中国特色的学校体育教学体系。

1. 体育教学研究概念

体育教学研究是以发展和完善体育教学理论、提高体育教学质量为导向，通过运用教育研究方法对体育教学现象进行解释、预测和控制，促进一般化体育教学原理、原则的发展。上述概念中包含以下 3 个基本含义。

（1）体育教学研究的目的是发展和完善体育教学理论、提高体育教学质量。

（2）体育教学研究的主要对象是体育教学过程。

（3）体育教学研究所运用的方法和手段是教育研究方法。

2. 开展体育教学研究的意义

体育教学研究是一项创造性的活动，不仅是体育教学的重要组成部分，也是体育科学研究的重要内容之一。通过体育教学研究，可以总结体育教学经验，揭示体育教学的内在规律，从而指导学校体育教学工作，为体育教学改革提供科学依据。

（1）促进体育教学改革的动力

有了教育的科学，才会有科学的教育。学校体育教育要适应现代社会发展的要求，就必须通过体育教学研究，在转变教育观念、改革教育结构体系、内容方法等方面进行积极探索。尤其是 21 世纪初，体育教育教学理念和实践发生了很大的转变，充分显示了体育教学研究的巨大推动作用。首先，在教育理念上，摆脱了以往陈旧的“体质教育”“技术教育”的观念，确立了“健康第一”的教学主旨，把学生的健康摆在重要的位置，凸显了新时代的人文关怀；其次，体育教学淡化运动技能的学习，越来越重视激发学生对体育锻炼的兴趣，培养学生的“终身体育”意识；最后，新一轮的体育教学改革强调了学生是学习的主人，追求发展是他们的权利。落实到具体体育教学中，就是要弘扬学生主体性教育，尊重学生的人格，承认学生的个体差异，重视学生的个性发展。

（2）为教育行政部门制定体育教育政策、提高体育教学质量与效益提供决策依据

体育教学研究，通过探索体育教学的客观规律，研究教学内容、教学方法和组织形式等的改革途径、手段，可以为教育行政部门制定体育教育决策提供依据，比如体育教学目标研究、体育校本课程的开发研究、竞技项目教材化研究等为新课改中政策的制定奠定了基础。另一方面，体育教学研究也可以有效提高体育教学质量和教学效益。

（3）发展和完善体育教学理论的基础

教学理论是具有某种逻辑结构的、并经过教学实践检验的概念体系。这一概念系统的核心是教学规律，它是经验事实的本质概括。体育教学理论的产生，经历了这样一个基本过程：首先提出理论构思或进行教学实践，然后通过观察、调查和实验研究，对体育教学实践进行分析和综合、抽象和概括、类别和推理，从而发现规律，得出结论。近年来，体育教学方面的研究异常繁荣，形成了较为完善的体育教学理论，极大地促进了体育教学的改革。

3. 体育教学研究的特点

体育教学研究作为科学研究的一种形式，它的突出特点是富有创造性；作为一种人类认识活动，但又不同于一般日常生活中的认识活动，它具有很强的目的性和计划性，其宗旨是解决体育教学中的问题。体育教学研究具有一般研究方法的特点。

（1）综合性

体育教学是一个综合的过程，涉及课程设计、方法选择、教学环境控制等方面的内容，另外，学生也是一个活生生的整体，这就要求体育教学研究依靠广泛的科学理论基础，才更有利于揭示和探索体育教学实践中存在的问题。

（2）复杂性

体育教学过程包括教学目标、教学内容、教学方法、教学组织、教学评价，每一个因素都会对教学效果和效率产生直接或间接的影响。体育教学研究的复杂性就是要综合考虑这些因素，认识到各要素之间的相互作用，以促进教学效果的优化。

（3）科学性

体育教学研究是运用科学的方法、遵循一定的科学研究程序、有目的有计划地开展的认识过程。在整个研究过程中，有科学的研究设计、客观的数据收集、准确系统的观察记录和分析，以充分的科学事实和一定的数据作为依据形成结论，因此，体育教学研究具有科学性。

（4）创新性

体育教学的特殊性决定了体育教学研究的复杂性，因此，要对原有教学理论体系、惯性思维方式及研究方法进行突破。同时，身体理论、体育理论、教学理论等都在与时俱进、不断更新，这就要求体育教学研究要把握理论和研究前沿，具有一定的创新性。

二、常用的体育教学研究方法与手段

体育教学的研究方法是多种多样的，这里只介绍几种在体育教学中最常用的方法：文献资料法、问卷调查法、观察研究法、比较研究法、实验研究法。

1. 文献资料法

文献资料法是指对于有关体育教学的文献进行查阅、收集、整理、分析，从而探索体育教学问题的一种研究方法。文献包括各种文字、图形、符号、音频和视频资料等，是进行科学研究的基础。运用文献资料法可以详细、准确地了解与课题有关研究的背景资料和进展情况、有效地充实论据。研究者要想有所创新，也必须善于利用文献资料。当前，体育教学方面的文献资料急剧增加，种类也很丰富，因此，掌握文献研究的方法，对于利用文献资料，提高我国体育教学的科研水平，是非常必要的。

（1）文献的来源

体育教学文献的来源非常广泛，大致包括以下几个途径。

① 书　籍

各种图书对体育教学研究都有一定的参考价值，包括体育类和非体育类的名著要籍、教育教学专著、教科书、资料性工具书等，这些都是体育教学文献的基本来源。

② 报刊、期刊

报刊和期刊都属于连续出版物。报刊以刊登新闻和评论为主，如《中国体育报》《体坛周报》等。报刊发行广泛，传递信息迅速，但材料分散不系统，且不易保存。期刊出版周期短，内容新颖、论述有深度，发行量大，常代表了有关学科领域的最新动态和最高水平，是科研工作者查阅文献最有效、最简便的主要来源。

③ 计算机互联网

随着网络信息的繁荣，网页信息也成为研究资料的一个重要来源，它的种类全、更新快，但是水平参差不齐，准确性较差，需要研究者进行一定的核实和判断。

此外，还有档案资料、会议交流资料、教育行政部门的文件政策以及一些非文字资料如绘画、出土文物、歌谣等。

（2）文献的搜集方法

文献收集的方法是多种多样的，不同的收集方法有不同的特点和适用范围，这里只介绍几种常用的方法。

① 引文查找法

引文查找法又称跟踪法。是以已掌握的文献中所列出的引用文献、参考文献作为线索跟踪追查。这种方法的优点在于获取方便迅速、范围集中。缺点在于查得的文献资料受原作者主观随意性的影响，具有局限性，且资料比较杂乱，没有时代特点。

② 检索工具法

文献检索一般可以通过手工检索和计算机检索实现。手工检索工具按其著录形式，可分为目录卡片、目录索引和文摘等。计算机检索工具主要是学术期刊光盘检索系统以及互联网上的信息检索。

利用检索工具查找文献，可以采用顺查法，即由远到近，逐年、逐月按顺序查找，这种检索方法的优点是有利于了解与研究课题有关的各类问题发展的全过程，缺点是花费较多的时间和精力。当然也可以采用逆查法，即由近及远，逆时间顺序查找。它的优点是可以在较短的时间内，较快地了解有关研究课题的最新动态，但缺点是查找的文献可能不够系统、全面。

③ 综合查找法

综合查找法即将各种方法结合使用以达到检索目的。

（3） 查找文献的基本要求

文献的检索方法是非常重要的，运用恰当的检索方法，准确地从大量的文献资料中全面迅速地查获课题研究所需的文献，是科学研究的最基本的要求。正确的检索方法应达到以下要求。

①以很高的准确率查获有用资料，也就是说所收集到的资料对自己的研究课题是有参考价值的，这是文献资料的最基本的要求。

②收集的资料应该是全面而系统的，即内容上既有纵向的也有横向的，既有中文的也有外文的，既有正面的也有反面的；形式是多样的，有文字资料、影像资料等。

③查获的资料应该有一定的深度，能够表达研究的历史发展轨迹或前瞻性方向。

④要求查获资料应该迅速。一个准确度很高且有价值的情报资料，如果检索速度慢了，耽误了时机，就会失去它的应有价值。

（4） 文献综述的撰写

在体育教学研究中，研究者在收集、阅读了大量的文献后，常常需要对某一专题的研究成果进行系统的、较全面的综合叙述，以便更好地论证选题，做好研究设计工作。因此，掌握文献综述的撰写过程是很重要的。

①文献综述的结构和内容

文献综述的格式和内容因研究课题的类别、材料的占有等方面的不同而有所不同。但总体来说，综述的格式和内容一般可粗略地分为5个部分：引言、国内外现状分析、趋势预测、改进建议、参考文献目录。

引言：问题的提出，这部分主要阐明为什么要开展该研究，其目的、意义和重要性何在。引言部分力求重点突出，言语简明扼要。

国内外研究现状：这一部分既可以按照时间顺序纵向展开，也可以依据不同派别、不同观点、不同方法的发展特点、研究进展等进行横向比较。以时间为线索叙述研究问题实际上是对课题进行回顾性的观察，弄清楚该研究问题在各个阶段的发展状况和特点，特别要指出重大进展阶段是在什么条件下发生的，其目的是探讨该研究问题发展变化的因果规律性，弄清楚什么问题是已解决的、用什么方法解决的、哪些问题是有待进一步探讨的。对不同派别、不同观点、不同方法的发展特点、研究进展等进行横向比较，有利于客观评价和比较不同派别、观点和方法的优点和不足。论述时，应侧重它们之间的差异全面分析其产生的原因和背景，明确提出现有的问题。在这部分的重点是在综述国内外研究的基础上进行评述，也就是提出自己的见解和看法。

趋势预测：在对国内外研究现状进行横向、纵向分析、比较的基础上发现和把握当前该领域研究的主流和规律、发展的某种可能性。对问题发展趋势的预测应力求客观、准确，并注意联系实际。

改进建议：根据上述对研究现状的分析、评述和对未来研究趋势的预测，切合实际地提出自己的研究设想和研究方案、今后应采取的发展途径、步骤以及对其进一步研究的可能性。

参考文献目录：文献综述必须包括参考文献，也就是提供自己在综述撰写过程中所依据的资料，这样做的目的一方面是尊重他人的劳动成果，另一方面是便于他人进一步地查找和核对引用文献的准确性，同时也可以增强文献综述的可信程度。

②文献综述写作的一般步骤

第一，进行综述的选题。在学校体育教学的科研领域，可以选题的方面很多，比如探究性学习在体育教学中的应用、教学模式、策略的探索、民族传统体育项目作为教学内容的开发等。

第二，查找和收集文献。通过多种渠道，采用多种方法，全面、系统地收集有关课题的多种形式的文献资料。

第三，需要认真研究文献。对收集到的文献资料进行筛选，做到文献为课题服务。

第四，编写提纲和撰写初稿。在深入分析、比较文献资料的基础上进行归纳提炼，认真编写提纲，完成综述的初稿。

第五，对初稿进行修改、定稿。

③撰写文献综述的基本要求

为了保证文献综述的撰写质量，为随后的课题研究打好基础，文献综述的撰写应符合以下要求。

首先，要全面收集、细致阅读，准确理解文献资料。对有关领域文献资料的全面收集是进行文献综述的前提条件，细致阅读文献，准确理解文献是文献综述的基础。文献收集不全，要点把握不准确，做出的综述可能是毫无价值的，甚至产生错误的倾向。

其次，文献综述的语言要精练，一般采用描述性语句。文献综述的论点要清晰、明确，内容要高度概括。文献综述不是各文献内容的简单堆砌，而是站在一定高度对文献的研究结果、结论进行评价、比较、总结和概括，找出薄弱环节，指出课题的现状、发展方向和趋势，寻找其中具有共性的规律。在文献综述中，要用简练的语言概括出明确的论点。

最后，对文献综述中所涉及的基本理论、方法、观点等内容要注明出处，对自己的看法也应标明，引用的参考文献要按要求详细列出，以便读者参考查阅。

2. 问卷调查法

问卷调查法是调查者以书面提出问题的方式向调查对象了解情况或征询意见的调查方法。研究者将所要研究的问题编制成固定问题或格式，以邮寄方式、当面作答或追踪访问方式填答，从而了解被试对某一现象或问题的看法和意见。

问卷调查的优点在于省时、省力、花钱少，简单方便；由于是匿名调查，因此获得的信息比较客观；收集的信息量大，收效大；便于数据整理归类，做进一步的统计处理，使调查结果具有一定代表性。问卷调查也有一定的局限性：可能会因为填答者对问题的理解不同或由于问题本身不明确或题量过大，或被调查者不合作等影响结论的客观性；收集的资料往往是表面的。问卷法的运用，关键在于编制问卷，选择被试和结果分析。

（1）问卷类型

在体育问卷调查中，根据对答题者的要求不同，问卷题目分为以下 3 种类型：

① 结构型

结构型问卷也叫封闭式问卷，是把问题的答案事先加以限制，只允许在问卷所限制的范围内进行挑选。它涉及的形式有是否式、选择式、填空式等。例如：

第一种：是否式

你对学校体育课程设计是否满意：

A 是　　　B 否

第二种：多项选择式

影响学生参加课外体育锻炼的因素：

A 缺少时间　　　B 缺少场地　　　C 缺乏兴趣　　　D 缺乏指导

第三种：填空式

贵校每天的课外体育活动时间大概________分钟。

第四种：顺序填答式

请按您的喜欢程度给下列运动项目排序（请将顺序的序号填到□内，最喜欢的序号为 1）

篮球□　　　排球□　　　足球□　　　乒乓球□　　　跑步□

健美操□　　　游泳□　　　旱冰□　　　交谊舞□　　　跆拳道□

第五种：等级填答式

你对目前的体育课是否满意（根据您的看法，在所给答案后的□内画“√”）

A 很满意 □　　B 满意 □　　C 一般 □　　D 不满意 □　　E 很不满意 □

② 非结构型

非结构型问卷也叫开放式问卷，即提出问题不列可能答案，由被试自由陈述，它可以是填空式，也可以是问答式。例如：

请你用最简洁的语言，回答在体育与健康课程改革中

A 你最关心的问题是什么？________________________

B 你最希望的问题是什么？________________________

C 你最不满意的问题是什么？________________________

③ 综合型

综合型问卷形式一般以封闭型为主，根据需要加上若干开放性问题。

（2）问卷的一般结构

问卷一般包括题目、指导语、问卷的具体内容和编码3个部分。题目是对调查内容的概括，应该与调查目的相一致，其用语应该简洁、明确，符合被调查者的心理期待；指导语是对调查者和调查目的的介绍及有关事项的说明，它主要是表明调查的目的及意义，以引起被调查者的重视和兴趣，争取他们的支持和配合。另外，指导语中还包括对被调查者的希望和要求，比如问卷填答的要求、回复时间和方式等，以及问卷调查的匿名性和保密原则，使被调查者对表达真实意见没有后顾之忧。指导语的表达要简洁、准确，语气应谦虚、诚恳。问卷的具体内容包括问题的内容、问题的次序、回答的方式等。编码指对所提问题次序的编号，以方便随后的数据录入和处理。

（3）良好问卷设计的评价标准

一份良好问卷设计的评价标准如下。

① 总目的是否明确。

② 末级指标是否有创新和深度，是否具体可测。

③ 问题设计与总目的是否一致。

④ 问卷获得的资料是否是研究者真正需要的资料。

⑤ 问卷收集的资料是否真实可靠。

⑥ 问卷收集的资料是否齐全。

⑦ 问卷资料是否便于整理和统计分析。

⑧ 问卷题的内容是否切合实际、有针对性。

⑨ 问卷题的形式是否有变化，符合科学要求，难度适中，便于回答，回收率高。

⑩ 问卷的结构是否完整规范，问卷题的排序是否恰当，问卷长度是否合适。

（4）问卷的发放

问卷的发放有不同的形式，且各有利弊。

邮寄方式：简单易行，省时省力，但由于被试对所研究的问题不关心不感兴趣，或问卷的问题设计不太合理，不便于回答，或其他技术措施问题影响被试作答，因此常影响问卷回收率。

有组织的分配：发放迅速，回收率高，便于汇集和整理。

当面填答：回收率高，不明白问题可当面提问，由于有情感交流，易取得被试的合作，但取样范围数量有限。

（5）对问卷回收率、有效率的计算

对回收的问卷，应该进行回收率和有效率计算。回收率是回收问卷数与发放问卷数之比；有效率是在剔除废卷后有效问卷与回收问卷之比。

3. 观察研究法

观察研究法是指人们有目的、有计划地通过感官和辅助仪器，对处于体育教学中自然状态下的客观事物进行系统考察，从而获取经验事实的一种科学的研究方法。观察研究法是学校体育科研最基本、最普遍使用的一种经验方法，是学校体育科研收集资料的基本途径，也是其他研究的基础。在观察中，我们所获得的比较准确的经验事实，一般称为原始资料。这些原始资料在科学研究中是极其重要的。

依据不同的分类标准，观察研究法有不同的分类。比如，依据观察对象分析的全面性，可分为一般观察和系统观察；根据观察对象的直接程度可分为直接观察和间接观察；根据是否参与观察对象的活动可分为参与观察和非参与观察；根据观察对象的数量或时间可分为抽样观察和追踪观察；根据观察活动的标准化程度可分为结构观察和非结构观察。

（1）观察法的基本特点

目的性：观察是根据研究课题的任务和需要，对观察对象和范围、观察条件和方法等提前做出明确的选择。

客观性：观察是对处于自然状态下的客观对象进行的考察，因此，对观察对象不加控制，不加干预，不影响其常态，对观察结果做明确、详细、周密的记录。

合作性：教学观察是一项复杂的工作，尤其是观察复杂的教学，往往需要多人的合作。因此，观察往往采用统一的量表，还要对观察者进行观察法、观察标准等方面的培训，以确保观察的质量。

（2）观察研究法的步骤

观察研究法一般会经历以下几个步骤（图 16－1）。

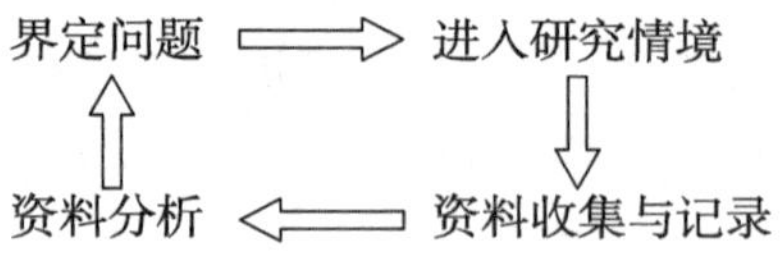

图 16－1　观察法的实施步骤

①制订观察方案。其中，包括观察的目的、任务，确定观察对象、时间、地点、内容和方法。

②做好观察前的准备工作。比如，准备观察所用的辅助工具如记录表格、记录方法、仪器设备、对观察者进行培训等，为观察做好充分准备。

③实施观察。进行有计划、有步骤、全面而系统的观察。观察要尽量严格按照计划进行，选择最适宜的观察位置，聚焦观察内容，复杂观察任务时可以分组。

④资料收集记录。记录时不要依赖记忆，要尽可能节省写字时间，记录要清晰易懂，必要时可借助仪器。

⑤分析资料，得出结论。

4. 比较研究法

比较研究法又称类比分析法，是指对 2 个或 2 个以上的事物或对象加以对比，以找出它们之间的相似性与差异性的一种分析方法。它是人们认识事物的一种基本方法。体育教学的比较研究是对不同时期、不同地点、不同情况下发生的某种体育教学现象进行比较分析，以揭示教学的普遍规律及其特殊表现，从而得出符合客观实际的结论。

（1）比较研究的种类

①同类比较研究和异类比较研究

同类比较研究指比较 2 种或 2 种以上同类事物而认识异同点的方法。同类相同点比较，可以找到事物发生发展的共同规律。同类相异点比较，可以找到事物发生发展的特殊性。

异类比较研究指比较 2 种或 2 种以上性质相反的事物或一个事物的正反两方面，通过比较表面相异的对象以发现异中之同，找出其中的共同规律。这种比较反差大，结果鲜明，有利于鉴别和分析。

②纵向比较研究和横向比较研究

纵向比较是比较同一事物在不同时期内的发展变化，它是按照时间序列的纵断面展开的，强调的是从事物的发展变化过程来研究教育发展变化的规律，是以动态观点来研究现状，揭示其历史演化性，从而弄清其发展的来龙去脉。

横向比较是对同时存在的教学现象进行比较，它是按照空间结构的横断面展开的，强调的是从事物的相对静止状态中研究事物的异同，分析其原因（表 16－1）。

表 16－1　比较研究的分类、概念及特点

	分类依据	分类	概念	特点
体育教学的比较研究	事物性质	同类比较	通过比较 2 种或 2 种以上同类事物而认识异同点的方法	同类相同点比较，可以找到事物发生发展的共同规律
				同类相异点比较，可以找到事物发生发展的特殊性
		异类比较	比较 2 种或 2 种以上性质相反的事物或一个事物的正反两方面，以发现异中之同，找出其中的共同规律	异类比较，反差大，结果鲜明，有利于鉴别和分析
	时间顺序	纵向比较	比较同一事物在不同时期内的发展变化	按照时间序列的纵断面展开，强调从事物的发展变化过程来研究体育教学发展变化的规律，是以动态观点来研究现状，揭示其历史演化性，从而弄清其发展的来龙去脉
		横向比较	对同时存在的教学现象进行比较	按照空间结构的横断面展开的，强调的是从事物的相对静止状态中研究事物的异同，分析其原因

（2）运用比较研究法的步骤

与其他研究方法一样，比较研究法的运用同样存在一个基本步骤。

①明确比较目的，选定比较主题。在这一步中，研究者需要根据研究课题确定比较的内容，限定比较的范围，从而使比较目标明确而集中，同时需要按比较主题统一比较标准。

②广泛收集、整理资料。通过查阅文献、调查、实验等多种方法，尽可能客观地收集所要研究的教学现象的有关资料。

③对材料的比较分析。这是比较的重要环节，从初步分析到深入分析，要对收集的资料进行解释、分析和评价。分析时要注意事物间的因果性和全面性。

④做出比较结论。通过理论与实践论证所得的结论。

（3）运用比较研究法的基本要求

运用比较研究法时，首先，要保证可比性。所谓可比性是指比较对象之间的现实性必须属于同一范畴，有一定的内在联系，并能用同一标准去衡量和评价；其次，应该重视资料的准确性和可靠性。用于比较研究的资料必须是真实可靠的，具有客观性，能反映普遍情况；最后，要具有代表性，即具有典型性，能反映研究对象的本质。这就需要研究者对所比较的体育教学对象有较为深刻的认识了解，具有较扎实的教育理论基础以及掌握相应的工具和方法。最后，应该坚持全面本质的比较。因为事物的本质一般都隐藏在事物的内部，所以必须通过大量的、典型的材料分析其内在关系，坚持本质的比较。

5. 实验研究法

体育教学的实验研究法是研究者按照研究目的，合理地控制或创设一定条件，人为地变革研究对象，从而验证假设，探讨体育教学现象因果关系的一种研究方法。

实验研究在控制无关因素对因变量影响方面是最优的；它可以使我们能够得到自然条件下遇不到或者不易遇到的情况，这样可以扩大研究的范围。另外，实验的结果可以反复验证。进行实验时，可以有计划地控制现象和环境，创造便于精确测量和准确记录的条件，使研究更为精密。

实验研究的缺点：需要花较多的人力，有时往往受实验设置以及其他实验条件的限制。实验对象往往是活生生的人，要像自然科学的实验室研究那样实行严格的控制是不可能的，甚至是不必要的。它对参加实验研究人员的要求较高。

（1）教学实验的种类

根据实验变量的控制程度，可以将实验分为前实验、准实验和真实验。

前实验没有对无关变量进行有效的控制，内部效度低，可以进行观察和比较，但由于对无关因素的干扰缺乏应有的控制，因而无法验证自变量与因变量之间的规律性的关系，也很难将实验结果推论到实验以外的其他情形。

准实验不能随即分派实验对象，不能完全控制无关变量，只尽可能予以条件控制。准实验是在教育的实际情境中进行的，因而具有推广到其他教学实际中去的可行性。之所以说教学实验大部分属于准实验，是因为教学实验的情境和教学实验对象的特殊性。教学实验难以满足一般科学实验的规范要求，在许多教学实验中，实验对象是处于正常的自然状态接受实验的。

真实验是能严格地随机分派实验对象，完全控制无关变量，能系统地操作自变量的实验。真实验相对于前实验和准实验，是最规范的。

根据实验的性质，可以将实验分为探索实验、改革实验和验证实验。

探索实验是把研究放在第一位，按预先的研究目的操纵实验变量，目的是搞清楚所要研究的某个问题的状况，即把某个教育问题弄个水落石出，探索教育规律。

改革实验的做法是按事先制订的改革计划进行实验，看改革的方案是否可行。

验证实验对已取得的实验结果进行重复实验，是在一定理论基础上进行的，目的是通过实验，验证某些教学经验或研究成果是否可以推广。

（2）教学实验的基本因素

完整的教学实验由自变量、因变量、调节变量和干扰变量 4 个基本变量构成。

所谓自变量，就是为达到实验目的所采用的仪器、设备、方法、手段及某种特殊变化的条件等因素。在教学实验中，可作为自变量的一般有教学计划、教学大纲、教材、教学组织形式与方法、教学情境、教学模式、教师与学生的身心因素。

调节变量也称次要的自变量，由于它的影响，自变量对因变量的影响会发生变化。比如，在有关教学内容的实验中，教学方法是调节变量。尽管教学内容很符合学生的兴趣，但由于教学方法采用不当，也会影响学生对教学内容的认可，所以认识和研究调节变量有助于认识所要研究的自变量的性质与效能。

因变量是通过自变量的作用而产生变化的变量。教学实验中的因变量一般表现为不可分割的 2 个方面：一方面是学生的发展：知识、技术、技能、兴趣、情感、态度、意志以及他们的综合；另一方面是教学模式、结构等的优化，这一般都要通过学生的发展变化反映出来。所以，无论如何，实验的因变量都少不了学生的因素。

干扰因素是指对实验效果产生干扰作用、影响对实验效果进行归因分析的因素。对这些因素要采取排除、化解、避免和预防等方法控制。

（3）教学实验的一般程序

总体来说，教学实验的全过程可分为准备、实施和总结 3 个基本阶段。这是一个相对稳定的、有序的结构序列。

①实验的准备阶段

教学实验成功与否，很大程度上取决于实验前的准备工作，具体包括以下内容：首先，要选定实验研究的课题形成研究假设。也就是说要清楚地表明自变量和因变量的关系。其次，要明确实验目的，确定指导实验的理论框架。这就要求实验者做前期的调查研究，查阅有关文献资料。这样做有利于研究者按照研究目的对实验研究的方向、范围以及如何收集、分析和解释数据资料做出明确的具体规定。再次，要确定实验的自变量。选择被试，决定每组对被试的实验处理，并确定操作定义。选择测量工具，决定将采用的统计方法，明确评价因变量的指标；最后，选择实验类型，确定控制无关变量的措施，以最大限度地提高实验的内部效度和外部效度。（内部效度指自变量与因变量的因果联系的真实程度）（外部效度指实验结果的可推广程度，即实验结果能否被整齐地应用到其他非实验情境、其他变量条件，以及其他时间、地点、总体中去的程度）。

②实验的实施阶段

按照实验设计进行教学实验，采取一定的变革措施（实验处理），观测由此而产生的效应，并记录实验所获得的资料、数据等。

③实验结果的总结评价阶段

要对实验中取得的资料数据进行处理分析，确定误差的范围，从而对研究假设进行检验，最后得出科学结论。实验中的系统误差和偶然误差，是认识的相对性的具体表现。分析实验结果时要区分什么是实验应该消除的误差、什么是实验应有的结果。只有同时给出实验误差范围的估计，才能获得具有科学价值的结果。

在实验研究结果分析的基础上，写出实验报告。

（4）教学实验设计

实验设计是实验研究的蓝图，它的意义在于给研究者提供如何控制变量、如何分析资料、可以获得怎样的结论的一种构想、计划和策略。为了简明地表示各种研究设计的特征，研究设计采用以下符号来表示。

X：表示研究者所操纵的实验变量。

O：表示观察分数或测量分数。

R：表示被试是随机选择和随机分派到各组。

……：表示被隔开的各组研究对象之间不相等。

◆单组后测设计

基本模式：X　　O

特征：只有一组被试且不是随机选择，无控制对照组；实验中只给予一次实验处理；有一个后测。将后测的结果作为实验处理的效应。

这种实验设计，由于不能控制无关变量的影响，因此内、外部效度都不高。

◆单组前后测设计

基本模式：O_1　　X　　O_2

特征：只有一个被试组且不是随机选择，无控制对照组；仅一次实验处理；有前测和后测，用前后测的差大于零来作为实验处理效应。

这种实验设计的优点是通过前后测所获得的直接数据，能明显地验明实验处理的效果；但是实验效果可能受到一些突发事件，工具选择，被试生理、心理的变化的干扰，内部效度较低。

◆时间序列设计

基本模式:OOOOOXOOOOO

特征：一个非随机取样的被试组做周期性的一系列测量，在这一时间序列中施以实验处理，然后观测呈现实验变量后的一系列测量分数时发生的非连续性现象，从而推断实验处理是否产生效果。优点是外部效度较好，推论范围广。但常常由于没有控制组，不能排除无关变量因素的影响。

◆固定组比较设计

基本模式：XO

………

O

特征：使用了不接受实验处理的控制组，便于与接受实验处理的实验组对应比较。但是，由于没有前测数据作比较，因此判断被试组是否相等是困难的。

◆等组前后测设计

基本模式：R　O_1　X　O_2

R　O_3　O_4

特征：这是一种最基本、最经典的实验设计。随机分组；实验组接受实验处理，控制组不给予实验处理；两组均进行前后测。优点是用随机分派方法分出两个等组，避免了被试差异等因素对实验结果的干扰；都进行前后测，便于对照比较。但可能产生前测与实验处理的交互作用效果而影响外部效度。

【自学内容】

一、一般学术论文的撰写

这里的学术论文指的是对学校体育教学中的某个问题，通过种种途径和方法，进行科学的探索思考而写成的以论述为主的文章。一般的学术论文可分为投稿论文和学位论文。前者要求简明扼要，在三五千字，一般不宜超过一万字。后者的目的是通过论文答辩而获得学位，要求内容完整，论证严密，有一定的分量，在三万到十几万字。论文从构思到修改完成，最终定稿，其撰写过程大致可以分为以下 6 个步骤。

1. 确定题目

选题是科研工作的第一步，是科研工作的战略起点，它决定着科研工作的主攻方向、应该采取的方法和途径，是科研人员才能的体现。课题来源大概有现实生活、个人经历、相关文献和课题指南等，研究者可以从这几个方面选择、确定题目。题目选择应该符合以下几个要求。

（1）创造性

所谓创造性是指研究问题应该具有新的东西，具有与众不同的地方。这种创新既可以体现为关注所研究问题的新进展方面，也可以是在原有问题之外，提出新的问题。

（2）可行性

所谓可行性是指研究者是否具备进行或者完成某一研究课题所需要的主、客观条件。其中，主观条件指生活经历、知识结构、年龄、性别等，客观条件指研究时间、经费、文献资料等获取等。

（3）合适性

合适性是指所选择的研究问题适合研究者的个人特点，比如符合自身的兴趣爱好，符合自己的能力和知识结构等，这将有利于研究的开展和完成。

在题目的表述方面，语言要确切、鲜明、简洁，又能引人入胜，能够概括总结论文的主要观点，明确研究的变量及相互关系，一般不超过 20 个字。

2. 拟定提纲

题目确定之后，就要根据题意，拟定写作提纲，对论文的基本框架和总体布局进行设计、安排。因此，提纲实际上是一篇论文的写作设计蓝图。

（1）提纲的种类

提纲一般可分为简单提纲和详细提纲 2 种。

①简单提纲

简单提纲的特点是比较概括，只列出论文各部分的大小标题，对如何具体展开论述则不涉及。一般说来，有一定论文写作经验的研究者，往往只列简单提纲。

②详细提纲

详细提纲除了列出论文各部分的标题外，还在每一个标题下较为详细地写出所要阐述的内容的要点。因此，详细提纲实际上已近似于一篇论文的摘要。初写论文者，可尽可能地把提纲列得详细些，以便写作时较为顺手。

（2）提纲的要求

写作提纲也就是对整个论文写作的整体安排，一份好的写作提纲应该包括以下几方面。

①全文的框架结构。首先，对于不同层级标题的合理排列应该符合逻辑，使论文各部分结构严密、条理清晰；其次，对于全文篇幅以及各部分的篇幅应该大致安排，使各部分的字数大体上均衡。

②安排好材料的使用。合理安排、使用在研究过程中收集和积累下来的大量材料以提供具有充分说服力的论据和事实。

③时间安排。详细的论文写作时间安排有利于使文章按时完成。

3. 论文写作

（1）摘　要

摘要即摘取精要，它以提供文献梗概为目的，简要、确切地记述论文重要内容，逻辑严谨，反映论文全貌，一般在200～300字。摘要的目的一方面是使读者快速了解论文的主要内容；另一方面是为文献数据库的建设和维护提供方便。摘要必须回答的内容是“研究什么、怎么研究、得到了什么结果、结果说明了什么”等问题。摘要中一般不使用图、表、公式等。

（2）关键词

关键词是从论文题目、摘要、正文中抽选出来的词汇，它与摘要一样，都是论文的重要概述，它应该反映论文的研究领域、研究的主要问题和论文设计的核心概念等，一般可选取3～8个词或词组，通常外延大的词放在前面。

关键词是标示文献关键主题内容，是为了文献标引工作，从论文中选取出来，用以表示全文主要内容信息的单词或术语。论文关键词的一般选择方法是：由作者在完成论文写作后，纵观全文，选出能表示论文主要内容的信息或词汇，这些信息和词汇，可以从论文标题中去选，也可以从论文内容中去选。

（3）引　言

引言也叫前言，是正文开始前介绍论文背景材料等文字，是论文主体部分的开端。引言包括3层意思：第一层是选题缘起、目的、意义、主要方法、文献综述；第二层是该领域已经取得的成就，留下的空白，从而引出自己的研究动机和意义；第三层是研究要解决的问题，提出自己研究的先进性、科学性和价值。

引言在写作方面要求与结论相呼应，在引言中提出的问题在结论中应有解答，但也应避免引言与结论雷同。引言一般无篇幅要求。

(4) 正 文

正文是一篇论文的主体，它占据论文的最大篇幅。论文主体中应该有研究对象与方法、研究结果与讨论、结论与建议、致谢、参考文献、注释等。

研究结果是研究中所获得的数据和所观察到的现象，是结论的依据，是形成观点和主题的基础，通常用图、表进行表达。讨论是对研究结果的理论解释，是研究过程的理论升华，包括研究结果的理论阐述、所得研究结果的意义能否证明假设、与其他作者的比较分析等。结论是论文的精髓所在，结论来源于结果，是研究结果的高度概括和总结，包括通过研究结果揭示的原理、研究中发现的难以解决的问题、与前人研究工作的异同、研究的意义、价值和进一步研究的建议。

致谢是论文的主体部分，位于正文与参考文献之间，或论文最后，是对论文写作做出实质性贡献的任何单位、个人，因不足以署名，故公开致谢。

参考文献也是论文的主体部分，参考文献一般有 3 种形式，即脚注、尾注和夹注。

注释是对论文中某一特定内容的进一步解释或补充说明。

4. 推敲修改

论文写完后，应该不厌其烦地进行修改，修改一般遵循从大到小的原则，先修改论文结构，比如各级标题及前后顺序，使逻辑严谨、流畅。然后是语言修辞，甚至包括标点符号。论文修改除了自己修改外，还需要请周围的同学和教师、同行进行审阅，以征求更多修改意见。总之，一篇高质量的学术论文正是在不断的推敲修改基础上形成的。

二、论文写作的注意事项

1. 论点、论据、论证的逻辑性

一篇好论文的特点是论点明确、论据确凿、论证严密，形成三者间的逻辑统一。如果只有论点而没有论据，就会让人觉得内容空洞而缺乏说服力；如果没有论点，而只是论据的堆积，则不能突出研究主题；相应地，如果缺乏严谨的论证，就让人觉得论据杂乱无章缺乏逻辑性。因此，在论文写作过程中，撰写者应该根据自己的论点有针对性地收集资料，并对所收集的资料进行提炼、取舍，形成论据，然后来论证自己的观点。在这个过程中应该时刻注意论证的逻辑性。

2. 图表和文字的有机统一

科学论文中应该既包括文字也包括图表。图表是数据的直观表达方式，这种表达简单明了，让人一目了然。但是，如果图表过多，文字论证过少，则会给人数据堆积的感觉，缺乏必要的文字分析会使研究缺乏研究深度。因此，在论文写作中，应该选择有代表性的数据，同时也应该重视对数据的分析、讨论，展开充分论述，才能使论文具有较高的可信度和理论深度。

3. 论文结构处理得当

论文结构直接体现作者的逻辑思路，结构处理不当是论文“硬伤”，会直接导致论文撰写失败。影响论文结构的情况一般有：引言过长、标题与研究主题不符、标题的语言表述不精准。在论文撰写过程中以及撰写完毕后，应该不断审阅论文结构，检查其逻辑性和语言表达的清晰性。

4. 语言表述的科学性

论文是科学研究的结晶，因此论文写作用语应该正式、严谨，否则会使论文丧失科学性，降低论文的质量。

【本章小结】

体育教学研究是一项创造性的活动，通过研究，可以总结体育教学经验，揭示其发展的规律，用以指导学校体育教学工作；也可以发展和完善体育教学理论，促进体育教学改革，同时为改革决策提供科学依据。

体育教学研究中最常用的方法有文献资料法、问卷调查法、观察研究法、比较研究法、实验研究法等。对于任何一项研究，不能单一地采用某一种方法，而应综合采用数种方法。

【思考题】

1. 请根据自己的理解谈谈体育教学研究的特点和作用。
2. 如何撰写文献综述？
3. 请根据自己感兴趣的问题设计一份调查问卷。
4. 如何进行观察研究？
5. 比较研究的分类有哪些？
6. 试写出实验研究的基本因素和步骤。

7. 请列出一篇学术论文的结构。

【参考文献】

［1］李方．现代教育研究方法［M］．广州：广东高等教育出版社，2004.

［2］裴娣娜．教育研究方法导论［M］．合肥：安徽教育出版社，1995.

［3］樊临虎．体育教学论［M］．北京：人民体育出版社，2002.

［4］毛振明．体育教学论［M］．北京：高等教育出版社，2005.

［5］秦志辉．学校体育科研理论与方法［M］．重庆：西南师范大学出版社，2006.

［6］武云化．现代体育科学研究方法论［M］．北京：科学出版社，2004.

［7］何敏学．学校体育科研［M］．北京：高等教育出版社，2001.